主审：杨金华　杨维和　李云霞

实用写作

主　编：林　华
副主编：杨　雯　彭　云　郑　军
参　编：罗宇骄　郑　军　郑新莉
　　　　徐克飞　李玫谕

云南大学出版社

修订说明

实用文书的写作能力是实用型人才基础业务能力的重要组成部分。高等职业技术教育的目的是培养适应社会经济发展需要的实用型人才。因此，高职教育必须研究社会经济发展需要，培养高职生应具备的实用能力。高职教育在我国是近几年发展起来的新型教育，在实用写作学科这个领域尽管研究颇多，教材颇丰，但针对性、操作性、实用性等方面仍有不足。作为交通类的工科学院的学生应具备什么样的实用写作能力？带着思考，我们申请了该课程的教改科研项目，该项目得到学院的支持，顺利立项，学院各系部也从各专业人才培养需要具备的写作能力出发，提出一定的专业写作要求，因此，在编写此教材时我们对本学科的知识体系有所突破，从实用出发，专业人才培养需要具备什么能力，我们就侧重于培养训练什么能力。

本教材的目标是：全力跟上我国交通系统的现实发展，密切关注交通实际工作，全面、系统、有效地培养学生应用文的写作能力。该书的特点是根据实际，目标突出，内容丰富，够用为度。根据实际，所编文种突破体例限制，以实用为目的，选择目前企业经常使用，具有代表性的文种。

本次教材的修订得到学院领导和广大教材使用者的支持，他们给我们提供了宝贵的意见。修订工作仍由云南交通职业技术学院文理系的教师完成，原则上是谁编写的谁修订，也适当作了些调整。具体安排如下：杨雯、徐克非（第一章、第二章），林华、郑军、李玫谕（第三章、第七章），彭云、林华、罗宇骄（第四章），罗宇骄（第五章、第六章）。在此我们对给予支持的领导、部门、教师致以衷心的感谢。在编写修订上，各系部从各自的专业角度出发，提出了一些具体的文种编写意见，对我们的工作给予了极大的支持。但限于篇幅，有些专业性较强的文种没有编入，希望学生通过学习现有文种能举一反三，触类旁通，掌握绝大部分应用文的写作要领。为直观地指导学生学习，在原来的基础上，我们增加了大量的例文。例文后面则视具体情况，有的例文有评析，有的则省略。各章后面，根据学生的实际情况，除“公务文书处理”一章外，都增加了综合练习。

本书在修订过程中，参考了近年来出版的有关教材，吸收了一些学者的观点，不可能一一注出。还有一些例文转引自近年出版的应用文写作专著，但文中未注明出处，特将主要参考书目列于后，以示谢忱。

由于时间和水平的局限，本教材不当之处在所难免，敬请专家、同行和读者指正，以便本书再版时进一步完善。

编　者

2009 年 7 月

目　录

第一章 绪 论

第一节 实用写作的性质和特点

一、实用写作的性质

实用写作是基于人类以生产劳动为主的各种社会生活的实际需要而进行的活动，是直接为人类的实际需要服务的。

“应用文是随着文字的出现而产生的，从现存的甲骨文、钟鼎铭文、《尚书》，到历朝历代的事略、会要、文选、个人文集，莫不保留有大量应用性的文字。尤其是自《文心雕龙》以来‘文’、‘笔’之分至此又合流，使应用文的写作成为社会政治生活中的一部分，并成为文人实现自我价值的重要手段，成为文人的自觉过程。”（丁晓昌：《实用写作》，南京师范大学出版社 2002 年版。）几千年来，实用写作一直历代不衰，这是因为它适应人们的学习、生活、工作之需要，从而受到人们的重视。随着时代的发展，社会的进步，实用写作与人类社会生活的关系更加密切，应用文种也更加丰富，实用写作的理论也日趋完善，各行各业对实用写作能力的要求也越来越高。

应用文在社会生活中使用非常广泛。它与文学作品的区别主要有两点：第一，从文章的功用来看，应用文从产生到发展都是以应用为目的，或用于处理公务，或用于处理个人事务。第二，从文章的表现形式来看，它有严格的写作格式，语言文字要求简明通俗。因此，“应用文就是‘应’付生活、‘用’于务实的‘文’章，个人、团体、机关相互之间，公私往来，用约定俗成的体裁和术语写作，以资交际和信守的文字。”（陈耀南《应用文概说》）

二、实用写作的特点

（一）明确的实用性

实用写作与文学写作最大的区别，就在于它有明确的实用性。文学写作（如诗歌、小说、散文等）以塑造艺术形象、反映社会生活为目的，能给读者审美的享受，有认识生活、陶冶情操的功能。而实用写作是为解决现实生活中的实际问题而写的，有很明确的实用性，如写一篇请示，是为了向上级请求批准办理某一事项；写一份商品说明书，就是为了介绍产品；写一篇商品广告，就是为了向公众宣传某种商品，吸引消费者。因此，实用写作应从实际出发，为事造文，因事生文，避免写内容空洞、不着边际、不解决任何实际问题的文章。

（二）内容的真实性

文学作品的真实性要求的是艺术真实，即文学作品中的人物和事件能反映社会生活的某些本质方面或发展趋向，因而不要求写真人真事，可以大胆进行艺术虚构。而实用写作则完全排斥虚构和杜撰，写作中所涉及的人和事，一定要确有其事，情节、数字、细节都不能虚构，否则，不仅不能达到解决现实生活中实际问题的目的，还会给工作造成很大的损失。

（三）作者与读者的特定性

文学创作是一种复杂的创造性的精神劳动，其作者一般都为个人，由于每个作者的个性不同、生活经历与艺术素养不同，其作品也就会具有独特的艺术风格。文学作品的读者对象具有广泛性与不确定性，一部作品出版发行以后，任何人都可以购买或借阅。

应用文体的作者，尤其是公文的作者，一般不是代表个人，而是代表一个集体。公文的草拟者仅一个人是写不出公文的。作者在执笔前，领导要交代写作意图，初稿写成后，要在一定范围内集体讨论，请大家提出意见，然后再做修改，最后请领导审核通过后才能付印。所以，严格地说，公文是集体劳动的产品，其作者是一个群体。应用文的读者对象通常是特定的，尤其是带保密性的公文，其读者对象局限在一个很小的范围，不像文学作品的读者对象那么广泛和不确定。

（四）较强的时效性

文学创作（报告文学除外）一般不强调时效性，作者可以精雕细刻，慢慢琢磨，花很长时间来完成。而实用写作一般都讲究时效性，要求作者在一定的时间内完成写作任务，不允许拖拉磨蹭，否则就会贻误工作。如会议通知，一定要在开会之前发出，否则就没有效用了。

（五）格式的规范性

实用写作要讲究格式的规范，每一种应用文体，在长期的使用过程中，都形成了比较稳定的格式，约定俗成，大家都必须遵守。所谓格式，包括书写、排印行款式样、结构层次、习惯用称谓、签署等。当然，格式也不是一成不变的，但其变化必须以社会公认为前提。

第二节　实用写作的基础

一、应用文的主题

（一）主　题

主题又称主旨，是指作者在说明事物、发表主张或反映生活现象时，通过文章全部内容所表现出来的基本思想和写作意图。主题是文章的灵魂，决定着文章的质量。

实用写作活动总是有所为而发，或是根据某种需要，或是表达某一主张，或为解决某方面问题，或为实现某种意图而进行写作，因此，应用文的主题往往是“意在笔先”，根据写作目的而确定。主题决定写作的方向、选材和文种，构成文章内容的核心。

（二）应用文主题的要求

1. 正确

正确是指应用文的主题要以马列主义、毛泽东思想、邓小平思想理论为指导，符合党和国家的方针、政策、法律、法规，符合客观实际，反映出客观事物的本质和规律。主题正确是写作应用文的基本要求。

2. 集中

集中是指一篇应用文一般只应有一个主题，重点要突出。材料的使用、谋篇布局、遣词造句，都要为突出这个主题服务。要围绕一个中心把问题说清楚、说透彻，如果提出的问题太多，就会什么问题也说不清楚，什么事情也解决不了。有些综合性的工作报告，虽然要写几件事情，但也要抓住事物的主要矛盾，做到重点突出，主题集中。

3. 深刻

深刻是指在主题正确的基础上，能够抓住矛盾的关键环节，揭示事物的本质及其内部规律，提出推进社会发展的有益见解。如决定、总结、调查报告等文种，要求主题深刻，发掘出具有本质性和倾向性的问题，提炼出规律性的认识，提出行之有效的工作措施。而对于通知、介绍信等文种来说，则无此要求。

4. 鲜明

鲜明是指应用文的观点必须明确。文章的基本思想、态度十分明确，毫不含糊；对问题的认识，对事物的评价，主张什么，反对什么，要求什么，要清楚明白，一目了然。应用文是为事造文，只有主题鲜明，让读者明白，才能把事情办好。

二、应用文的材料

（一）材　料

应用文的材料是指作者为完成文章的写作，体现自己的写作意图和目的，从现实生活和文献资料中选取、使用的一系列事实根据和理论根据。

创作文学作品时，作者常常从审美创造的角度去观察生活，注重材料的感性形态和审美价值；而实用写作往往从实用出发，更重视能够真实、全面、准确地反映事实本身的材料和相关的理论材料，强调材料的实用性。

（二）材料的来源

1. 查阅文献

查阅文献包括读书看报、翻阅档案文献资料，查找单位、部门在工作中形成的各种书面文字资料，各种文件、法规汇编、统计报表、音像资料，个人的笔记、日记等，从中查找同类问题或相关问题的现实研究资料及历史资料。这些资料的搜集或积累，对研究问题、撰写文章有很高的借鉴和参考价值。

2. 学习积累

写作应用文，需要作者掌握多方面的知识。作者在平时要注重学习马列主义理论，学习党和国家的方针政策，学习本岗位的业务知识，学习本单位的有关规定，多方面积累知识、材料，这样，遇到问题时，才能有针对性地运用这些理论去研究问题，继而解决问题。

3. 调查研究

调查是获得第一手材料的重要方法，很多预先设想的要研究的问题，能通过调查而发现新的情况，从而在分析和研究的基础上，找出规律性，找出解决问题的方法。进行调研不仅是为了搜集材料，更重要的是，调查研究是一种工作方法。因此，写作应用文，尤其是行政文书、财经文书和司法文书，更应该注重调查研究，搞清事实，摸清规律，做到心中有数再下笔。如果不注重调查研究，或调查不深入，想当然地杜撰，就容易导出错误的推断。

（三）材料的选择

“材料是文章的血肉”，材料是应用文写作的基础，材料的选择和使用是为主题服务的。有了材料，并不是要把所有的材料都写到文章里去，还必须选择材料，只有能够证明或说明主题的那些材料才是我们所需要的，其他的都应该舍弃。

1. 要选择符合主题需要的材料

材料是文章的内容，主题是文章的中心思想，二者必须统一。主题要统帅材料，根据主题的需要选择材料，对材料的数量、类别和详略进行取舍。

2. 要选择真实的材料

应用文中的材料要严格符合事物的原貌和实际情况，不能杜撰，也不能夸大或缩小；引文必须认真核对，不能有差错；还要能从本质上反映事物的真实面貌，而不是一些偶然现象。只有经得起检验的真实的材料才能使用。

3. 要选择典型的材料

典型材料是指材料具有代表性和普遍意义，能够有力地揭示事物的真实面貌和本质特征，起到以少胜多、以一当十的作用，对证明观点有很强的说服力。

4. 要选择新颖的材料

新颖的材料，一是指新近发生的事实；二是新近发现而鲜为人知的事实；三是虽为人知但变换角度而能具有新意的材料。新材料往往反映新事物、新情况和新思想，更符合时代的特点，容易引起人们的共鸣，给读者以思想上的启示。

5. 要因体选材

不同的文体对材料有不同的要求，要根据不同的文体来选择材料。如总结的选材要立足于本人、本单位的实际，而不是其他人和单位的。

（四）材料的使用

使用材料直接关系到主题的表达和文章的质量。

1. 确定材料的主次

直接说明和表现主题的重要材料应置于核心地位；配合或间接说明表现主题的材料应置于次要地位。

2. 确定材料的详略

核心材料、骨干材料、读者生疏或难以把握的材料要详，读者有所了解或容易接受的材料可略。

三、应用文的语言要求

（一）准确、简明、质朴、得体

1. 准确

准确是指语言形式要正确、恰当无误地表达出所要表达的内容，用词用语含义清楚，概念恰当明确，不产生歧义，不引起误会，无溢美之词，无隐恶之嫌。

实用写作的写作目的是为了解决社会生活中的各种实际问题，因此对语言准确的要求特别高。实用写作要做到语言准确，首先要认真辨析词义，仔细区分同义词、近义词的细微差别。其次还要注意词语的感情色彩。

2. 简明

简明是指文字的简洁、明白。应用文立足于实用，要“有话则长，无话则短”。同时，为加快阅文办事的节奏，写作应用文时应用尽可能少的文字，浓缩大量的信息，做到言简意赅。应用文中为了使语言简洁，经常使用一些专用词语和固定的习惯用语，如“业经”、“遵照”、“收悉”、“照办”等。

为了精练地概括事实或分析认定问题的性质，还常常使用富有概括力的成语或熟语，使语言简洁有力。简洁要以明白为前提，如果只是为了简洁而压缩字句，应该说的不说，应该用的词不用，弄得语气不连贯、意思不好懂，那是不可取的。

3. 质朴

质朴是指文风要朴实无华，语言通俗实在。应用文是为解决实际问题而写的，内容必须真实可靠，语言必须平实质朴，一般不运用描写、抒情的表现方法，不用生僻的词语，更不用含蓄、虚构的写作技法。质朴的语言应该达到“三易”的要求，即易看、易读、易懂。

4. 得体

得体是指语言的运用要与行文的目的、对象一致，恰如其分。如给上级的公文，用语要谦恭诚挚；给下级的公文，用语要肯定平和；公告、通告一类公文需张贴或登报，语言要通俗、深入浅出。如需在电台、电视台或当众宣读的命令、公告、通知等，语言则应庄重流畅，朗朗上口。总之，应用文的语言，讲什么和怎样讲，要根据不同的对象和场合选择运用，做到因地制宜，因人而异，恰到好处。

（二）应用文专门用语

1. 称谓词

称谓词即表示称谓关系的词。

在应用文中，涉及机关或个人时，一般应直呼机关的全称或规范化的简称，以及对方的职务或“××同志”、“××先生”。在表述指代关系的称谓时，一般用下列专门用语：

第一人称：“本”、“我”，后面加上所代表的单位简称。如：部、委、办、厅、局、厂、所等。

第二人称：“贵”、“你”，后面加上所代表的单位简称。一般用于平行文或涉外公文。

第三人称：“该”，在应用文中使用广泛，可用于指代人、单位或事物。如：“该厂”、“该部”、“该同志”、“该产品”等。“该”字在文件中正确使用，可以使应用文用语简明、语气庄重。

2. 领叙词

领叙词是用以引出应用文撰写的根据、理由或应用文的具体内容的词。领叙词在应用文中出现的频率较高，一般借助领叙词使应用文写得开宗明义。常用的有：

根据、按照、为了、接、前接或近接、遵照、敬悉、惊悉，等等。

……收悉、……查、为……特……、……现……如下。应用文的领叙词多用于文章开端，引出法律、法规以及政策、指示的根据或事实根据，也有的用于文章中间，起前后过渡、衔接的作用。

3. 追叙词

追叙词是用以引出被追叙事实的词。应用文中有时需要简要追叙一下有关事件的办理过程，为使追叙的内容出现得自然，常常要使用一些追叙的词语。如：业经、前经、均经、即经、复经，等等。

在使用时，要注意上述词语在表述次数和时态方面的差异，以便有选择地使用。

4. 承转词

承转词又称过渡用语，即承接上文转入下文时使用的关联、过渡词语，用于陈述理由及事实之后引出作者的意见和方案等。这种词语不仅有利于文辞简明，而且起到前后照应的作用，如：为此、据此、故此、鉴此、综上所述、总而言之、总之，等等。

5. 祈请词

祈请词又称期请词、请示词，用于向受文者表示请求与希望。主要有：希、即希、敬希、请、望、敬请、烦请、恳请、希望、要求，等等。公文中使用祈请词的目的在于营造机关之间相互敬重、和谐与协作的气氛，从而建立正常的工作联系。

6. 商洽词

商洽词又称询问词；用于征询对方意见和反应，具有探询语气。如：是否可行、妥否、当否、是否妥当、是否可以、是否同意、意见如何，等等。这类词语一般在公文的上行文、平行文中使用，在使用时要注意确有实际的针对性，即在确需征询对方的意见时使用。

7. 受事词

受事词即向对方表示感激、感谢时使用的词语。如：蒙、承蒙，等等。属于客套语，一般用于平行文或涉外的公文。

8. 命令词

命令词即表示命令或告诫语气的词语。用以增强公文的严肃性与权威性，引起受文者的高度注意。如：表示命令语气的语词有：着、着令、特命、责成、令其、着即，等等。表示告诫语气的词语有：切切、毋违、切实执行、不得有误、严格办理，等等。

9. 目的词

目的词即直接交代行文目的的词语。人们撰写应用文尤其是公文都有明确而具体的目的，必须有针对性地使用简洁的词语加以表述，以便受文者正确理解并加速办理。

用于上行文、平行文的目的词，还须加上期请词，如：请批复、函复、批示、告知、批转、转发，等等。用于下行文，如：查照办理、遵照办理、参照执行，等等。用于知照性的文件，如：周知、知照、备案、审阅，等等。

10. 表态词

表态词又称回复用语，即针对对方的请示、问函，表示明确意见时使用的词语。如：应、应当、同意、不同意、准予备案、特此批准、请即试行、按照执行、可行、不可行、迅即办理，等等。在使用上述词语时，应对公文中的下行文和平行文严加区别。

11. 结尾词

结尾词即置于正文最后，表示正文结束的词语。

用以结束上文的词语，如：此布、特此报告、通知、批复、函复、函告、特予公布、此致、谨此、此令、此复、特此，等等。再次明确行文的具体目的与要求，如：……为要、……为盼、……是荷、……为荷，等等。表示敬意、谢意、希望，如：敬礼、致以谢意、谨致谢忱，等等。使用这些词语，可以使文章表述简练、严谨并富有节奏感，体现出庄重、严肃的色彩。

四、应用文的结构

（一）结 构

文章的结构这一概念是借用建筑学中的术语，指文章的组织构造，又称谋篇布局。“文章的结构是文章的骨骼”。有了严密的结构，才能形成一篇完整的文章。应用文的结构，指对应用文的内容进行的组织安排。应用文的结构是将观点与材料、内容与形式进行有机组合的骨架。要求完整、严谨、纲目清楚、层次分明、段落清晰、避免松散。一般来讲，应用文的正文都有开头、主体和结尾几个部分，但不同的文种又有不同的结构形态，在具体安排时要注意。如合同和协议书等，侧重说明根据、规则及措施，常常使用条款式和表格式的组织结构；报告、会议纪要等陈述性文体，大多根据活动、对象的发展变化及特征来组织文章结构，而学术论文、调查报告等，其结构一般按照提出问题—分析与论证问题—解决问题的过程来安排结构。

（二）层 次

1. 层次是应用文思想内容表现的次序

应用文的主题，也就是总观点，需要若干分观点来说明，一般用一个层次来表述一个分观点。每个层次表述的分观点要具有相对的完整性；层次的划分，要前后有序、条理清楚。

2. 层次的形式

划分层次，在一篇文章中要采取同一标准。一般有以下形式：

（1）以时间为序。就是依照时间的推移划分层次。通报、工作报告等应用文常用此形式。

（2）以问题为序。就是按照应用文所反映的问题来安排层次，可以反映主次、并列、因果关系或正反对照的关系。适用于总结、调查报告和会议纪要等文种。

（3）以空间为序。就是以空间方位的顺序来安排层次，多用于叙述事物的空间分布，说明事物的形态和发展。适用于意见、报告、调查报告和简报等文种。

（4）以活动的发展阶段为序。就是按一项工作或工程、一个事件、一次会议、一个人物的发展或活动阶段为序划分层次。综合工作报告、专题工作报告、调查报告等常采用这种形式。

（5）纵横式。由于应用文内容复杂，可以综合运用几种形式来安排层次，如第一层次以时间为序，第二层次再以其中的问题为序。

3. 层次的表述方法

（1）用数量词表示。如一、二、三、四……（一）、（二）、（三）、（四）……

（2）用小标题表示。

（3）用词、词组表示。如："首先……其次……再次……"；"会议认为……"、"会议决定……"或"关于……的问题"等。

（三）段　落

段落是指自然段，即文中能够表达一个完整的意思而又相对独立的基本构成单位，是行文中由于转折、间歇及强调等情况而自然形成的分隔、停顿。

在划分层次之后，需要安排好段落。安排段落要注意以下三个问题：

一是段与段之间的联系。

二是要注意段落的完整性和单一性，不能把一个完整的意思分成几段来写，也不能把不相关的意思硬放在一段之内，一段要相对完整地表达出一个中心意思。

三是段落要长短适度。

（四）衔接与照应

安排好应用文各层次、段落之间的衔接与照应，目的是使层次、段落之间前后连接、转折自然。

（五）开头和结尾

1. 开头

应用文的开头，即导语，就是在应用文的开头采用开门见山的方法，提出要点，说明全文的目的或结论。一般常用以下形式：

（1）用简要的文字揭示主题，唤起读者的注意，引导读者继续阅读。

（2）交代写作应用文的目的、理由，帮助读者理解应用文的内容。一般来讲，请示、报告以写明理由为开头，指示、决定、批复以说明根据为开头，规章制度以说明目的为开头。

（3）对情况进行概述。如会议纪要、调查报告，要先介绍会议和调查的时间、地点、范围及规模等。总结、报告要先概述某一时期、某一方面工作的基本情况。

（4）阐明结论，即在开头就亮明观点。

（5）以致谢语开头。贺信、感谢信、讲话稿常用致谢语开头。

（6）用提问的方式开头，将应用文中要回答的问题，在开头就一针见血地提出来，可取得开门见山、引起注意的效果。

（7）表明态度。一般用于批转、转发性通知和批复等。

2. 结尾

应用文的结尾一般要与开头相呼应，常用如下形式：

（1）以专用词语结尾。如"此布"、"此复"、"特此报告"等。

（2）以简要的文字表示具体的要求，再次强调行文目的。如"上述要求，请予批准”，“上述报告，如无不妥，请批转”，“请尽快函复为盼”。

(3) 再一次点明和深化全文主题，使读者加深理解。

(4) 发出号召，寄托希望。

总之，应用文的开头和结尾，要根据应用文的内容和特点采取不同的表述方式，要有具体的针对性。

五、应用文的表达方式

表达方式，即古人所称的“笔法”，今人又称表达手法、表现方法。文章表达方式通常有五种：叙述、议论、说明、描写、抒情。应用文最常用的表达方式有叙述、说明和议论。

(一) 叙 述

1. 叙述的含义和作用

叙述，又称记叙，是一种把人物的经历或事件的发生、发展、变化的过程交代出来的表达方式。完整的叙述包括六要素：时间、地点、人物、事件、原因、结果。

叙述是应用文书的基本表达方式。它的作用是介绍人物的经历和事迹；记叙生产、工作的过程；介绍事件的基本情况；用来引述事实，提供论据；介绍问题的来龙去脉，说明原委。

2. 叙述的人称和方式

叙述人称，是作者在叙述时的立足点、观察点。应用文中，叙述人称主要采用第一人称和第三人称。第一人称（“我”、“我们”）的叙述是偏重于主观性的叙述，其优点是可以使读者感到真实、亲切、可信。在应用文中，使用第一人称是指作者本人或作者代表的单位、群体。如请示、报告、总结、书信等。有时，为简要起见，常使用无主句。

第三人称（“他”，“他们”）的叙述是作者从第三者的角度来客观地陈述事件，偏重于叙述他人的经历和事迹，显得理智、冷静，它不受时空的限制，叙述时比第一人称更自由。应用文中，调查报告、会议纪要、消息、通讯等一般采用第三人称来叙述。第二人称（“你”、“你们”）的叙述，有亲临感，像在面对面交流。

应用文常采用的叙述方式有顺叙、倒叙、插叙、分叙等。

顺叙是按照事件的发生、发展和结束的顺序来叙述。是最基本的叙述方法。其优点是有头有尾，来龙去脉清楚，文章的段落、层次与事件的发展过程一致，符合人们的阅读习惯。缺点是平铺直叙，缺少波澜。应用文中用到的叙述绝大多数是顺叙。倒叙就是先交代事情的结果，再回过头来叙述事情的由来。倒叙的优点是可以造成悬念，能一下子抓住读者。在应用文中，倒叙较少运用，一般只在通讯、调查报告中运用。插叙是顺着主线叙述的同时，插进去一段相关的叙述，或追忆过去的片段，或对上文进行补充、解释。其优点是可以使文章内容更充实、更曲折。在应用文中插叙只在消息、通讯等文种中运用。分叙也叫平叙，即古人所说的“花开两朵，各表一枝”，是指叙述两件或两件以上同时发生的事情时，先叙一件，再叙另一件，或两件事情交叉平行地叙述。这种叙述方法一般只用于通讯中。

3. 叙述的要求

实用写作中的叙述是概括性、轮廓性的叙述，不要求所述人和事详尽、具体、完整，不必把人物叙述得活灵活现，也不必把环境叙述得逼真细腻。它只要求简要地叙述事实本身，叙述与表达主旨、说明问题有直接关联的部分，或者只是综合地、概括地叙述若干人或事的共同点。就事论事，不求面面俱到，更无需近乎描绘的铺陈。只注重对事件的整体勾画，不要求细节的具体、内容的详尽。

4. 应用文叙述的特征

（1）以顺叙为主，平铺直叙，注重叙述事件的过程。

（2）一般采用概括叙述，极少采用具体、详细的叙述。

（二）说　明

1. 说明的含义及作用

说明就是用简明扼要的文字，将事物的形状、性质、特征、成因、关系、功用等解说清楚，把人物的经历、特点等表述明白的一种表达方式。说明的目的是“给人以知”，重在科学性、知识性、告知性；强调客观，尊重实际，忌感情用事。说明在应用文中使用广泛，介绍背景材料和环境，可为叙述起好铺垫作用，可为议论提供依据。如说明书、广告解说词等，主要是用说明的方法来写的。其他文体，如规章制度、行政文书、司法文书等，也要广泛地用到说明的表达方式来解释事物、剖析事理，帮助读者提高认识，增长知识。

2. 说明的方法

（1）定义说明法，就是通常说的下定义。是用简明、准确的语言把一事物区别于其他事物的本质属性科学地概括起来的一种说明方法。给事物下定义，第一要指出该事物的属；第二要指出这个事物与邻近事物的种差。所谓“属”，就是所下定义的对象的概念范畴；所谓“种差”，就是所下定义的对象的特有的属性，即它与同类事物之间的差异。

定义说明“是”的前面和后面的内容可以互换。例如《现代汉语词典》给“人”下的定义：“人是能制造工具并使用工具进行劳动的动物。”

（2）分类说明法，就是按照一定的标准，把说明对象分成不同的类型分别加以说明的方法。它的好处是条理清楚，头绪分明，既便于把握对象的概貌，又便于区分各个类别的差异。分类说明一要包举，就是在运用分类说明时要注意所列的种类不能有遗漏；二要对等，就是一次分类只能按同一个标准划分，类与类之间处于并列关系，互不相容，不能产生重叠、交叉现象；三要正确，就是分类标准确实反映了事物客观存在的类别，既不能把一个种类硬分成两个种类，也不能把几个种类混在一起说成是一个种类。

（3）举例说明法，是选取某种事物或现象中最有代表性的实例来说明该事物、该现象的共同点、共同规律的说明方法。运用这种方法，能化抽象为具体，变复杂为简明，使深奥变浅显，使人容易理解。

（4）比较说明法，就是把两种或两种以上，有一定联系和相同点的事物进行比较，说明事物的本质特点的说明方法。

比较说明可以分为横比和纵比两种。横比是用互相关照的两个事物进行比较。如头发丝和铁丝。纵比是对同一事物的不同发展阶段的情况作比较。如本年度的利润和上一年度的利润比较运用比较说明时，必须在可比事物之间进行，而且要从中找出可以相比的相似点，否则起不到作用。数字说明法，就是用精确、具体的数字来说明事物特征的说明方法。运用数字说明，必须准确无误，每个数字都要有来源，要调查核实。运用估计数字，也应有可靠依据，力求近似。

（5）引用说明法，就是通过文献资料、故事传说、名言佳句、民间谚语等说明客观事物或被说明对象的情况的说明方法。引用有时用来说明事物的本质、特征，有时为了充实说明内容，有时作为说明的引子，有时用来增强说明的文学性、趣味性。

（6）比喻说明法，就是通过打比方，把抽象的事理或复杂的事物说得简明生动、具体形象、浅显易懂的说明方法。

（7）图表说明法，就是用图画和表格来说明事物的特征的说明方法。目的是使说明对象更具体、形象、直观、简明。这种方法能节约文字，便于比较，读者看了能一目了然。图表说明主要有两种形式，一是图示，二是表格。

3. 应用文说明的特征

（1）常与议论、叙述结合使用。

（2）常多种说明方式同时使用。

（三）议　论

1. 议论的含义与作用

议论就是作者对客观事物进行分析、评论，以表明自己的观点和态度的一种表达方式。一段完整的议论，由论点、论据、论证三个要素构成。议论要做到言之有理，以理服人，其论点要正确，论据要充足，论证要严密。论点是作者对所论述的问题所持的见解、主张与看法；论据是作者为了证明论点而选择的事实或理论根据；论证就是作者运用论据证明论点的过程或方式方法。论点解决证明什么的问题，论据解决用什么来证明的问题，论证解决怎样来证明的问题。论点是统帅、核心、灵魂，论据是基础，论证方式是联系论点和论据的桥梁。

议论可以对客观事物进行分析和评论，表明作者的观点或态度。应用文中，议论使用较多。如调查报告、简报、通报、总结等文种，常常在叙述事实、说明情况的基础上，表明对人物、事件、问题的评价，以便更正确、鲜明地表达观点。实用写作中的议论与叙述和说明相比，处于从属地位，一般只在叙述、说明的基础上进行，不需长篇大论，不需进行复杂的逻辑推理，也不一定要具备论点、论据和论证这样完整的议论过程，而只在需要分析论证的地方，采取夹叙夹议的方法，点到为止，不必作深入论证。

2. 实用写作中议论的方式和方法

（1）论证方式。运用论据证明论点的过程。有两种：一是立论，即正面论述论点的正确性。二是驳论，即通过批驳错误的观点，从而确立论点的正确性。在论证中，这两种方式常综合运用，共同完成对论点的证明。

（2）论证方法。一是例证法，就是用具体事例、事实或数字作为论据证明论点的方法。用作论据的事实，既要典型，且量要适度。列举的事实过少就会显得论据单薄，过多又会淹没、冲淡论点。二是引证法，即引用权威性的论述，科学公理、定理以及生活中的道理作为论据来证明论点的方法。三是反证法，即从反面进行论证的方法。四是类比法，即从个别到个别，用同类事物进行比较作出论断的证明方法。五是对比法，即将相反的两种事物或观点加以对比，从而确立正确观点的证明方法。六是喻证法，即通过打比方来说明道理，证明论点的方法。七是归谬法，即将错误的观点进行合乎逻辑的推理，引出荒谬的结论，证明对方观点的错误，从而树立正确观点的方法。八是因果法，即通过分析问题、剖析事理，揭示论点和论据的因果关系，从而证明论点的正确性的方法。九是归纳法，即从一系列事实中找出共性来证明观点的方法。在论证过程中，人们常常需要根据实际情况进行选择，综合运用多种方法进行论证。

第三节 实用写作的学习方法

一、学习本课程的基本方法

要学好实用写作这门课程，首先应该把握这门课程的性质和特点。

（一）以理论为指导

理论产生于实践，反过来又指导实践并接受实践的检验，从而得到进一步的丰富和发展。实用写作的理论对实用写作实践有直接的、具体的指导作用。搞清楚其理论，正确认识各类应用文的特点和写法，能帮助我们进行写作实践。但是有的人存在一种偏见，认为实践性强的课程就不必学习理论，只要练习，就能练出真功夫。很多事实表明，不学习理论，就不会有理论的提高，做起事来，容易走弯路，事倍功半。有的人学习理论，不与实践结合，把它束之高阁，不去想它，那么理论就起不到什么作用。要把知识转化为自己的，必须认真搞清楚基本概念，理清本门课程的理论框架，熟悉重要例文，把握其中的规律，这样知识才能被自己所吸收，在实践中才能应用。

（二）以例文为借鉴

实用写作的学习需要经历模仿、熟悉、自如三个阶段，尤其是在各类文种的体式训练中，第一步是阅读例文、模仿格式；第二步是熟悉应用文的格式，领悟各类文种的写作思路；第三步是反复练习，最终达到写作自如的阶段。对例文的分析和模仿是实用写作学习的重要途径。分析例文可以使我们从中领悟具体的写作规律。典型的范文可以帮助我们开拓思路、掌握技法，而有瑕疵的例文可以使我们从中发现问题，避免误区。

（三）以训练为中心

将实用写作知识转化为写作能力，主要依靠有目的、有计划的写作训练。尽管写作能力是各种知识的综合体现，但有重点地针对各种文种特点进行训练对于掌握其基本写作方法还是有效的。所以，必须重视训练。怕吃苦，不想下功夫动笔练习，就不可能有真正的提高。若要提高实用写作的能力，还必须加强修养，全面提高自己的素质。

二、提高实用写作能力的根本途径

“世事洞明皆学问，人情练达即文章”，文章的功夫不全在文章内，而在文章外，要提高写作能力，写出好的文章，作者不仅要具备较高的语文水平和实用写作知识，而且还必须全面提高自己的修养，即加强自身德、才、学、识四个方面的修养，这四方面是相互联系的。

德，指加强道德修养，也就是在思想上要爱国敬业，有责任感，做事认真，对社会有奉献精神，而不是自私自利、事事斤斤计较。有德就有了较高的思想境界，写文章时，自然就站得高、看得远，分析问题就能透彻。

才，指增长才干。才干并非天生而来，而是在学习的基础上，经实践锻炼得来的。加强学习，多方面丰富自己的知识，在实践中经受锻炼，积累经验，才干自然就会增长。那种不热爱自己的工作、不积累经验的人，永远也不会有才干。

学，指加强学习。既要学习党和国家的路线、方针和政策，也要学习专业知识，了解相关学科的基本知识，围绕自己的工作形成知识系统，培养运用理论分析问题和解决问题的能力。

识，指扩大见闻。要多了解社会现状，了解国内外情况，了解专业发展前沿情况，自然就增长了见识，有了见识，遇到问题时，就能形成自己的看法，找到解决问题的途径。

综合练习

一、填空题

1. 实用写作，是以＿＿＿＿＿为目的的写作。

2. 应用文主题要求要＿＿＿＿＿、＿＿＿＿＿、＿＿＿＿＿和＿＿＿＿＿。

3. 应用文的语言表述，要求尽量做到＿＿＿＿＿、＿＿＿＿＿、＿＿＿＿＿、＿＿＿＿＿。

4. 应用文主要表达方式为＿＿＿＿＿、＿＿＿＿＿和＿＿＿＿＿。

5. 应用文常用的说明方法有＿＿＿＿＿、＿＿＿＿＿、＿＿＿＿＿、＿＿＿＿＿、＿＿＿＿＿、＿＿＿＿＿、＿＿＿＿＿和＿＿＿＿＿8种。

6. 应用文常用的论证方法有＿＿＿＿＿、＿＿＿＿＿、＿＿＿＿＿、＿＿＿＿＿、＿＿＿＿＿、＿＿＿＿＿、＿＿＿＿＿、＿＿＿＿＿和＿＿＿＿＿9种。

二、简答

1. 实用写作和文学写作有什么区别？

2. 应用文怎样取舍材料？

3. 在实用写作中运用叙述与文学写作中运用叙述有何区别？

4. 实用写作中运用说明时，有哪些具体的方法？

三、阅读下面的片段，说说它采用了哪些说明方法和议论方法？

1. 中年知识分子一般都是各行业的中坚力量，担负着较重的工作任务。他们平均每天工作和上下班路途时间为9小时20分，比同时调查的625名其他职工多4.8%。其中，大、中、小学教师工作时间比工人多11.1%，女教师达10小时30分钟。据宁波市的调查，教师工作时间比工人多15.4%。他们在校加班加点；在校外要辅导、访问学生；回家要备课、批改作业。

2. 连锁经营主要是指在零售业、饮食服务业中若干同行店铺，以共同进货、分散销售、统一管理等方式连接起来，共享规模效益的一种流通组织形式和经营方式。

3. 人类如果要改善自身的营养状况，就需要增加动物蛋白的摄入量，而要增加动物蛋白的摄入量，就必须发展饲养业，而饲养业的长足发展，又有赖于蛋白饲料工业的腾飞。因此，目前世界各国都十分注意致力于蛋白质源的开发。

4. 使用有机肥料，是我国农业生产的优良传统。但近几年来，在农村出现了重化肥轻有机肥、重用地轻养地、重产出轻投入的倾向，不少地区农家肥的使用量减少，绿肥作物种植面积下降，大中城市的粪肥、垃圾也很少利用。出现这种情况的主要原因：一是普遍放松了对多用有机肥料的工作的领导，没有把它摆到应有的位置上；二是积造有机肥料工作的劳动强度大，手段落后，加上农民对土地使用存在短期行为，不愿多投入有机肥；三是没有制定相应的政策，缺乏必要的经济扶持政策。实践证明，长期单一使用化肥，不能满足农作物对多种养分的需要。各地应十分重视有机肥资源的开发和利用，鼓励农民多施有机肥料，增加对土地的投入。

5. 在党的纲领中明确提出社会主义初级阶段的科学概念，这在马克思主义历史上是第一次。邓小平在谈到建设初级阶段的社会主义时特别强调："我们现在所干的事业，是一项新事业。马克思没有讲过，我们的前人没有做过，其他社会主义国家也没有干过，所以，没有现成的经验可学。我们只能在干中学，在实践中摸索。"这就是说，在中国，真要建设社会主义，那就只能一切从社会主义初级阶段的实际出发，而不能从主观愿望出发，不能从这样那样的外国模式出发，不能从对马克思主义著作中个别论断的教条式理解和附加到马克思主义名下的某些错误论点出发。

5. 米糠和麸皮含有大量维生素。这个问题，我国古代著名的医学家孙思邈早就注意到了。曾经用米糠和麸皮治疗那些患有维生素缺乏症的病人。现代科学也证明了这一问题：经化学分析，米糠和麸皮中含有较高的维生素C、B和E。

6. 世界上最深的淡水湖——俄国的贝加尔湖，由于污染，湖中的水生物至少比50年前灭绝了一半。

7. 调查就像"十月怀胎"，解决问题就如"一朝分娩"。

8. 我们党执政以后，特别是在新的历史条件下，能不能成功地解决党内监督问题，尤其是对高中级干部的监督问题，是加强党的建设需要解决的一个重要问题。从党的建设的实践看，这方面既有经验也有教训。哪个地方、部门什么时候党内监督工作抓得比较紧，民主集中制执行得比较好，个人专断、滥用职权和"有令不行、有禁不止"的情况就比较少，消极腐败现象也会受到抑制，出了问题一般也能得到及时解决。反之，监督工作薄弱，民主集中制受到破坏，权力被滥用而又得不到制止，往往就会出问题，甚至出大问题。

第二章　行政公文

第一节　行政公文概述

公文，是公务文书的简称。

在我国，党政机关公文为主体公文。党政机关公文特指中国共产党的机关公文和国家行政机关（政府机关）的公文。

中共中央办公厅 1996 年发布的《中国共产党机关公文处理条例》规定：决议、决定、指示、意见、通知、通报、公报、报告、请示、批复、条例、规定、函、会议纪要 14 个文种为中共中央机关公文。

国务院办公厅 2000 年 8 月 24 日发布的《国家行政机关公文处理办法》规定：命令（令）、决定、公告、通告、通知、通报、议案、报告、请示、批复、意见、函、会议纪要 13 个文种为国家行政机关公文。

本教材所阐述的是国务院办公厅发布的行政公文。

《国家行政机关公文处理办法》（以下简称《办法》）指出：行政机关的公文（包括电报），是行政机关在行政管理过程中形成的具有法定效力和规范体式的文书，是依法行政和进行公务活动的重要工具。

一、行政公文的行文规则

根据《办法》中的有关规定，公文在行文时应遵守下列规则。

（一）行文根据规则

注重效用，做到一切行文从实际需要出发，严格控制发文数量和范围，避免滥发公文。行文关系应当根据各自的隶属关系和职权范围来确定，根据机关之间的组织系统领导关系和职责权限来进行。

（二）部门行文的规则

第一，部门可以向上、下及平级政府的相关业务部门行文。即上下级之间可以互相行文。如省交通厅可与市交通局相互行文。

第二，政府各部门依据职权可以相互行文。

第三，属于部门职权范围内的事务，应当由部门自行行文或联合行文。

（三）联合行文的规则

一是应当明确主办部门。

二是联合行文的机关必须是平级的。

（四）上行文的规则

第一，逐级行文。除特殊情况外，一般不得越级请示和报告。

第二，不送个人。除上级机关负责人直接交办的事项外，不得以机关名义向上级机关负责人报送“请示”、“意见”和“报告”。

第三，请示的规则。请示除了要遵守上述规定之外，还得遵守以下规定：（1）一文一事；（2）单头请示；（3）不送下级。

第四，报告不得夹带请示事项。

（五）抄送的规则

第一，向下级机关或者本系统的重要行文，应当同时抄送直接上级机关。凡涉及比较重要的事项，例如，下级机关的主要领导人事变动、重要的工作、上马重大建设项目等，应抄送直接上级。

第二，受双重领导的机关向上级机关行文，应当写明主送机关和抄送机关。例如，某民族学院受教育厅和民族事务委员会的双重领导，它上送一份关于教育问题的请示，主送机关就应选择教育厅，同时抄送给民族事务委员会；教育厅答复该院时，根据需要抄送给民族事务委员会。

二、行政公文的格式

为保证公文尽快发挥效力和准确有效地撰制、收集、传递和储存公文信息，国家技术监督局制发了《国家机关公文格式》，国务院办公厅发布了《国家行政机关公文处理办法》，对公文格式做了明确的规定。

公文由眉首、主体、版记三大部分构成（如图 1 所示），每部分又有若干标识及要求，这些都应按照《办法》和《中华人民共和国国家标准行政机关公文格式》（国家质量技术监督局 1999 年 12 月 27 日发布）来制作，公文的用纸采用国际标准 A4 型纸（210mm ×297mm），公文的印制也有具体规范。

（一）眉首部分

公文红色反线以上的各要素统称眉首，包括下列内容：

1. 公文份数序号

公文份数序号简称“份号”，是将同一文稿印制若干份时每份公文的顺序编号。同一文稿印刷多少份，就有多少个份号。份号用阿拉伯数码顶格标识在版心左上角第一行。凡“绝密”、“机密”级的公文都要标明份号。使用公文份数序号的目的是准确掌握公文的印制份数、分发范围和对象，发文机关根据序号可以掌握每一份公文的去向，以防止遗漏和丢失。

2. 秘密等级和保密期限

秘密等级和保密期限简称“密级”。需要保密的公文，都要标明其秘密程度的等级，密级分为“绝密”、“机密”、“秘密”三级。如需标识秘密等级，顶格标识在版心右上角第一行；如需同时标识秘密等级与保密期限，便顶格标识在版心右上角第一行，秘密等级和保密期限之间用★隔开。

公文格式简表（见表1表2）：

表1

公文格式	部分	要素
机密★5年 00010　特急 ××省人民政府文件 ×府〔2009〕×号	眉首	份号 秘密等级和保密期限 紧急程度 发文机关标识 发文字号 签发人（上行文才需标注）
××关于××××的通知 ××市人民政府： ×××。 ×××××××××××××××××××××××××。 ×××××××××××××××××××××××××××××××××× 附件：1. ××××× 2. ××××× （印章） 二〇〇九年×月×日 （×××××××××） 主题词：×× ×× ××× ××	主体	标题 主送机关 正文 附件 公文生效标志 成文日期 附注 主题词
抄送：××××××	版记	抄送机关
××省人民政府办公厅　2009年×月×日印发	版记	印发机关 印发时间

表 2

00001　　　　　　　　　　　　　　　　　　　　　　　　秘密★三个月

特急

×××××文件

××〔2008〕×号　　　　　　　　　　　　　　签发人：×××

关于×××××××的请示

××××：

×××
×××××××。

××××××××××××××。

（印章）

二○○　年×月×日

（联系人：××，联系方式：×××）

主题词：××　×××　××　请示

抄报：××××××

×××××××××　　　　　　　　　　　　2009 年×月×日印发

---

3. 紧急程度

公文有平件和急件之分。急件就是需要紧急办理的公文，根据对公文送达和办理时限的要求，标明“特急”、“急件”，位置如图 1 所示。

4. 发文机关标识

发文机关标识由发文机关全称或规范化简称后加“文件”二字组成，用红字标识。联合行文时把主办机关名称排列在前，协办机关在后，上下居中排布。

5. 发文字号

发文字号又称发文号、文号、文件字号，是指某一公文在发文机关一个年度内发文总号中的实际顺序号。

发文字号包括发文机关代字、发文年份、发文序号三部分。

三部分的顺序为：(1) 发文机关代字；(2) 发文年份；(3) 发文序号。

发文机关代字一般用两个字表示，第一个字代表发文机关所属地方：第二个字代表发文机关。

发文年份要用阿拉伯数字完整书写，用六角括号括起来“〔 〕”，不能用半圆括号“( )”。

联合行文时，只标主办机关的发文字号。

发文字号的作用主要有三个：一是便于登记，二是便于分类、归档，三是便于查找、引用。

6. 签发人

签发人指签上代表机关核准发出该文的领导人的姓名。其位置平行排列于发文字号右侧，发文字号居左空 1 字，签发人姓名居右空 1 字（只有上行文才需要注明签发人）。

（二）主体部分

1. 公文标题

完整的标题一般由三部分组成：发文机关、事由、文种。也可省略发文机关，只写事由和文种。还可只写文种。

2. 主送机关

主送机关指公文的主要受理机关，一般写在正文之前，标题之下，顶格写，按党、政、军、群顺序排列。

3. 正文

正文结构由原因、事项和结尾三部分组成。有些公文没有独立的结尾。

4. 附件

附件是指随文转发、报送的文件，包括随文颁发的有关制度、办法、规章，以及报表、说明材料等。写作时应注明附件顺序和名称。

5. 成文日期

成文日期指形成公文的确切日期，以该单位领导人签发的日期为准：联合行文的，以最后签发机关领导人签发的日期为准。不能使用阿拉伯数字，只能用汉字写。

6. 印章

印章是公文生效标识。除会议纪要外，所有公文要加盖印章，用以证实公文的法定效力。

联合上报公文，由主办机关加盖印章：联合下发公文，联合机关都应加盖印章。

印章应端正清晰，上不压正文，下要骑年盖月。印章要与正文同处一页，不得采用标识“此页无正文”的方式。

7. 附注

附注一般是对公文的发放范围、使用的注意事项加以注释和说明，居左空 2 字位加圆括号标识在成文时间下一行。

（三）版记

1. 主题词

主题词是用于揭示公文主要内容并经规范化处理的词和词组，是为了方便阅读、保管、分类、检索而标明文件内容所属范围类别。

标注主题词要求：

（1）选择规范的词。只能从1997年12月修订的《国务院公文主题词表》中所提供的1049个词中选择。

（2）标引顺序要规范。先标类别词，再标类属词。在标类属词时，先标反映文件内容的词，最后标反映文件形式的词。

（3）一份文件主题词的标引，除类别词外，最多不超过5个主题词。

2. 抄送机关

抄送机关指收受公文并需了解此公文内容的有关单位。如双重领导的机关、越级行文所越过的机关等。

3. 发文机关和印发时间

标明公文的印发部门名称、印发日期、印发份数等。其位于抄送机关之下（无抄送机关则在主题词之下），占一行位置。印发机关左空1字，印发时间右空1字。印发时间以公文付印的日期为准，用阿拉伯数字标识。

第二节　命令（令）、决定、意见、批复

一、命令（令）

（一）命令（令）的概念

命令（令）是国家权力机关、行政机关、军事机关及其领导人发布具有强制执行性质的领导性、指挥性的下行公文。它适用于“依照有关法律规定发布行政法规和规章；宣布施行重大强制性行政措施；嘉奖有关单位及人员”。

（二）命令的特点

一是具有高度的强制性、权威性；二是内容重要；三是具有严肃性。

（三）命令的种类

命令主要有发布令、行政令、嘉奖令、任免令四种。

（四）命令的写作

1. 标题

命令的标题主要有三种：

（1）由发令机关名称、主要事由、文种构成。如《中国人民解放军驻澳门特别行政区的命令》

（2）由发令机关名称或发令人身份和文种组成。如《北京市人民政府令》。

（3）由主要事由和文种组成。

2. 正文

命令的正文由开头、主体、结尾三部分组成。

开头主要写发令的原因、根据、目的、意义等。主体部分是全文的核心，主要写命令事项，结尾主要写执行要求。

发布令的文体结构包括标题、令号、正文和落款四部分。正文由发布对象、发布依据、发布决定、执行要求四个方面组成。

【例 文】

中华人民共和国主席令

第43号

根据中华人民共和国第八届全国人民代表大会常务委员会第十二次会议1995年2月28日的决定：

免去张皓若的国内贸易部部长职务。

任命陈邦柱为国内贸易部部长。

中华人民共和国主席 江泽民

一九九五年二月二十八日

二、决 定

（一）决定的概念

决定是党政军机关、社会团体、企事业单位对重大事项或重大行政公务做出安排而制定的一种公文，属下行文种。上至党和国家的重大决策战略部署，下至基层单位的奖惩事宜均可使用。

（二）决定的特点

决定是有权威性、知照性、指挥性的特点。

（三）决定的种类

主要有公布性决定、奖惩性决定、撤销性决定、指挥性决定。

（四）决定的写作

决定一般由标题、正文、署名和成文时间组成。

1. 标题

必须写明发文机关名称、事由和文种。

2. 正文

包括三个部分：

（1）开头。写明制发决定的根据，也就是制订决定的理由、目的与意义。

（2）主体。写对重要问题或重大行动所做出决定的具体内容。

（3）号召。表示希望和号召的话，多见于表彰性和处分性的决定。

3. 署名和成文时间

文末最后是署名和成文时间。

【例文一】

××××××文件

××〔2005〕××号

关于表彰2005年军训及国防教育工作先进集体、先进个人的决定

院属各部门：

根据教育部、总参谋、总政治部《关于在普通高等学校和高级中学开展学生军事训练工作的意见》的精神及《中华人民共和国国防教育法》、《中华人民共和国兵役法》的规定。学院从1992年起把每届新生军事训练作为新生入学教育的基本工作之一。2005年学生军训暨国防教育工作在××教育厅、××省军区司令部、×部队的大力关心和支持下，在学院党委的正确领导下，摸索出了一套符合学院实际和行之有效的学生军训暨国防教育办法，逐步走向规范化、制度化、科学化的轨道。

2005年，我院720名学生参加了我省大学生军训成果汇报表演活动，并取得了优异的成绩。学院荣获了优秀组织奖，女生队列操方队获优秀表演奖，男生步枪方队获分列式表演二等奖。

在2005级新生军训及我省大学生军训成果汇报表演活动中，涌现出了一批先进集体及个人，经系、分院和承训部队推荐，学院学生军训领导小组审核，报学院领导批准决定：对××分院等3个获“优秀组织奖”单位，对2005级新生××等192名“军训标兵”，对××等15名“军训先进工作者”，予以表彰奖励。

附件：优秀组织奖名单、“军训标兵”名单、先进个人名单。

二〇〇五年十一月十六日

主题词：军训　先进事迹　表彰　决定

××　××　院　　办公室　　　　2005年11月16日印

【例文评析】

这份宣告性决定内容比较单纯，篇幅简短，正文部分一是写明做出决定的依据，二是写出决定的内容，内容分条列项，不拖泥带水。

【例文二】

国务院关于第三批取消和调整行政审批项目的决定

各省、自治区、直辖市人民政府，国务院各部委、各直属机构：

2002年10月和2003年2月国务院决定共取消和调整1300项行政审批项目后，国务院行政审批制度改革工作领导小组对国务院部门行政审批项目又进行了全面清理。经严格审核论证，国务院决定再次取消和调整495项行政审批项目。其中，取消的行政审批项目409项；改变管理方式，不再作为行政审批，由行业组织或中介机构自律管理的39项；下放管理层级的47项。在取消和调整的行政审批项目中有25项属于涉密事项，按规定另行通知。

各地区、各部门要认真做好有关行政审批项目取消和调整的落实工作，切实加强后续监督和管理。要按照全面推进依法行政、建设法治政府的要求，以贯彻实施《中华人民共和国行政许可法》为契机，深化行政审批制度改革，进一步规范行政权力和行政行为；加快行政管理体制改革进程，进一步转变政府职能；不断更新管理理念、创新管理方式，努力提高社会主义市场经济条件下政府管理经济和社会事务的能力和水平。

附件：1. 国务院决定取消的行政审批项目目录（385项）

2. 国务院决定改变管理方式、不再作为行政审批、实行自律管理的行政审批项目目录（39项）

3. 国务院决定下放管理层级的行政审批项目目录（46项）

国务院

二〇〇四年五月十九日

【例文评析】

本决定取消和调整原有行政审批项目，这是撤消性决定，具有指令性。例文正文由发文背景、决定事项与要求三部分构成，结构规范，表述严谨。

撤消性决定后常有附件，请注意附件的书写格式。

【例文三】

国务院关于发布实施《促进产业结构调整暂行规定》的决定

各省、自治区、直辖市人民政府，国务院各部委、各直属机构：

《促进产业结构调整暂行规定》（以下简称《暂行规定》）已经2005年11月9日国务院第112次常务会议审议通过，现予发布。

制定和实施《暂行规定》，是贯彻落实党的十六届五中全会精神，实现“十一五”规划目标的一项重要举措，对于全面落实科学发展观，加强和改善宏观调控，进一步转变经济增长方式，推进产业结构调整和优化升级，保持国民经济平稳较快发展具有重要意义。各省、自治区、直辖市人民政府要将推进产业结构调整作为当前和今后一段时期改革发展的重要任务，建立责任制，狠抓落实，按照《暂行规定》的要求，结合本地区产业发展实际，制订具体措施，合理引导投资方向，鼓励和支持发展先进生产能力，限制和淘汰落后生产能力，防止盲目投资和低水平重复建设，切实推进产业结构优化升级。各有关部门要加快制定和修订财税、信贷、土地、进出口等相关政策，切实加强与产业政策的协调配合，进一步完善促进产业结构调整的政策体系。各省、自治区、直辖市人民政府和国家发展改革、财政、税务、国土资源、环保、工商、质检、银监、电监、安全监管以及行业主管等有关部门，要建立健全产业结构调整工作的组织协调和监督检查机制，各司其职，密切配合，形成合力，切实增强产业政策的执行效力。在贯彻实施《暂行规定》时，要正确处理政府引导与市场调节之间的关系，充分发挥市场配置资源的基础性作用，正确处理发展与稳定、局部利益与整体利益、眼前利益与长远利益的关系，保持经济平稳较快发展。

国务院

二〇〇五年十二月二日

【例文评析】

本决定着眼于工作部署，具有权威性，它用以对重要事项或者重大行动做出安排。

在第一段公布了决定事项，第二段先是申明了发布实施《促进产业结构调整暂行规定》这一重要事项的意义，紧跟着向主送机关提出了要求。

三、意　见

（一）意见的概念

意见是“适用于对重要问题提出见解和处理办法”的公文。2000 年新颁布的《国家行政机关公文处理办法》将该文种定为行政公文。1987 年、1993 年修订的《国家行政机关公文处理办法》没有“意见”这种文种，但实际该文种在行政机关中早已作为通用文种应用。

（二）意见的写作

1. 标题

意见的标题由制发机关、事由、文种三部分组成。也可省掉制发机关，只有事由和文种。

2. 发文字号

发文字号包括发文机关代字、发文年份、发文序号三部分。

3. 主送机关

主送机关为应知照的单位或群体。

4. 正文

正文由意见的原因、见解和事项组成。主要写当前存在的问题和解决这些问题的必要性，以及解决的办法。

5. 落款、发文时间、印章

如果是大会通过的意见，可将通过的日期、会议名称标在标题正下方，并加小括号。

【例文一】

关于2002年学院开展法制宣传教育的实施意见

院属各党（总）支部、各部门：

根据××教育厅×教政（2002）1号《关于印发〈××省教育系统法制宣传教育第四个五年规划〉的通知》和学院党委《关于开展法制宣传教育的第四个五年规划》的要求，结合学院教育教学工作的实际，现对学院2002年开展法制宣传教育提出以下实施意见。

一、指导思想

高举邓小平理论伟大旗帜，以邓小平民主法制思想和江泽民同志“三个代表”重要思想为指导，深入学习贯彻党和十五大精神和省委关于加强民主法制建设的要求，紧紧围绕依法治校的基本方略，紧紧围绕学院的改革思路，立足于培养社会主义事业建设者和接班人的历史使命，在全院师生员工中深入开展法制宣传教育，进一步提高师生员工的法律素质，全面推进依法治校，促进学院各项工作的顺利开展。

二、学习教育的内容

1. 学习《干部法律知识读本》上册第一章“邓小平法制理论与依法治国”；第二章“中国宪法制度”；第三章“中国行政法律制度”；第四章“中国刑事法律制度”。

2. 学习中国加入世界贸易组织相关的法律法规知识。

3. 学习《中华人民共和国高等教育法》、《中华人民共和国教师法》。

三、方法步骤

（一）方　法

结合学院工作实际，各单位根据上述学习教育内容，一是在教职工中利用教研业务活动和政治学习时间，采取集中统一学习与个人自学相结合的方法进行学习；二是在学生学习教育中除已开设法律知识课外，院团委、社科部还要开设法律辅导讲座，对学生进行法制宣传教育。除此之外，新生入学时，保卫处还要安排邀请专家学者举办法制讲座；三是采取专题辅导与解释疑难问题相结合进行宣传学习；四是组织观看和收听有关法律知识讲座的影视；五是利用校园广播、黑板报、宣传栏等宣传工具进行宣传教育。

（二）步　骤

2002年的法制教育大致分为两个阶段进行。第一阶段从3月10日至7月10日各单位主要学习全国“四五”普法统编教材《干部法律知识读本》上册1~4章内容和选学中国加入世界贸易组织相关的法律法规知识。第二阶段从9月1日至12月30日主要学习《中华人民共和国高等教育法》、《中华人民共和国教师法》。

四、目的要求

通过法制宣传教育，深刻理解邓小平法制理论在中国法制建设上的重要指导作用，了解和掌握相关法律知识的内容，做到依法治校，自觉遵守党和国家的法律法规。针对上述情况现提出以下具体要求：

1. 学院党委和行政领导要把“四五”普法宣传教育工作列为全院工作的重要日程，除了带头参与学习教育外，还要督促检查，加强领导，确保“四五”普法宣传教育落到实处。

2. 各党（总）支部负责人要认真组织所属单位人员的学习教育，严格考勤制度，对因事不能参加的，要及时组织补课，做到人员、时间、内容、效果的落实。

3. 各党（总）支部要认真总结“四五”普法宣传教育工作，年底要将法制宣传教育情况汇总报学院普法办公室，以便总结上报。

××××××学院“四五”普法办公室

××××年×月×日

【例文评析】

这是一份针对具体的“四五”普法宣传教育工作所撰写的意见，全文条理清楚，步骤、方法、目的明确，是一份指导性较强的公文。

【例文二】

国务院办公厅关于实施《国家行政机关公文处理办法》涉及的几个具体问题的处理意见

国办函（2001）1号

各省、自治区、直辖市人民政府，国务院各部委、各直属机构：

为确保国务院发布的《国家行政机关公文处理办法》（国发〔2000〕23号）的贯彻施行，现就所涉及的几个具体问题提出如下处理意见：

1. 关于“意见”文种的使用。“意见”可以用于上行文、下行文和平行文。作为上行文，应按请示性公文的程序和要求办理。所提意见如涉及其他部门职权范围内 的事项，主办部门应当主动与有关部门协商，取得一致意见后方可行文；如有分歧，主办部门的主要负责人应当出面协调，仍不能取得一致时，主办部门可以列明各 方理据，提出建设性意见，并与有关部门会签后报请上级机关决定。上级机关应当对下级机关报送的“意见”作出处理或给予答复。作为下行文，文中对贯彻执行有 明确要求的，下级机关应遵照执行；无明确要求的，下级机关可参照执行。作为平行文，提出的意见供对方参考。2. 关于“函”的效力。“函”作为主要文种之一，与其他主要文种同样具有由制发机关权限决定的法定效力。

3. 关于“命令”、“决定”和“通报”三个文种用于奖励时如何区分的问题。各级行政机关应当依据法律的规定和职权，根据奖励的性质、种类、级别、公示范围等具体情况，选择使用相应的文种。

4. 关于部门及其内设机构行文问题。政府各部门（包括议事协调机构）除以函的形式商洽工作、询问和答复问题、审批事项外，一般不得向下一级政府正式行文；如需行文，应报请本级政府批转或由本级政府办公厅（室）转发。因特殊情况确需向下一级政府正式行文的，应当报经本级政府批准，并在文中注明经政府同意。

部门内设机构除办公厅（室）外，不得对外正式行文的含义是：部门内设机构不得向本部门机关以外的其他机关（包括本系统）制发政策性和规范性文件，不得代替部门审批下达应当由部门审批下达的事项；与相应的其他机关进行工作联系确需行文时，只能以函的形式行文。

“函的形式”是指公文格式中区别于“文件格式”的“信函格式”。以“函的形式”行文应注意选择使用与行文方向一致、与公文内容相符的文种。

5. 关于联合行文时发文机关的排列顺序和发文字号。行政机关联合行文，主办机关排列在前。行政机关与同级或相应的党的机关、军队机关、人民团体联合行文，按照党、政、军、群的顺序排列。

行政机关之间联合行文，标注主办机关的发文字号；与其他机关联合行文原则上应使用排列在前机关的发文字号，也可以协商确定，但只能标注一个机关的发文字号。

6. 关于联合行文的会签。联合行文一般由主办机关首先签署意见，协办单位依次会签。一般不使用复印件会签。

7. 关于联合行文的用印。行政机关联合向上行文，为简化手续和提高效率，由主办单位加盖印章即可。

8. 关于保密期限的标注问题。涉及国家秘密的公文如有具体保密期限应当明确标注，否则按照《国家秘密保密期限的规定》（国家保密局 1990 年第 2 号令）第 九条执行，即“凡未标明或者未通知保密期限的国家秘密事项，其保密期限按照绝密级事项三十年、机密级事项二十年、秘密级事项十年认定。”

9. 关于“附注”的位置。“附注”的位置在成文日期和印章之下，版记之上。

10. 关于“主要负责人”的含义。“主要负责人”指各级行政机关的正职或主持工作的负责人。

11. 关于公文用纸采用国际标准 A4 型问题。各省（区、市）人民政府和国务院各部门已做好准备的，公文用纸可于 2001 年 1 月 1 日起采用国际标准 A4 型；尚未做好准备的，要积极创造条件尽快采用国际标准 A4 型。省级以下人民政府及其所属机关和国务院各部门所属单位何时采用国际标准 A4 型，由各省（区、市）人民政府和国务院各部门自行确定。

四、批　复

（一）批复的概念

批复是适用于答复下级机关请示事项的公文，只限于上级机关答复下级机关所请示的问题时使用的下行文。

（二）批复的特点

1. 针对性

批复是针对请示的问题作回答，因此有很强的针对性。

2. 权威性

批复是上级对下级请示的答复，体现了上级领导的权威和意愿。

3. 被动性

因为收到请示才要批复，所以请示是主动的，批复是被动的。

（三）批复的写作

1. 标题

标题由发文机关、事由和文种构成。有的还在标题中标明“同意”的态度。

2. 主送机关

标题之下，写明报送请示的下级机关名称。

3. 正文

批复正文由批复依据、批复事项、结束语三部分组成。批复依据主要有两个方面：一是对方的请示，二是与请示有关的方针政策和上级规定。对方的请示是批复最主要的论据，要完整地引用请示的标题并加括号注明其请示的发文字号，这些内容通常用一句话概括，如“你院×年×月×日《关于××××××请示》（××〔2005〕××号）收悉。经研究，批复如下”，有的不用过渡语，在“经研究”后就直接写批复内容。

批复事项。主要写明对请示事项所作的具体批示，表明同意或不同意的态度，或作进一步指示。如果内容复杂，可分条款表述。

结束语。一般用“此复”或“特此批复”等语句；也有的不用，批复内容写完，全文即结束。

批复撰写要注意及时、明确、庄重周严、言简意赅。

【例文一】

关于“学龄前儿童”如何界定的批复

××××××××支队：

你队×月×日《对如何界定“学龄前儿童”的请示》（××〔2005〕40号）收悉。经研究，批复如下：

《中华人民共和国义务教育法》（1986年4月12日第六届全国人民代表大会第×次会议通过）第五条规定：凡年满6周岁的儿童，不分性别、民族、种族，应当入学接受规定年限的义务教育。条件不具备的地区，可以推迟到7岁入学。照此法律界定，你支队所请示的“五岁半儿童”属学龄前儿童范畴。

此复

××××××××总队

二〇〇五年×月×日

【例文评析】

这是一份明确表态的批复，全文先引来文标题及发文字号，便于收文者明确这是哪篇请示的批复，然后表示对该请示的态度及其依据。

【例文二】

关于对×××公安局交警支队关于“路政管理”、“公路征费”、“交通稽查”是否为非法定标志牌进行清理的请示的批复

××交〔1996〕196号

×××公安局交警支队：

你支队×公交〔1996〕21号请示已收悉，现批复如下：

根据省人大1995年7月2日颁布的《××省高等级公路管理条例》和1995年11月27日颁布的《××省公路养路费征收管理条例》以及省人民政府1993年8月11日发布的《××省公路路政管理实施办法》的规定，对我省公路管理机构使用的“中国公路路政管理”，征稽机构使用的“中国交通征稽”标志牌，暂时予以保留，但不准在机动车外悬挂，可放置在机动车内挡风玻璃的右下方。

此复

××省交通警察总队

一九九六年十月十日

【例文评析】

这是一份既表态又有指示的批复，全文先引来文发文字号，便于收文者明确这是自己哪篇请示的批复，接着表示对该请示的态度，然后指示具体的方法，以便于下级操作实施。

【例文三】

关于山东省设立蓬莱市的批复

山东省人民政府：

你省1991年12月20日《关于撤销蓬莱县设立蓬莱市的请示》收悉。经国务院批准，同意撤销蓬莱县，设立蓬莱市（县级），以原蓬莱县的行政区域为蓬莱市的行政区域，不增加机构和人员编制，由省直辖。

民政部
一九九一年十一月三十日

【例文评析】

这是一份既表态又有指示的批复。全文先引来文标题，便于收文者明确这是自己哪篇请示的批复。然后表示对该请示的态度，然后指示设市的原则。

第三节　公告、通告、通知、通报

一、公　告

公告属于公开发布、公众关心的周知性公文。

（一）公告的概念

公告，适用于向国内外宣布重要事项或者法定事项，是一种公开宣布的告晓性的下行文。具有高度的严肃性和权威性。

（二）公告的特点

1. 公开性

公告是向“国内外”发布重要事项和法定事项的公文，传达范围有时是全国，甚至是全世界。

2. 庄重性

公告的题材，必须是能在国内外产生一定影响的重要事项，或者依法必须向社会公布的法定事项。

3. 严肃性

公告发布的是国内重大事项和法定事项，发文的权力被限制在高层行政机关及其职能部门的范围之内。发布公告是非常严肃的事情，不能随便发布。

（三）公告的写作

1. 标题

公告标题的写法主要有：一是由发文机关、事由和文种组成；二是省略发文机关或省略事由，只有事由和文种或只有发文机关和文种；三是只写“公告”。

2. 正文

公告的正文包括开头、主体和结束语三部分。

开头主要用来发布公告的缘由，包括根据、目的、意义等，也有不写公告缘由，一开头就进入公告事项的。

主体用来写公告事项，因每篇公告的内容不同，主体的写法因文而异。有时用贯通式写法，有时需要分条列出。

结语一般用“特此公告”的格式化用语作结，也有公告的结尾专用一个自然段来写执行要求，也有的公告既不写执行要求，也不用“特此公告”的结语，事完文止，干净利落地收束全文。

【例文一】

中华人民共和国外交部公告

——《中华人民共和国国务院》2000 年第 1 号

中华人民共和国政府恢复对澳门行使主权后，为便利澳门特别行政区同世界各地和地区人员往来，从 1999 年 12 月 20 日起，目前可免办签证进入澳门的国家及地区的人员进入澳门特别行政区，原则上继续给予免办签证待遇，根据《中华人民共和国澳门特别行政区基本法》第 139 条“对世界各国或地区的人入境、逗留和离境，澳门特别行政区政府可实行出入境管制”的规定，给予免办签证待遇的国家和地区以及非免办签证国家人员申办赴澳签证的具体办法，将由澳门特别行政区政府决定并予公布。

外国人前往中国内地及香港特别行政区，需办理签证的仍应按现行有关规定申请签证，办理必要的手续。

一九九九年十一月三十日

【例文评析】

这是一份由外交部发布的关于进入澳门特别行政区的有关规定的公告，语句概括简短，语气严肃庄重。

【例文二】

新华社授权公告

火箭溅落海域和海域上空恢复正常航行

新华社一九八〇年五月九日发布的中华人民共和国向太平洋南纬七度零分，东经一百七十一度三十三分为中心，半径七十海里的圆形海域，发射运载火箭试验已经结束，从五月二十二日起上述海域上空恢复正常航行。

一九八〇年五月二十一日

（载《人民日报》1980 年 5 月 22 日）

【例文评析】

这份公告向国内外宣布发射运载火箭试验这一重大事项已经结束，火箭溅落海域和海域上空恢复正常航行。语句简洁。

二、通　告

（一）通告的概念

通告，即适用于在一定范围内公布应当遵守或者周知的事项。和公告一样，属公开发布、公众关心的周知性公文。

（二）通告的特点

1. 法规性

通告常用来颁布地方性的法规，这些法规一经颁布，特定范围内的部门、单位和民众都必须遵守、执行。

2. 周知性

通告的内容，要求在一定范围内的人们或特定的人群普遍知晓，以使他们了解有关政策法令，遵守某地规定事项，共同维护社会公务管理秩序。

3. 实务性

一般公告只是告知某事，或者宣传某些思想、政策，并不指向具体事务，通告则是一种直接指向某项事务的文种，务实性比较突出。

4. 行业性

许多通告都具有鲜明的行业特点，如机动车管理部门关于机动车辆年度检验的通告，房产管理局关于商品销售面积进行检查的通告，等等，都是针对其所负责的那一部分的义务或技术事务发出的，所以，在行文中经常引用本行业的法规、规章，以及行业的术语、行话。

（三）通告的写作

1. 标题

通告的标题，一般有两种写法：

（1）完全式写法，就是公文标题的常规写法，由发文机关、主要内容、文种三者共同构成。

（2）省略式写法，由发文机关、文种组成，也可以由主要内容和文种构成标题。有的通告标题只有文种“通告”两字。

2. 通告的正文

通告的正文包括开头、主体和结尾。

（1）开头部分主要用来表达发布通告的背景、根据、目的、意义。如：“为加强无线电管理，整顿和维护空中电波秩序，根据《中华人民共和国无线电管理条例》、《中华人民共和国刑法》、《无线电管理处罚规定》和国家有关法律法规规定，决定对我省境内设置/使用无线电台（站）和研制、生产、进口、销售无线电设备情况进行清理整顿，现将有关事宜通告如下……”这个开头主要发布了通告的缘由、根据和目的。

（2）主体部分主要是介绍通告的事项，文字和内容较多，常常采用分条列项的写法，条理分明，层次清晰。内容比较单一的，也可采用贯通式写法。

（3）结尾写法比较简单，常采用“本通告自发布之日起实施”或“特此通告”等结束。

（四）公告与通告的异同

公告与通告都属于告知性的下行文，写法上都要求简明扼要，但也有不同之处。

一是从发布的机关看，公告主要是由国家权力机关、国家授权涉外部门、新闻机构发布的；而通告各级领导机关及其所属业务部门都可发布。

二是从周知的对象看，公告的对象很广，不仅向国内宣布，有的还常常向国外宣布；通告的对象限于一定范围内的机关和群众。

三是从告知的内容看，公告告知的是重大的政治事项或法定事项，并且带有消息的性质；通告告知的既有政治方面的内容，要求遵守、执行，具有法规性，也有告知具体业务方面的内容，具有专业性。

【例文一】

市商业管理委员会
关于加强管理商业促销活动的通告

××商〔2004〕142号

为促进本市商业促销活动的规范有序，维护正常的社会公共秩序，防止因商业促销活动使人群聚集造成秩序混乱、交通堵塞和人员伤害，经市政府同意，现就加强管理本市商业促销活动一事通告如下：

一、（略）

二、（略）

…………………

本通告自公布之日起生效

×××××管理委员会　（印章）

二〇〇四年×月×日

【例文评析】

这篇通告在第一自然段用简明的文字阐明了发布通告的目的、原因和意义，通告事项则采用分条列项的表达方式，内容概括简明。

【例文二】

北京市通信公司通告

为提高北京电话网的通信能力和服务水平，我公司将进行新发地电话局传输设备改造和西单电话局光缆割接工程，现依据《中华人民共和国电信条例》的有关规定通告如下：

一、新发地电话局传输设备改造工程将于2004年7月20日0时至4时进行，期间将短时中断并影响83700000－4999、83791000－5999号码范围内客户的正常电话通信业务。

二、西单电话局光缆割接工程将分别于2004年7月20日和7月28日0时至5时进行，期间将短时中断并影响6611局客户的正常电话通信业务。

我公司对上述工程给客户造成的不便深表歉意，并感谢广大客户给予理解与支持。

障碍申告电话：112

咨询电话：10060

北京市通信公司

二〇〇四年七月十六日

【例文评析】

这是告知性通告。在阐述了发布通告的意义与根据后，向北京部分地区宣告了电话局传输设备改造和光缆割接的有关事项。

【例文三】

北京大学关于参观校园的补充通告

北大校园免费参观以来，游客较多，严重影响了学校正常教学、科研、生活秩序，校园周边交通混乱，师生员工及社会人员对此反响强烈。为维护北京大学的正常秩序，确保校园有序开放，现通告如下：

今后将对参观校园的人员数量和对象加以限制。原则上对小学生和成人旅游团不予接待，只批准中学生团体进入。保卫部接受申请并审批时，不接待旅行社和相应的业务公司，只接受中学和教育机构的申请。组织者须提前三天携带书面申请到北京大学保卫部（理科楼东连廊）办理审批手续。申请材料需包括参观的时间、人数、人员类型和相关证明材料并加盖公章。校内各单位因工作需要接待的交流团体，也须事先与保卫部联系审定方可进校。未经审批的团队不予放行，团队车辆禁止入校。凡被批准入校的团队组织者必须认真履行职责，加强团队管理，引导参观者文明观校，遵守校内各项规定，不得阻塞交通、破坏公物、践踏草坪、乱丢杂物、随地吐痰，一经发现将被追究责任并取消申请资格。

保卫部自通告之日起开始办理书面审批手续。

联系电话：62751321

特此通告。

北京大学

二〇〇六年七月二十二日

【例文评析】

这是制约性通告，是对进入该校区外来人员有所制约的通告。例文首先在发文缘由部分书写了“背景”，之后，阐述了“意义”；在承启语下，说明了通告事项，例文结尾以“特此通告”收束。

三、通　知

（一）通知的概念

通知是适用于批转下级机关的公文，转发上级机关和不相隶属机关的公文，传达要求下级机关办理和需要有关单位周知或者执行的事项，任免人员的公文，其具有传达领导意图、布置工作的作用，又有知照具体事项、联系工作的作用，所以既是下行文，又是平行文。

（二）通知的特点

1. 使用范围广

通知是机关、单位常用的具有多功能的公文文种，适用范围广泛，不受机关性质与级别的限制，不受内容繁简的制约，布置工作、传达指示、知照事项等都可使用。大到国家级的党政机关，小到基层的企事业单位，都可以发布通知。另外，几个同级机关可发“联合通知”，事情紧急可发“紧急通知”，需要补充内容，可发“补充通知”。

2. 较强的时效性

通知是一种制发比较快捷、运用比较灵活的公文文种，它所办理的事项都有比较明确的时间限制，受文机关要在规定的时间内完成。

3. 具有执行性

通知多属于下行文，受文对象是确指的，要求下级机关、单位办理或执行，并在规定时间内完成通知布置的任务。

（三）通知的种类

根据通知的适用范围，可分为以下几种：

1. 批转性通知

批转性通知主要用于上级机关把下级要求上报的文件批转给有关单位，批转性通知反映了批转机关的意志与权威。这种通知有两种情况：一种是对所批转的公文表明“批准”或“同意”的态度，或者作出评价与简要指示，要求受文单位贯彻（或遵照、参照）执行。另一种是在表明态度之后，还要针对所批转公文的内容，作进一步的阐明与论证，指明意义，提出执行要求与注意事项。

2. 转发性通知

转发性通知主要用于转发上级机关或不相隶属机关的公文。转发上级机关公文，目的是贯彻上级机关文件精神，所以其内容要写明转发文件的名称，以及转发机关就如何贯彻转发文件精神，联系本地区、本部门的实际，向下级机关提出指示性意见。转发不相隶属机关公文的通知，多用于转发上级非主管部门的文件。这种通知的撰写，可简要写明转发的公文名称与执行要求，也可以结合实际，对受文单位提出如何贯彻执行的批示性意见。

3. 发布指示性通知

发布指示性通知主要用于传达上级机关的决定或指示，布置需要执行与办理的具体事项，上级主管业务部门向下级业务部门对口指导业务工作。撰写时，要明确阐述制发通知的政策依据、法规依据与发文目的，并要具体交代工作任务与执行要求。

4. 知照性通知

知照性通知主要用于知照有关单位需要周知或办理的事项，其用途较广泛，机构、人事调整，启用、作废公章，机构名称变更，机关隶属关系变更，迁移办公地址，安排假期等都可使用这种通知。

5. 会议通知

会议通知主要用于上级机关或有关部门通知召开会议，以保证预定的会议能够有准备地如期进行。会议通知要写明会议名称，召开的根据与目的，会议的时间、地点，与会人员等。会议通知内容要准确、具体，无一错漏。

6. 任免通知

任免通知主要用于向干部、一定的人群传达任免事项，以履行规定的任免程序。这种通知要写明任免干部的机关或会议名称、日期，被任免人员姓名与职务。标题通常只简单地写“任免通知”，落款处由任免机关的领导人签署，也有的以机关名义发出任免通知，不必说明原因。

（四）通知的写作

1. 标题

（1）由发文机关、事由和文种组成，例如《国家教委关于成人高等专科教育学制问题的紧急通知》。批转性或转发性通知，在标题中引出批转或转发文件的内容，例如《国务院批转国家经贸委等部门关于进一步开展资源综合利用意见的通知》。

（2）由事由和文种组成。例如××部门所发的《关于召开有关高等学校秘书学教学经验交流会议的通知》。

（3）一些内容单一的通知，只以“通知”二字为标题，或只写“会议通知”、“任免通知”。这种通知常不以正式公文发出，并且只在小范围内使用。

2. 主送机关

主送机关可以是发文机关的下属所有单位；也可以是下属某一个、几个单位或有关的不相隶属机关。

3. 正文

正文通常由缘由、事项和结语三部分组成。

（1）缘由。写明通知制发的根据、目的。一般分两种：一种是根据上级指示精神，如“国务院决定”、“经国务院批准”或“为了贯彻执行××××（文件）精神”；另一种是根据实际情况，如“据反映”、“近来一些地区、部门和单位普遍存在着……（指实际情况）”。

缘由写完之后，多用过渡语，如“为此通知如下”、“特作如下通知”、“现将有关问题通知如下”等引出下文，例如《国务院办公厅关于成立国家信息化工作领导小组的通知》的缘由部分是：“为了加强对全国信息化工作的领导，国务院决定成立国家信息化工作领导小组。现将有关事项通知如下。”

（2）事项。这是通知的主要内容，是正文的主体。内容较多时可分项来写。事项内容的表述要具体、周密，语言要清楚、简练。

（3）结语。应根据具体情况使用不同语气，有的用“特此通知”作结；有的含有强调、敦促、号召等语气；有的则提出要求，如“以上通知，望贯彻执行”；有的从反面作出规定，如“有违反以上规定的，除按违反财经纪律论处外，还要根据情节轻重，给有关领导人和直接负责人以纪律处分”；有的通知没有专门的结束语，事项表述完毕，全文即告结束。结束语要简洁有力，不要拖泥带水。

【例文一】

××交通警察总队转发公安部关于对地方政府法制机构可否受理对交通事故责任认定的复议申请批复的通知

××交〔2000〕69号

各地、州、市县，公安局交通警察支队、大队，总队直属支队、大队：

现将《公安部关于对地方政府法制机构可否受理对交通事故责任认定的复议申请的批复》印发给你们，请认真遵照执行。在执行中有什么问题，请及时向总队反映。

××交通警察总队（印章）
二〇〇〇年三月二日

【例文评析】

这是一则批转性通知，全文仅有两句话，有两层意思：一是表明态度，对这份批复表示同意；二是要求受文单位贯彻执行，在执行中注意实践性。语气肯定，具有权威性。

【例文二】

×××××××××文件

××××〔2005〕147号

×××学院关于设立学报编辑委员会的通知

院属各部门：

《×××××××××学院学报》是我院主办的内部刊物，每年出版4期。从2005年第3期开始，将全面改版、扩版（由小16开改为大16开的国际版，48页增加为80页），并按照公开刊物的出版规范和要求提高办刊质量，使学报不仅成为广大教师发表、交流科研成果和论文的园地，而且成为与省内外兄弟院校、交通行业各企业交流的重要渠道，成为宣传学院的一个重要窗口。因此，根据学报工作发展需要，设立学报编辑委员会，作为学报编辑出版工作的学术指导机构，对学报编辑出版工作起指导、监督和咨询作用。

编委会设顾问2人、主任1人、副主任2人、委员20人。

顾　问：××　××

编委会主任：×××

编委会副主任：×××　×××

编委会委员：×××　×××

主题词：学校　设立　学报　编委员　通知

抄　送：××厅科教处、办公室、教育厅高教处、办公室、科研处、省新闻出版局报刊处、印管处

××××　××××　学院办公室　　2005年10月14日印

【例文评析】

这是一份知照性通知，它告知收文单位设立了编辑部，起互通情况便于联系工作的作用。

【例文三】

国务院关于发布《国家行政机关公文处理办法》的通知

国发〔2000〕23号

各省、自治区、直辖市人民政府，国务院各部委、各直属机构：

现发布《国家行政机关公文处理办法》，自2001年1月1日起执行。1993年11月21日国务院办公厅发布，1994年1月1日起施行的《国家行政机关公文处理办法》同时废止。

中华人民共和国国务院

二〇〇〇年八月二十四日

【例文评析】

这是一则发布性通知，全文仅有两句话，表达两层意思：一是发布什么法规性文件，二是废止什么法规性文件，以及施行与废止的明确时间。

【例文四】

关于召开全省高校（院）长办公室工作会议的通知

全省各高等校（院）：

为了进一步加强高校校（院）长办公室工作，促进全省各高校校（院）长办公室工作协作与交流，决定召开全省高校校（院）长办公室工作会议，现将有关事项通知如下：

一、会议时间

19××年3月16日至20日，3月15日持本通知报到。

二、会议地点

××市××路××××大学学术交流中心。

三、参加会议人员

本省各高校校（院）长办公室主任（或副主任），每校1至2人。

四、注意事项

1. 请填写所附表（与会表），加盖公章，于3月10日前寄给会务组（设在××××大学校长办公室），以便统计与会人数，安排食宿。

2. 请各校将拟提交的会议交流的经验介绍材料自行打印80份，在报到时交会务组。

3. 往返路费和住宿费自理，回单位报销；会议伙食标准每天××元，个人交×元。

4. 请参加会议人员将到达时间、航班、车次和返程时间、航班车次提前电告会务组，以便安排接待和代购票。

联系人：××××大学校长办公室×××

电话：0××× － ×××××××

传真：0××× － ×××××××

邮政编码：××××××

××省教育委员会

一九××年×月×日

【例文五】

国务院办公厅转发民政部等部门关于扶持城镇退役士兵自谋职业优惠政策意见的通知

各省、自治区、直辖市人民政府，国务院各部委、各直属机构：

民政部、教育部、公安部、财政部、人事部、劳动保障部、人民银行、税务总局、工商总局《关于扶持城镇退役士兵自谋职业优惠政策的意见》已经国务院同意，现转发给你们，请认真贯彻执行。

城镇退役士兵自谋职业是社会主义市场经济条件下安置城镇退役士兵的有效途径，对维护退役士兵的合法权益，促进国防和军队建设，保持经济发展和社会稳定具有重要意义。制定城镇退役士兵自谋职业优惠政策，对促进安置工作尽快适应社会主义市场经济发展要求，确保自谋职业工作的顺利开展是十分必要的。地方各级人民政府要以“三个代表”重要思想和党的十六大精神为指导，着眼于国防和军队建设大局，从党和国家的根本利益出发，加强领导，精心组织，周密安排。各有关部门要各司其职，相互支持，密切配合，及时督促检查，认真研究解决工作中遇到的矛盾和问题，落实好扶持城镇退役士兵自谋职业的各项优惠政策。

各省、自治区、直辖市人民政府可根据本通知规定制定具体实施意见。

国务院办公厅

二〇〇四年一月二十日

【例文评析】

这是一则转发通知。请注意批转通知与转发通知在发文机关上的区别。本转发通知的发文机关是“国务院办公厅”，而不是“国务院”；由于发文机关与主送机关不是上下级隶属关系，因此，转发通知的发文机关不具有“批”的权限，只能“转发”。

【例文六】

××省人民政府任免通知

各地县人民政府，各直属机构：

根据××省第七届人民代表大会常务委员会第22次会议1998年6月11日通过，决定：

任命：

赵××为××省人民政府经济技术协作办公室主任；

林××为××省人民政府侨务办公室主任。

免去：朱××的××省人民政府经济技术协作办公室主任职务。

××省人民政府

一九九八年六月十一日

【例文评析】

这是一则任免通知。先写了任免根据，然后写任免人员的姓名和职务。

四、通　报

（一）通报的概念

通报是“适用于表彰先进，批评错误，传达重要精神或者情况”的公文，是一种有较强的教育作用和指导作用的周知性的下行文。

（二）通报的特点

1. 题材的典型性

被通报的人物、事件具有典型意义，在本地区、本系统有代表性，通过对典型事例的表扬、批评、倡导、宣传，以发扬通报的教育作用和指导作用。

2. 内容的求实性

被通报的人物、事件都要真实、确凿；通报内容的表述也要求准确、妥帖，侧重于通过事实与数据来表达作者的观点，而不多阐发道理。

3. 思想的政策性

通报表彰或批评都要以党和国家的方针、政策为依据；通报中的指导意见亦要体现有关的方针、政策。

（三）通报的种类

按性质和内容分，通报有以下三种：

1. 表彰通报

表彰通报主要用于表扬在工作、学习和其他活动中作出显著成绩的先进集体和先进个人，以树立典型、发扬正气，达到推动工作的目的，例如《自治区党委办公厅、自治区人民政府办公厅关于表彰赠送澳门特别行政区礼品设计制作工作先进单位和先进个人的通报》。

2. 批评通报

批评通报主要用于批评在工作、生产和其他活动中，或因违反政策，或因违反纪律，或因其他过失、错误而造成损失的地区、单位或个人，以吸取教训，引以为戒，防止和避免类似事件再次发生，如《广西壮族自治区人民政府关于柳州市壶东大桥特大交通事故的通报》。

3. 情况通报

情况通报主要用于上级领导机关向所属下级机关传达有关工作的重要精神或情况，以便上情下达，统一认识，协调工作，例如《国内贸易部关于各地落实国务院办公厅调整城镇国有粮油零售网点房产经营管理权情况的通报》。

（四）通报的写作

1. 标题

标题由发文机关、事由和文种组成；也有的省略发文机关，只写事由和文种。

2. 主送机关

通报的主送机关很明确，即是发文机关的下属所有单位，所以有的通报也可以不写主送机关。

3. 正文

不同类型的通报有着不同的写作要求。一般来说，表扬性通报和批评性通报写法比较接近。包括以下内容：

（1）序言。先用简洁的语言概括所通报的主要事实和作出的决定，结尾处常用习惯性的过渡语，如“特在全县范围内予以通报表彰，望认真组织学习”、“为此通报全市，望各单位从中吸取教训，引以为戒”等；有的直接写“通报如下”、“特通报给你们”等语句过渡到下文；也有的通报不写序言。

（2）叙述典型事例。这是通报的主要部分，要具体地、详细地阐明当事人和典型事例所发生的时间、地点、经过、结果，注意做到一要清楚、明白；二要重点突出。

（3）适当分析、评价。在阐述事实的基础上，进行适当的、恰如其分的分析、评析，指出其教育意义，以吸取经验、教训。表扬的要揭示事实的主要精神，值得学习和发扬之处；批评的要分析其错误的要害和产生的原因。这部分要写得简明扼要，点到为止。

（4）作出表扬或处理的决定。表扬的给予什么物质奖励或精神奖励，批评的给予什么处分。“特予以通报表扬”或“特予以通报批评”，虽然没有具体的奖励或处分内容，但也是一种决定。

（5）发出号召，提出要求或希望。对被表扬的，要号召向他学习；对被批评的，要号召从中吸取教训。不管是号召学习先进事迹，还是提出批评，吸取教训，都应紧紧扣住事实部分。

至于情况通报的写法，要视其内容和要求而定，但一般都要写明三方面的内容。即提出问题：着重阐明通报了什么情况。分析问题：分析所述情况，从现象到本质，揭示其实质所在。解决问题：对所述情况作出决定，提出要求、希望，以及采取的具体措施和办法。

【例文一】

广西壮族自治区人民政府关于柳州市壶东大桥特大交通事故的通报

桂政发〔2000〕32号

各地区行署，各市、县、自治区人民政府，柳铁，民航广西区局，区直各办、厅、局：

2000年7月7日22时30分左右，柳州市公交公司6路公交车队一辆大客车载乘客在柳州市壶东大桥由西向东行驶至大桥中段时，撞上位于机动车道上用于施工的水泥隔离墩，导致车辆失控向左冲出落入柳江，造成一起特大交通事故。目前已打捞起尸体65具，教训十分深刻、沉痛。

为了吸取教训，自治区人民政府决定将这起特大交通事故向全区通报，各级人民政府和各有关部门要以此为鉴，切实抓好安全生产工作。为此，自治区人民政府提出以下要求：

一、要认真学习贯彻江总书记关于安全生产的重要指示和党中央、国务院关于安全生产的一系列工作部署，从“三个代表”要求的高度，重视安全生产，抓好安全生产，确保一方平安。

二、（略）

三、（略）

特此通报

广西壮族自治区人民政府

二〇〇〇年七月九日

【例文评析】

这是一则批评通报，它首先简明扼要地介绍了这起交通事故发生的情况，点明通报的缘由，以及为避免类似事故的再发生而提出的具体意见。

【例文二】

关于××严重违反劳动纪律的处理通报

公司下属部门：

我公司棉花仓库保管员××因严重违反劳动纪律，在值班时违反规定在库房内吸烟，引发了大火，给公司造成了直接经济损失××余万元，严重损害了企业形象。此事故纯属人为因素所致，其性质严重，影响恶劣。依据公司《员工管理条例》的规定，决定对××除名。希望公司员工从此次事故中吸取教训，引以为戒，避免此类事故再发生。

××××纺织品公司

二〇〇〇年三月十三日

【例文评析】

这是一份批评性通报，它概括地介绍了事故的大致情况，以及事故所造成的严重影响，表明了处理意见，最后提出希望。

【例文三】

淄博市人民政府关于表彰淄博供电公司的通报

各区县人民政府，高新区、齐鲁化工区管委会，市政府各部门，各有关单位，各大企业，各高等院校：

近年来，淄博供电公司紧紧围绕市委、市政府的中心工作，发挥职能，服务大局，为保障全市经济快速发展提供了坚强后盾。

淄博供电公司注重内部深化改革，在工作中，认真落实安全生产责任制，形成了全员参与的安全生产格局；公司大力加强电网建设，使电网结构得到改善，供电能力、供电质量和供电可靠性获得进一步提高；公司大力实施以优质服务为重点的“彩虹工程”，服务质量水平显著提升。截至目前，淄博供电公司已实现连续安全生产2000天，在全省乃至全国同等容量的供电企业中名列前茅。

淄博供电公司讲政治、讲大局，在全国电力紧张的情况下，确保电网安全运行，为全市经济和社会发展做出了突出贡献。

经市政府研究决定，给予淄博供电公司通报表彰。

希望淄博供电公司全体干部职工珍惜荣誉，再接再厉，为实现我市“两提前，一率先”目标做出新的更大的贡献。

淄博市人民政府

二〇〇四年八月三日

【例文评析】

这是表彰通报。文章的结构很规范，依发文缘由、通报事项、分析、决定、要求的结构，层层阐述。

第四节　报告、请示

一、报　告

（一）报告的概念

报告是适用于向上级机关汇报工作，反映情况，提出意见或建议，答复上级机关的询问的公文，是一种陈述性的公文。

（二）报告的特点

1. 具有广泛性

报告是向上级领导机关反馈信息、沟通上下级机关纵向联系的一种重要形式；而向上级领导机关及时汇报工作又是下级机关必须遵循的一项基本工作制度，因此，报告是下级机关使用比较广泛的一种文体。

2. 具有灵活性

报告的使用不受时间的限制，一般制发于工作任务完后或进行到一定阶段，但根据实际工作的需要，也可在事前行文。

3. 具有单向性

报告是下级机关向上级机关汇报工作、反映情况、提出建议时使用的单方向上行文，不需要上级机关给予批复，与请示有较大的不同，请示具有双向性的特点，必须有批复与之对应，报告则是单向性行文，不需要任何相对应的文件。

（三）报告的种类

根据报告的适用范围，可以分为以下三种：

1. 工作报告

凡是用来向上级机关汇报工作、反映情况的报告都是工作报告。工作报告可分为综合性报告、专题性报告、突发性报告三种。

（1）综合性报告。这是向上级机关全面汇报、反映一定时期内工作情况的报告，涉及面宽。撰写时，要考虑、照顾到面上的工作情况，但要抓住重点，突出中心，主次分明，详细得当，切忌面面俱到。

（2）专题性报告。这是就某项工作情况专题向上级机关所写的报告。这类报告涉及面窄，撰写时，集中汇报、反映某一方面的工作情况。

撰写上述两种报告，在内容上要阐明所做的工作、采取的措施、取得成绩（或经验）、存在的问题（或教训），以及今后的打算等。同时，要写出新意，反映新情况，回答新问题，使报告内容有信息价值；叙述时，要注意点面结合，既对工作有全局、概貌的叙述，又列举具有代表性的典型材料，说明工作的深度。

（3）突发性报告。这是在突然发生一些重大情况时向上级机关所写的报告。这类报告一般都是报告事故，撰写时要写明事故发生的详情、属于何种性质、初步看法，以及处理意见等内容，例如《铁道部关于××次旅客快车发生特大颠覆事故的报告》。

2. 答询报告

答询报告主要用于答复上级机关询问或了解的有关问题，必须有针对性地实事求是地回答，不要避而不答或答非所问，也不要离题太远，节外生枝。撰写时，要先写明针对何事回答，再具体详细地进行答复。

3. 报送报告

报送报告主要用于向上级机关报送有关文件、物件等。这种报告内容极为简单，撰写时只要把报送的文件、物件名称写明，并作为附件一起上报即可，例如《关于报送2000~2001学生招生计划的报告》。

（四）报告的写作

1. 标题

报告的标题一般由发文机关、事由、文种构成；也可省略发文机关。

2. 主送机关

报告的标题之下，写明报告直属的上级领导机关的全称或规范化的简称。

3. 正文

不同种类的报告，写法虽不一致，但也有一些共同的要求，一般由三部分组成：

（1）缘由。简明地写出报告的目的、根据、起因，概括报告的主要内容，给人以总的印象。结尾处常用过渡语“现将情况报告如下”、“特将这一情况报告于后”等引出主体部分。

（2）叙述事实。一般要写明工作进程，取得的成绩、经验，存在的问题、教训，以及今后的打算等，但不同种类的报告，这些内容各有所侧重。内容较多的报告可分条列项，或划分为几个部分来写。

（3）结语。用简洁的文字概括全文，进一步强调行文的目的，点明或深化主题；也可以使用报告专门的结束语来结束全文，如“特此报告”、“以上报告，请审阅”等。

最后标明发文机关和成文时间。

【例文一】

××学院行政管理系

关于首届行政管理专业学生毕业论文指导工作的报告

××学院：

按照教学计划的规定和我校《学生毕业论文工作管理办法》的要求，2005年2月至

6月，我系积极稳妥地开展了首届行政管理专业（以下简称行管专业）学生毕业论文指导工作。在院领导的关心支持下，在同志们的共同努力下，现在此项工作已经结束。总的来看，工作完成得比较顺利，取得了一定成绩，结果较为圆满。根据学院的要求，现将毕业论文指导工作报告如下：

一、主要工作情况

由于首次组织行管专业毕业论文指导工作，我们缺乏经验，因此，本着早做准备、精心组织、边实践边摸索的原则开展工作。全部工作主要包括以下步骤：

1. 印发论文参考选题。(略)

2. 安排论文讲座。(略)

3. 落实指导教师。(略)

4. 开展个别指导。(略)

5. 组织成绩评定。(略)

在指导学生撰写论文的过程中，老师们既要完成日常教学任务，又要付出大量时间和精力来指导学生阅读资料、推敲提纲或观点并反复修改论文，但是毫无怨言。在4个月的时间里，老师们不仅指导学生研究问题，更以严谨负责、一丝不苟的科学态度感染和教育学生。有的老师住家很远，为了当面指导学生（系里规定可以通过电话答疑），多次专门赶到学校；有的老师为了等待学生下课谈论文，经常很晚才回家。老师们积极工作和认真负责的精神及对学生的满腔热情和细心指导，给同学们留下了深刻印象，是整个论文指导工作得以圆满完成的基本保障。

二、主要成绩与效果评价

回顾毕业论文指导工作，我们认为成绩是主要的，应当给予充分肯定。

1. 首次组织毕业论文指导工作，是在摸索过程中完成的。(略)

2. 撰写毕业论文，不仅进一步培养了学生们的科学精神，而且对强化写作训练，增强分析、研究和解决问题的能力，发挥了重要作用。(略)

3. 首届论文指导工作，是在我系师资力量比较紧张的情况下完成的。部分教师首次承担这样的工作，为了确保质量，大家共同研讨，向有经验的同志请教，整个指导过程完成得比较顺利。(略)

4. 指导教师的工作，得到了学生们的充分肯定。在谈到毕业论文写作收获时，同学们有以下共识：第一，在老师的指导下，初步学到了收集资料和研究、论述问题的方法。第二，在老师的指导下，对选题进行了认真的研究，并且对所研究的问题有了一定的发言权。有的同学表示，毕业后还要继续研究毕业论文所涉及的问题，争取正式发表论文。第三，从指导老师身上学到了一丝不苟、严谨治学的精神。这种精神将使学生受益终身。同学们的切身感受，是对指导老师工作效果的真实评价，也是对老师们辛勤工作的充分肯定。

总之，首次毕业论文指导工作是一次有益的尝试，成绩是主要的。它既保证了行管专业教学计划的完整执行，提高了毕业论文质量，也使教师得到了锻炼，为继续开展这项工作积累了经验。

三、存在问题及改进意见

我们认为毕业论文指导工作尚有值得改进之处。

1. 在印发论文参考选题之后近半年的时间里，忽略了对学生在选题和收集资料方面的指导和督促，失去了提前下发参考题目的意义。今后这个环节的工作需要抓紧。

2. 对毕业论文写作方法的总体指导还不够。在学生写作论文之前，系里组织过一次专题讲座，但由于时间紧，有些问题无法展开，致使部分同学在开始写作时无从下手。今后，要加强论文写作的集体指导。

3. 收尾阶段工作不够扎实，答辩工作比较仓促。主要原因是安排不太合理。今后应适当调整课程安排，抓紧前期工作，以便节省时间，切实搞好论文成绩评定，有成效地开展论文交流、答辩工作，以便学生相互借鉴，取长补短，并且更加科学准确地评定毕业论文的成绩。我们要继续发展成绩，不断改进工作，吸取第一次毕业论文指导工作的经验教训，把以后各届学生的毕业论文指导工作做得更好。

特此报告，请审阅。

行政管理系

二〇〇五年七月十二日

【例文评析】

这是一份工作报告。正文围绕主旨，首先介绍了工作背景和对工作的总体肯定性评价。文种承启语后引出报告的事项，即"主要工作情况"，"主要成绩与效果评价"和"存在问题及改进意见"，文章最后以"特此报告，请审阅"的习惯用语作结。文章展开内容采用分条列项法，内容排列具有逻辑关系。

【例文二】

劳动部关于对湖北人民政府要求解决煤矿以外矿山井下职工家属落城镇户口问题的办理情况报告

劳办字〔1988〕20号

国务院办公厅：

你厅秘书局一九八八年八月二十九日办1720号函转来的湖北省人民政府《关于参照国发〔1984〕91号文件解决我省煤矿以外矿山井下职工家属落城镇户口问题的请示》收悉。

经与财政部、商业部、公安部商量，现提出如下意见：一九八五年冶金部、有色金属总公司、地质矿产部、铁道部等六个部门曾提出过要求比照有关文件解决其农村家属落城镇户口问题，我们将他们的要求于一九八五年三月、九月先后向国务院写了报告，当时国务院副秘书长王书明同志的意见是：有关"农转非"问题，涉及面广，连锁反应大，暂时不好办理，待通盘考虑，据此精神，目前在国家财政就业等方面条件有限的情况下，我们不赞同湖北省人民政府要求参照国发〔1984〕91号文件解决其他矿山井下职工家属落城镇户口问题的办法，以免在全国引起连锁反应。

中华人民共和国劳动部
一九八八年九月二十九日

【例文评析】

这是一篇答复报告，它针对下级请示所询问的问题，实事求是地做了回答，内容简洁，态度明朗。

【例文三】

关于报送××县××××年村办企业财务检查整顿工作总结的报告

××市人民政府：

现将我县××××年在全县范围内开展村办企业财务检查整顿工作的总结报上，请审阅。

附件：××县××××年村办企业财务检查整顿工作总结

××县人民政府
一九八年一月五日

【例文评析】

这是一则报送报告。报告只是用作向上级机关报送文件、物件的载体。

二、请　示

（一）请示的概念

请示是适用于下级机关向上级机关和业务主管机关请求指示、批准某一项工作时使用的公文，是一种呈请性的上行文。

（二）请示的特点

1. 期复性

请示是公文中为数不多的双向对应文体之一，与它相对应的文体是批复，下级有一份请示送来，上级就会有一份批复下来，不管结果如何，下级都是急切地期待回复。尽管下级有急切的期复心理，但也必须遵循行文规则，不得越级请示。

2. 明确性

请示是要求上级机关予以明确回复的公文，而且具有一定要回复的性质，被请示的领导机关必须对请示事项表明是否批准的态度或予以进一步的批示。

3. 单一性

与其他上行文相比，请示更强调遵循“一事一文”的原则。在一份请示中，就只能就一项工作或一种情况、一个问题作出请示，不得在一份公文中就若干事项请求指示和批准。确有若干事项都需要同时向同一上级机关请示时，可以同时写出若干份请示，它们各自都是一份独立的文件，有不同的发文字号和标题。

（三）请示的写作

1. 标题

请示的标题要写明发文机关名称、事由与文种，有的只写请示事由与文种。

2. 主送机关

请示的主送机关只有一个，不能多头请示。要写明所请示的上级领导机关全称或规范化简称。

3. 正文

请示正文由三部分组成：缘由、请示事项、请求语。

（1）缘由。正文的开头先简明扼要地写明请示的缘由、根据，要写得充分、透彻，合情入理。缘由部分结尾用过渡语开启下文，常用的过渡语有："现将……问题请示如下"、"特请示如下"等。

（2）请示事项。这是请示的核心部分，写明请求上级机关批准或批示的具体事项。这部分应言简意赅地提出切实可行的解决问题的意见和办法，要写得清楚、明确。

（3）请求语。在请示事项写完后，用请求语句结束全文。常用的请求语有："以上请示当否，请指示"、"以上请示，如无不妥，请予批准"、"请审核批准"等；也可用"以下意见，如无不妥，请批转各地区、各部门遵照执行"等用语。请求语的语气要中肯、果断。

（四）请示与报告的区别

1. 性质方面

请示是请求上级指示批准，属请求性公文；报告是向上级汇报工作，反映情况，提出建议，答复询问，属陈述性公文。

2. 内容方面

请示可先汇报情况，再提出请示事项；报告内容虽多，却不得夹带请示事项。

3. 时间方面

请示只能于事前行文，不得"先斩后奏"；报告可在事前、事中、事后行文。

4. 行文关系方面

请示只能有一个主报单位，以便上级批复，一般不得越级请示；报告可同时报给几个上级机关（包括越级报告），反映情况。请示在未经上级批复之前，不得同时抄送平级或下级机关；而报告可在报给上级机关的同时抄送平级和下级机关。

5. 对上级的要求方面

请示要求上级机关作出书面批复；而报告不向上级提出批复的要求。

【例文一】

××单位关于增拨技术改造资金的请示

××主管局：

正当我单位技术改造处于关键阶段，资金告罄。此前所拨资金原本缺口较大，加之改造过程中出了新的技术难题，需增加新设备，以致资金使用超出预算，由于该项技术是我局所属大部分企业所用的核心技术，如改造不能按期完成，势必拖延全部技术更新的进程，进而影响各单位实现全年预定生产指标和利润。目前我单位全体技术人员充分认识到市场经济的机遇和挑战，正齐心协力，刻苦攻关。缺口资金如能及时到位，我们保证该项技术改造按期完成。现请求增拨技术改造资金××万元。

特此报请核批

××单位

××××年×月×日

【例文评析】

这是一篇请求批准的请示，它请求上级增拨技术改造资金，理由充分，内容单一。

【例文二】

××省人民政府关于尽快开通全国鲜活农产品运输绿色通道的紧急请示

国务院：

我省是全国粮食、蔬菜、水果、畜禽产品和水产品的主要生产基地，农产品具有外销数量大、上市时间集中、保鲜加工能力不强、运输路线较长等特点，70%以上的鲜活农产品需要运销全国各地。当前我区鲜活农产品出现了不同程度的运销难问题。究其原因，一是运力不足，农产品外销数量大幅减少。全国实施《中华人民共和国道路交通安全法》及统一开展治理车辆超限超载以来，我省本地货车不敢长途贩运，外地货车更不愿意前来拉货，造成运力不足，外销受阻。如5月份是全国西瓜生产大县－－××市××县西瓜收获上市季节，往年该县的西瓜绝大部分销往××等周边地区，而今年该县外销西瓜只有22万吨，比上年减少了8万吨。二是运费暴涨，农产品价格持续走低。5月以来，我省大宗鲜活农产品运输价格迅速飙升，涨幅在30%至100%之间，普遍出现了客商压低收购价格，将负担转向农民群众的现象，使农产品销售价格一再下跌。如我省出产的荔枝，往年每公斤销售价格在16～20元左右，但今年6月以来，受外销不畅、运费暴涨等因素的影响，收购价格逐日下跌，近日降至每公斤0.4～0.6元，农民的鲜活农产品增产不增收。

目前正值我省西瓜、荔枝等农产品大批量集中上市季节，龙眼、芒果、香蕉、蔬菜等大宗鲜活农产品也即将陆续上市，如果鲜活农产品外销难的问题还不能及时得到妥善解决，必将会造成产品积压烂市，这不仅影响到今年农民增收目标的实现，同时也会直接影响到农村社会稳定和经济发展。我们深感解决好鲜活农产品运销难的问题事关重大。根据《中共中央国务院关于促进农民增加收入若干政策的意见》（中发〔2004〕1号）关于“支持鲜活农产品运销，在全国建立高效率的绿色通道”的精神，为搞活农产品流通，切实解决好当前鲜活农产品运销难这一突出问题，省人民政府将于近日在全区范围内开通鲜活农产品运输“绿色通道”。但由于解决鲜活农产品运输问题涉及面广，我省在全省范围内开通鲜活农产品运输“绿色通道”，只能解决我省境内鲜活农产品运销问题，要彻底解决鲜活农产品运销问题，需要全国各地、各有关部门支持配合。为使鲜活农产品运输通道顺畅，恳请国务院尽快在全国范围内开通鲜活农产品运输“绿色通道”。

以上请示，敬请批准。

××省人民政府

二〇〇四年六月二十九日

（联系人：×××，联系电话：××××－×××××××）

【例文评析】

本例文的发文缘由有理有据，这就为后面的请示事项提供了坚实基础。书写请示必须注重发文缘由的提出。发文缘由薄弱，也就失了上级批准请示事项的机会。

第五节　议案、函、会议纪要

一、议　案

（一）议案的概念

议案是国家权力机关或立法机关提出的议事公文。适用于各级人民政府按照法律程序向同级人民代表大会或人民代表大会常务委员会提请审议事项。

（二）议案的种类和写作

议案根据其适用范围，可分为如下类别：

1. 法律法规提请议案

法律法规提请议案是国务院和地方各级人民政府向全国人大、全国人大常委会和地方各级人代会及其常委会提出的请求立法的议案。此请求立法的议案必须是全国人大、全国人大常委会及地方各级人大、人大常委会职权范围内的事项。其结构有提请审议说明和审议要求两部分。在提请审议说明中应讲清楚立法的目的及过程，审议要求则应简洁明确。如《国务院关于提请审议〈中华人民共和国著作权法（草案）〉的议案》。

2. 重大事项提请议案

重大事项提请议案是国家行政机关（国务院及地方各级人民政府）向国家权力机关（全国人民代表大会、全国人大常委会、地方人民代表大会、地方人大常委会）提请审议的属于权力机关职权范围的事项。如变动行政机构、行政区划、确立某种节日等。如

《××市人民政府关于组织动员全市人民综合治理开发建设××的议案》。

3. 专门工作提请议案

专门工作提请议案多用于某项专门工作提请进行的审议。如《国务院关于提请审议批准〈中华人民共和国哈萨克斯坦共和国关于民事和刑事司法协助的条例〉的议案》。

【例　文】

国务院关于提请审议《中华人民共和国著作权法（草案)》的议案

全国人民代表大会常务委员会：

为了鼓励公民积极从事有益于社会主义精神文明和物质文明建设的教育、科学、技术、文学、艺术等创造性的活动，促进优秀作品的创作与传播，提高全民族的科学文化水平，保护文学、艺术、科学作品的作者和其他著作权人的合法权益，国家出版局草拟了《中华人民共和国著作权法（草案)》。这个草案已经国务院同意，现提请审议。

国务院总理　李鹏

一九××年×月×日

【例文评析】

这是一份法律法规提议案，全文只有一段，却包含两层含义：一是提议案的目的，二是提议案的议题，内容清楚，语句简练。

二、函

（一）函的概念

函是不相隶属机关之间商洽工作、询问和答复问题，请求批准和答复审批事项使用的一种简便快捷、自由灵活的平行公文。

（二）函的特点

1. 使用的广泛性

函主要使用在不相隶属机关之间，但有时也可能根据需要，在平行机关、上下级机关之间使用。其范围相当广泛，一般用于商洽工作和询问问题，不具有批示和指挥作用。

2. 写作的灵活性

函可以用于公务联系的各个领域与各个级别层次的机关，一般不受作者职权范围大小与级别层次高低的制约，也不受事情轻重差别的限制，内容集中，一事一函，行文简便灵活。

3. 内容的单一性和实用性

函的内容必须单一，一份函只能写一件事项。函不需要在原则、意义上做过多的阐述，不重务虚重务实。

（三）函的种类

1. 按函的行文方向

（1）去函，也称发函、来函。其行文者主动与有关单位商洽工作、询问问题或请求批准等，这种函的行文者是主动的。

（2）复函，也称回函。其行文者用以答复去函所商洽的工作、询问的问题或批准有关单位的请求事项等，这种函的行文者是被动的。

2. 按函的内容、作用分

（1）商洽函。用于机关、单位之间商洽工作、联系有关事宜，如洽谈业务、商调干部、联系培训、参观事宜等。商洽函应把要商量的问题写得具体、清楚。

（2）询问函。用于机关、单位之间询问有关问题。询问函要把询问事项写得明确，便于对方尽快答复。

（3）答复函。用于答复机关、单位去函询问、商洽的问题。答复函应针对去函询问、商洽的问题，予以有针对性的、实事求是的答复。

（4）请准函。用于向不相隶属的主管部门请求批准事项的函。请准函要有充分的理由，要求批准的事项要明确、具体、合理，用语要诚恳、尊重，力求得到对方的同意。

3. 按函的格式分

（1）公函。在格式上，从标题、发文字号到成文时间等都严格按公文的格式制发，多用于商洽、答复、要求批准的较重要的事项。

（2）便函。这是机关处理一般事务用的简便函件，不属正式公文，使用范围比公函要广。在格式上，不加标题，不编发文字号，用机关信笺书写，落款署上机关名称，注明发函时间，加盖公章即可。

（四）函的写作

1. 标题

函的标题一般由发文机关、事由与文种（函或复函组成），有时也可省略发文机关。

2. 主送机关

函的主送机关一般只有一个。复函的主送机关，即是去函的机关。

3. 正文

函的正文包括致函的缘由、事项和结语三部分。

（1）缘由。去函首先写明商洽、询问、请求有关事项的原因。复函先写明去函的日期、标题，以及去函的发文字号，常用“××年×月×日《关于……函》收悉”或“你单位××［××××］××号函悉”等语。

（2）事项。去函要写明所商洽、询问、请求的事项，并阐明发文者的看法和意见。对事项的表述要清楚、具体，内容多的可以分条款来写。复函要有针对性地回答去函所提出的问题和要求，答复要明确，不能答非所问，笼统模糊。

（3）结语。去函的结语常用“特此函告”、“特此函达，希即函复”、“盼复”、“请研究复函”、“特此函请审批”等；复函的结语则用“特此复函”、“此复”等。

【例文一】

关于随班代培计算机人员的函

××××学校：

得悉你校将于近期举办在职人员计算机培训班，系统地培训计算机人员。我局曾打算自己培训计算机人员，但因缺乏师资力量，未能办成。现在你校决定办培训班，我们拟派二十名工作人员随班学习，请你们代培。如蒙同意，将是对我局工作的大力支持。代培所需费用我们如数拨付，盼予函复。

××××劳动就业局

二○○一年三月五日

【例文评析】

这份商洽函先交代发函的原因和目的，接着简洁得体地写商洽的事项，措辞恳切有礼，最后根据函件事项用“盼予函复”惯用语结束正文。

【例文二】

关于新加坡籍人张××所持驾驶证问题的复函

××市公安局交警支队：

你支队事故处理《关于新加坡籍人××所持驾驶证问题的请示》（×××公交〔1996〕9号）收悉，经研究，答复如下：

××××年×月×日，公安部第四号令发布《临时入境机动车辆与驾驶员管理办法》第六条规定：“临时专用号牌、临时行驶证和临时驾驶证在规定日期及行使路线有效。”本办法第五条规定：“持有临时驾驶证的驾驶员，必须遵守《中华人民共和国道路交通管理条例》及有关交通法规。”据此，张××所持的临时驾驶证属失效证件，依照《中华人民共和国道路交通管理条例》第七十五条予以处罚。对于认定事故责任，应视其违章行为与事故之间的因果关系如何而定。对此，请你们根据事故的具体情况研究处理。

此复

××省公安厅交警总队办公室

××××年×月×日

【例文评析】

此复函先引述来函标题与发文字号，便于收函者明白复函的针对性，然后写答复的依据，明确具体答复事项，具有较强的针对性。

三、会议纪要

（一）会议纪要的概念

会议纪要，适用于记载和传达会议情况和议定事项，是会议文件的一种。

（二）会议纪要的特点

1. 纪实性

会议纪要一般制成于会议后期或会议结束之后，用文件形式摘要阐明会议的基本情况、主要精神和议定事项，让与会单位或有关单位了解、知照。

2. 指导性

会议纪要所记载、传达的事项反映了与会单位的共同意志，对于与会单位及其下属机关具有约束力和指导作用，必须共同遵守执行。

3. 灵活性

会议纪要主要向与会单位及其下属机关发文，传达、贯彻执行会议精神和事项；也可以上呈有关领导机关，汇报会议情况和结果；还可发给平行机关，宣传并扩大会议精神。

4. 概括性

会议纪要并不是把会议的所有内容都原原本本地记录下来，它要有所综合、概括、选择和强调。会议纪要重点是说明会议的主要参加者、基本议程、与会者有哪些主要观点、最后达成了什么共识、形成了什么决定或决议，所以，会议纪要需要在会议后期甚至会议结束之后通过概括整理才能写出。

（三）会议纪要的种类

根据会议纪要的性质，会议纪要分为工作会议纪要和研讨会议纪要两种。

1. 工作会议纪要

工作会议纪要的主要内容是传达会议议定事项，重要的工作会议一般要形成决议，以便会后贯彻执行会议精神。

2. 研讨会议纪要

研讨会议纪要主要是对座谈会、经验交流会、学术讨论会等研讨问题的情况和结果的摘要反映。它既要反映与会人员经过讨论统一了的认识，也要把未能作出结论的、与会者所关注的问题写入纪要，以达到交流信息、启发思维的目的，对百花齐放、百家争鸣的学术空气的形成具有促进作用。

（四）会议纪要的写作

1. 标题

会议纪要的标题一般由会议名称和文种组成，会议名称构成因素较多，通常有：与会单位、议题、会型、年度、届次等，应根据会议实际情况准确命名。

2. 正文

会议纪要的正文概括地反映会议的基本情况、会议讨论与决定的事项及会议提出的希望和发出的号召，由以下三部分组成：

（1）开头。从总体上扼要介绍会议的一般概况，包括召开会议的根据、目的、时间、地点，与会单位或人员情况，会议主持人，会议的主要议题，以及对会议成果的总评价等。

（2）主体。内容包括会议讨论的主要情况、主要精神和议事上的事项。写法上形式多样，可按会议讨论与议定事项内容的逻辑关系归纳概括成若干层次，每个层次用序数或小标题表示；可在分列若干问题之后，再按发言的顺序分别表述；也可按会议讨论问题的顺序逐项叙述。无论是哪种形式，都要抓住主要问题，高度概括，准确反映。

（3）最后标明发文机关或成文时间。

有的会议纪要的成文时间写在标题正下方并加圆括号。另外，与其他公文相比，会议纪要可以不加盖公章。

【例　文】

关于研究黑龙江省三江平原
农业开发问题的会议纪要

一九八八年十二月

12月7日，田纪云同志主持会议，听取和研究了农牧渔业部、黑龙江省人民政府及黑龙江省国营农垦总局关于开发三江平原的汇报。国务院秘书长陈俊生和国家计委、财政部、农牧渔业部、水电部、经贸部、商业部、林业部、人民银行、农业银行、农村发展研究中心的负责同志及黑龙江省的侯捷、王连铮同志参加了会议。

黑龙江省的同志重点作了汇报，汇报说，全省从1949年到1988年已开垦荒地8 700万亩，平均每年开荒230亩。粮食产量由解放初期的115亿斤增加到1986年的355亿斤，其中60%是开荒扩大耕地面积实现的。全省现有荒地13 400万亩，其中可垦荒地4 100万亩，而三江平原是重点开发地区。三江平原荒原集中连片，土质肥沃，水源充足，总面积为16 300万亩。境内22个市、县和56个国营农场，经过30多年的建设已打下较好的基础，尤其是近几年重点抓了水利基础设施的建设，增强了防洪排涝能力。因此，省人民政府和国家农垦总局要求加快三江平原的开发建设，将这一地区建设成以粮、豆、糖为主，农、林、牧、副、渔综合发展的农业商品基地。

会议指出，农业生产特别是粮食生产，是关系整个国家经济持续发展、改革顺利进行和社会安定的全局性问题，必须进一步重视和加强。我国人口逐年增加，耕地面积逐年减少，目前，农业生产尤其是粮食生产发展缓慢。对此，全国上上下下、党内党外都十分关注。改变这一局面，使粮食生产踏上一个新台阶，绝不是一件轻而易举的事，需要各方面采取有力措施。除了要扎扎实实抓好农业深化改革，研究理顺农业内部以及外部各业的关系，增加投入，增强发展后劲，积极推广科学技术外，必须加强和搞好农业的开发工作。这是促进我国农业，特别是粮食生产持续、稳固发展的一项重要措施，应该及早提到议事日程。

会议认为，为进一步发展粮食生产，必须有计划有步骤地进行农业开发。我国农业开发还是有相当潜力的。农业开发包括两个方面：一是外延性的广度开发，即开垦一部分荒地（包括荒山、荒地、滩涂），增加耕地面积。这方面仍有一定的潜力，如黑龙江省的三江平原、西北地区的南疆和河套地区、湘西地区和沿海滩涂等。二是内涵性的深度开发，即改造中低产田，实行集约化经营，提高农业生产率和单位面积产量。这方面的潜力是相当大的，请国家计委牵头，会同农牧渔业部、水电部等部门，制订“八五”近期和2000年远期的农业开发规划。

会议着重研究了对黑龙江省三江平原的开发问题，对此，拟定以下意见：

一、建立三江平原农业开发区，黑龙江省三江平原未开垦的荒地面积大，土地肥沃，自然条件好，有雄厚的机械化开发力量。因此，这一地区可作为农业开发实验区，先行一步。可以成立开发公司，统一负责这一地区的开发工作，公司向国家承包。基本目标是：从1988年开始到1992年，争取开垦荒地1 000万亩，改造中低产田1 000万亩，增加粮食100亿斤。请黑龙江省人民政府按上述精神制订三江平原开发计划，于明年一月份报国务院审议。开发中要特别注意保护和改善生态环境，不能把草地、沼泽地都开掉了。在宜林的地方要植树造林，这方面，要征求有关专家的意见，做好论证、规划工作。

二、实行开放性开发，可以采取招标承包办法，积极吸引省内外地区，特别是沿海省和大城市参与这一地区的开发，还可以适当利用外资，不要只靠国家投资，要多方集资，利益均沾。要进一步解放思想，勇于探索，研究制定这方面的政策和措施。

三、搞综合性开发，要充分合理利用这一地区的自然资源，实行农林牧副渔全面发展、土水田林路综合治理，争取建成功能完善的农业商品基地。

四、国家给予必要的优惠政策，主要有：（一）五年内免征农业税；（二）五年内不交合同订购粮；（三）国家给予一定的周转资金，用于农业开发；（四）使用开发贷款，财政上给予一定的补贴照顾；（五）江河等大型水利工程建设，国家继续投资，建成后实行有偿使用，逐步收回一部分投资；（六）在分配化肥等农业生产资料方面给予适当照顾。

（《中华人民共和国国务院公报》1988年第1号）

【例文评析】

该文在第一自然段中交代了会议时间、主持者、议题、与会者等基本情况；随后的段落先简要叙述了黑龙江省同志的汇报，重点说明了三江平原的开发价值、开发意义和开发的有利条件；接着介绍了对所提出问题的解决措施和规定的政策，充分体现了会议纪要的纪实性、概括性特点。

综合练习

一、填空题

1. 行政机关的公文，是行政机关在行政管理过程中形成的具有和__________的文书，是依法行政和进行公务活动的重要工具。

2. 请示应当__________；一般只写一个__________，需要同时送其他机关的，应当用抄送形式，但不得抄送其下级机关。

3. 报告不得夹带__________。

4. 函适用于__________机关之间__________工作、询问问题和答复审批事项。

5. 公文标题的三要素是，_________，_________，发文字号一般包括_________，_________，_________三项内容。

6. 通知的正文，一般由，_________，和_________三部分组成，为了交代发通知的目的和依据，常用“_________”，“_________”，等惯用格式语作开头，最后则常用“_________”作结。

7. 通报除了传达_________之外，还用于_________，_________，具有_________性。

8. 议案是_________按照法律程序向_________人民代表大会或人民代表大会常务委员会提_________所使用的公文。

9. 会议纪要具有_________性和_________性，_________性和_________四个特点，其写作格式由标题和正文两个部分组成，标题包括_________与_________两项内容。

10. 报告和请示虽然都是_________，但它们是用途不同的两个文种。

二、选择题

1. 向国内外宣布重要事项或者法定事项时使用______。

（1）公告　（2）通告　（3）通报　（4）决定

2. 向上级机关汇报工作，反映情况，答复上级机关询问时用______。

（1）报告　（2）决定　（3）总结　（4）请示

3. 不相隶属机关之间请示批准，用______。

（1）请示　（2）报告　（3）函　（4）批复

4. 公文的紧急程度分为______。

（1）特急　（2）急件　（3）火急　（4）加急

5. 下列公文中，使用频率最高、应用范围最广的一种是______。

（1）通知　（2）通报　（3）通告　（4）公告

6. 表扬好人好事，需要用______。

（1）通知　（2）通报　（3）通告　（4）公告

7. 属于公开宣布的告知性公文是______。

（1）通知　（2）通报　（3）通告　（4）公告

8. 具有很强的政策性、指令性和行政约束力的公文是______。

（1）公告　（2）议案　（3）决定　（4）通报

9. 会议记录是写作会议纪要的______。

（1）条件　（2）基础　（3）参考　（4）根据

10. 下列公文中，属于上行文的一组是______。

（1）通知、通告　（2）报告、请示

（3）决定、议案　（4）批复、公告

11. 下列公文中，属于平行文的是______。

（1）决定　（2）会议纪要　（3）函　（4）请示

12. 某单位拟购置一部工作用车，向主管部门行文，应用______。

（1）函　　（2）请示　　（3）报告　（4）议案

三、写作练习

1. 根据下面材料，拟写一份会议通知：

全国市场营销协会决定于××××年×月×日至×日在广西壮族自治区南宁市召开一年一度的营销协会年会，于×月×日发出会议通知。会议的内容是研究和探讨当前营销学的有关学术问题和热点问题，全国市场营销协会的会员均可参加。会期为七天，×月×日报到。报到地点是：南宁军区空军招待所。需要每位与会者于会前半个月交来相关学术论文一篇。会务费自理。

2. 为以下请示写一则批复

关于承办省第一届大学生职业技能
大赛设备经费的请示

××校〔2003〕×字

省高教厅：

我校将承办2004年省第一届大学生职业技能大赛，大赛要求使用的设备种类繁多，我校现有的设备无法满足比赛需要，为保证比赛顺利进行，需改善和添置设备，请省厅拨给专用经费。经核算，共需经费1 000 000元，请审批。

附件：省大学生职业技能大赛设备预算表（略）

×××大学

二〇〇三年十月二十日

要求：以省高教厅的名义写一则批复，同意该校的要求。

3. 将下面这篇通讯改写为通报。

李坚舍己救人英勇献身
共青团全国铁道委员会和团委决定
授予“优秀少先队员”光荣称号
并追认他为共青团员

本报讯：5月28日下午，共青团成都铁道局委员会在局工会俱乐部召开大会，宣布共青团全国铁道委员会和共青团四川省委的决定，授予为抢救落水同学而英勇献身的李坚同学“优秀少先队员”光荣称号，并根据他生前要求，追认他为共青团员。

李坚同学生前是西昌铁路中学学生，刚满14周岁，1998年5月2日，李坚和另外四名小朋友在河边玩耍，忽然，张昆同学不慎落入水中，李坚当即跳下水去营救，张昆被救了，而他却献出了年轻的生命。

团委副书记等领导在讲话中分别号召全国铁路系统和省内各地的小朋友向李坚同学学习，做一个有理想、有道德、无私无畏的好孩子。

4. 根据下列内容拟写一份通告。

深圳市物业管理公司聘请深圳市对外经济律师事务所徐健、李健民律师为该公司常年法律顾问. 为了联系的方便，现将这一聘请决定公之于众。

5. 根据下列内容，起草一份处分通报。

19××年×月×日某市电力局所属木材公司经理孙××带领本公司一行12人以洽谈业务为由，遍游八省市风景名胜区，出入包车，住高级宾馆，吃山珍海味，历时一个半月，报销公差费用118 000余元。

孙××，男，汉族，高中文化，系××省××县人，中共党员。

身为经理、共产党员的孙××，无视党纪国法，大肆挥霍国家财产，错误的性质和情节都极其严重，影响极坏。

为了教育本人，并使全体职工吸取教训，清正廉洁，在自己的岗位上努力工作，为四化建设作出贡献，须对孙××给予××××处分。

6. 根据下列问函，写一份复函。

东方红农场：

我县食品公司1985年3月3日与贵场签订了一份购销合同，由你场提供给公司花生1.2万公斤，芝麻0.3万公斤，核桃1万公斤。截止到1986年元月10日，只收花生0.6万公斤，芝麻0.1万公斤，核桃0.5万公斤。现春节临近，为了安排好春节市场物质供应，满足广大人民群众的需要，请贵场将上述三种货物的余额，在本月底以前如数交足。希望贵场能大力支持。

×××县食品公司

一九八六年元月十日

注：县东方红农场没有按时交货的原因，是因为由农场通往县城的公路坍塌，预计本月底方可修复，所余货物要到2月初方可运达。

7. 请根据下列材料，写一份公函。

××省分行以×建字（1993）××号函向中国人民建设银行询问关于建设单位为动迁户建房问题如何处理的问题，中国人民银行经与国家计委研究后作了如下答复：建设单位因新建工程拆迁场地房屋后，需要为动迁户新建房时，其投资和建筑面积应按照设计文件规定的指标纳入基本建设计划，原有企业拆除房屋后，按原有规模进行建设，经当地计委同意后，可以不列入基本建设计划，但应按照有关规定，加强计划管理，用建设单位支付的迁移补偿费重建房屋时，应否按原规定再编制基建计划，可由省计委根据具体情况决定，但这部分基建投资应通过建设银行拨款，按照指定用途使用，复函发文字号略，时间为1993年×月×日。

8. 请整理下列材料，代××省化工建材公司给省物资局拟写一份关于贯彻全国化工建材公司经理会议精神的公文，发文字号自拟。

材料如下：

（1）中国化工建材公司于3月13日至21日在江西南昌市召开了1986年全国化工建材公司经理会议。

（2）这次会议很重要，要尽快将会议精神传达下去。

（3）会议期间，传达贯彻了全国计划，经济工作会议和全国物资局长会议精神；总结交流了“六四”期间化工、建材物资工作的改革情况和工作经验。

（4）贯彻会议精神，首先要向省公司全体职工进行传达，组织职工学习好外省市的经验，以推动我们的工作。

（5）会议期间，还分析了化工、建材物资的供求形势，部署了1986年的主要工作。

（6）为了把会议精神贯彻好，我们拟于6月上旬在××市召开全省建材公司经理会议，传达贯彻全国、全省物资局长会议和全国化工建材公司经理会议精神，总结交流1985年及“六五”期间改革、搞活建材物质工作的情况和经验。目前，经验材料已经定稿，会议材料和各项准备工作正抓紧进行，争取在5月上旬前准备就绪。

（7）全国化建公司经理会议，着重讨论了中国化工建材公司张宝珍经理的工作报告，听取了四川、上海、重庆、南京等省市的经验介绍。国家物资局韩刚利副局长为会议作了总结报告，对进一步改革、搞活建材物资工作作了重要指示，提出了具体要求。

9. 根据下列材料，写一份公文。

学院为了培养社会需求人才，拟从2000年起，增开农机专业。为此，该院以××院教字（××）第2号文件，向省教育厅写一份公文。

10. 根据下列材料写一份请示。

2004年9月洪水泛滥，××县商业局所属百货、食品纺织、化工等仓库被淹，因事先做好了防汛准备，没有物质损失，但不少简易仓库被冲毁，部分仓库倒塌，洪水过后，××县商业局请求市商业局拨款40万元重建简易仓库，修复倒塌仓库。

第三章　事务文书

第一节　事务文书概述

一、行政事务应用文的概念

行政事务应用文是机关、团体、企事业单位在日常行政事务活动中用来传递信息、沟通关系、制订计划、总结经验、调查情况、规范行为的书面文体，其实用性很强。如工作开始前，要制订“计划”；工作告一段落后，要进行回顾、评估，要写“总结”；一件事情调查结束，要写“调查报告”；为了传播信息、交流经验，要编发“简报”；为了规范人们的行为，要制定“条例”、“规定”等规章制度；开会需做“会议记录”。这些行政事务文被广泛使用着，在行政事务活动中起着重要作用。

二、行政事务应用文的特点

行政事务应用文与行政公文相比，有不少相似之处，如都在机关工作中经常使用，都具有较强的政策性、规范性和针对性，但它也有不同于行政公文的特点。

首先，行政事务应用文是为处理日常事务活动而使用的，它所反映的是具体职能部门的看法和意见，作者可以是具体职能部门，也可以是其工作人员。而行政公文体现的是各级领导机关的意志，其作者是法定的各级领导机关或机关领导人。

其次，行政事务应用文是用来处理实际事务的工具，对推动实际工作，解决实际问题，起参考和指导作用。只有通过公文载体批转、转发、发布的行政事务应用文才具有法定作用。而行政公文作为管理国家政务的工具，是法定作者在法定范围内为行使权力而制发的，具有很强的权威性和约束力，其法定作用非常明显。

再次，行政事务应用文虽有一定的写作格式，但这是在实践中逐步形成的惯用格式，并不是固定不变的，作者可以根据其内容和写作要求，自由、灵活地确定表述程序，合理地安排文章结构。而行政公文具有法定的格式，在《国家行政机关公文处理办法》中，对公文的格式、行文规则、处理程序、用纸规格、书写编排等，都有严格的规定，都要认真遵守、执行。

最后，在表达方式的运用上，行政事务应用文以说明、叙述、议论为主，但也可适当运用描写等方法，使语言既准确、质朴、简明，又生动、形象、活泼，增强文章感染力和说服力。而行政公文是为了处理问题和解决问题的，故其表达方法通常只采用说明、叙述、议论。而且说明的重点是把事物、事理解释清楚；叙述重在把事物、事理交代明白；

议论重在对事物、事理的客观评述。撰写时多用直笔，不采用描写、抒情、夸张等表达方法。

三、事务文书的种类

行政事务应用文种类繁多，常用的有以下几类：

一是计划类，包括计划、规划、安排、设想等。

二是调查总结类，包括调查报告、总结、述职报告等。

三是记录简报类，包括简报、会议记录、大事记、工作日志等；

四是规章制度，包括条例、规定、办法、公约等。

四、事务文书的写作要求

事务文书作为机关和组织处理公务的一种工具，有以下特殊的写作要求：

一是以党和国家的方针政策为指导，以法律规定为依据。

二是切合实际情况，具有可操作性。

三是针对性强，观点明确。

四是书写格式约定俗成。

第二节 计划、总结、述职报告

一、计 划

（一）计划的概念

计划是党政机关、社会团体、企事业单位和个人预先对一定时期的工作、学习、生产等作出科学性部署或安排的书面文体。对各个单位来说，有了周密的计划，工作就有了明确的目标和具体的步骤，就可以增强自觉性、主动性，减少盲目性、随意性，使工作有条不紊地进行，有效地提高工作效率，并达到最佳效果。

计划是计划类文书的统称。常见的规划、纲要、安排、设想、打算、方案、要点等，都是计划。一般来说，“规划”、“纲要”是蓝图式的长远计划，适用时间较长，范围较广，内容比较概括；“安排”的适用时间较短，内容较具体，范围较小，一般用于单项的具体工作；“设想”、“打算”是初步的、预备性的，有待于进一步完善的非正式计划；“方案”是对某项工作从目的要求、方式方法到具体进度进行全面细致布置的专业性较强的计划；“要点”是上级对下级布置任务、交代政策提出的一种扼要的、概括的计划，一般只是原则性的安排，不介绍具体做法。

（二）计划的特点

1. 较强的预见性

计划是事前行文，计划中所提出的任务、目标，所制定的措施、步骤，虽然有现实依据，但都是对未来行动的预想和策划。可以说，没有预见就没有计划。只有高瞻远瞩，正确分析各种有利和不利的因素，才能对发展趋势和所能达到的目标，作出科学的预测。

2. 明确的目的性

每份计划拟订时都有明确的目的，辅以切实可行的措施、步骤。计划本身就是为了避免行动的盲目性而制订的，所以，没有明确的目的，就谈不上计划。

3. 措施的可行性

制订计划，必须重视措施的可行性，其目标、措施都必须建立在必要而且可能的前提下，才能有效地指导工作。它所规定的任务要求，不是凭空想象、盲目、无根据的，而是切实可行，经过努力完全能做到的。只有措施得力，方法得当，步骤具体、周密合理，才能达到预期的目的。

（三）计划的种类

计划的种类很多。从不同的角度、不同的标准可以分为以下几类：

一是按性质分，有综合性计划、专题性计划等。

二是按内容分，有生产计划、工作计划、学习计划、教学计划、科研计划等。

三是按范围分，有国家计划、部门计划、单位计划、个人计划等。

四是按时间分，有长期计划（一般指十年以上的远景规划）、中期计划（一般指五年计划）、短期计划（如年度、季度、月份计划）等。

五是按形式分，有文件式计划、条文式计划、表格式计划、条文加表格式计划。

实际应用中，这些种类有时是重合的，一个计划可以同时属于不同的几个种类。如《××市教育局2000年度二季度工作要点》，根据以上不同标准可兼属专题性计划、工作计划、单位计划、季度计划。

（四）计划的写作

计划一般由标题、正文、落款三部分构成。

1. 标题

计划的标题写在第一行正中。完整的计划标题要求写明：单位名称、计划的期限和计划的种类三个要素，如《××市一九八八年新城区建设工作计划》；如果计划只限于本单位使用，标题中可不写单位名称；如果是个人计划，则不将名字写在标题中，而写在标题下或写在落款处；如果是征求意见或讨论稿，要在标题后或下方注明“征求意见稿”、“讨论稿”、“草稿”、“草案”等字样，并加圆括号。如《××市物质局一九八〇年工作要点》（征求意见稿）。

2. 正文

计划的正文即计划的主体内容，一般包括前言、目标和任务、措施和步骤、结尾等四部分。

（1）前言。简要说明制订计划的依据。由两方面内容组成：一是指导思想；二是本部门、本单位的现状分析，二者共同说明“为什么要制订计划”或“为什么要这样制订计划”的问题。最后用“为此，特制订计划如下”等过渡语转入主体部分。内容简单的计划或短期安排可以不写这一部分，而直接写计划的主体部分。

（2）计划期内的目标和任务。一般要讲清楚“三要素”，即目标（“做什么”）、措施（“怎么做”）、步骤（“何时完成”）。目标，要写得具体、明确，不能笼统、含糊。如说明任务要求时，不能只写“力争在××××上有所提高，成本有所下降”，而应具体说明××要达到多少，××要达到什么标准，××成本要降低多少。否则，就会造成执行中的困难，使计划成为一纸空文。

（3）实现目标措施、完成任务的措施和步骤。在明确了目标和任务之后，要确保实现目标和完成任务，就必须制定相应的措施和方法，即运用什么手段，动员哪些力量，创造哪些条件，排除哪些困难等。表述时，要注意切实可行，具体有力，这是实现计划的保证。常言道：“十分计划、十二分措施”，只提目标，不提措施，计划就变成口号，目标就成不了现实。步骤，这是对计划进度的具体安排，包括工作程序和时间分配，要写得符合实际，安排合理，且具有可操作性，使计划得以有条不紊、按部就班地实现。

在层次安排上，主体部分有两种模式：一种是把目标、措施、步骤分成三大部分，依次顺序一一写明；另一种是把目标、任务和措施、步骤结合起来写，写完一项任务后紧接着就是写完成这项任务的措施、步骤，然后再写另一项任务及措施、步骤。

（4）结尾部分，即计划的结语。这部分或提出注意事项，或强调工作中的重点和主要环节，或展望计划实施的前景，或提出希望，或发出号召。有的计划不一定写结尾部分。

3. 落款

落款，在正文右下方注明计划人姓名及成文时间。

【例　文】

××厂装配车间第二季度增产节约计划

为了响应厂部关于“创造利润××万元，增产节约作贡献”的号召，特制订计划如下：

一、全车间全季度增产节约总指标为××万元

1. 产量指标。全季度保证完成机车装配×××台，较上季度提高百分之××，较上级下达的计划提高百分之××。每月完成数：4月××台；5月××台；6月××台。

2. 质量指标。争取全季度合格率高于百分之××，不出次品。

3. 降低原材料消耗指标、钢材单号较定额降低百分之××。每月节约油漆××公斤。

二、具体措施

1. 合理地调整劳动组织，充分利用现有设备，在4月上旬前实行三班制，将年产量落实到班组。

2. 4月中旬前公布岗位责任制。

3. 加强思想教育工作，严格执行操作规程，经常注意设备维修检查，防止工伤等事故发生。

4. 为了促使三班相互衔接，加强各班之间的联系，建立健全会议汇报制度，每星期五开各班组长会议一次，每周开三班值班长碰头会一次，每半月开全体员工技术研究会议一次。

××厂装配车间

××××年×月×日

【例文评析】

这是一份工作计划，同时也属季度计划。在写作上按顺序来写，即按前言—目标和任务—措施和步骤的先后顺序来安排写作内容。

二、总　结

（一）总结的概念

总结是对业已完成的实践进行系统全面的回顾、分析、评价、研究，从中找出规律性认识的书面文体。

通过总结，我们可以全面系统地回顾检查过去一段时期的实践，从中获得经验，吸取教训，以指导下一阶段的工作。通过总结，可以肯定成绩、发现存在的问题，找出经验教训，以便发扬成绩，克服缺点，把任务完成得更好；通过总结，可以养成理论联系实际的作风，培养观察事物、分析问题的能力，提高思想认识水平和业务工作能力。对于领导机关而言，可以及时了解下情，随时给予正确的指导；对于兄弟单位而言，可以起到交流经验和互通信息的作用。

（二）总结的特点

与其他应用文体相比较，总结具有以下特点：

1. 实践性

总结的写作离不开实践，任何一篇总结都是实践的产物。它的内容完全来自实践，其材料是从实践中选取的，观点和结论也是从实践中概括提炼出来的，反过来它对实践又有直接的指导作用。因此，实践性是总结最基本的特点。

2. 指导性

作为一种回顾、思考的手段，总结是对以往实践工作的一种理性认识，回顾过去是为了展望未来，使今后的实践工作开展得更好。所以，总结的目的就在于总结和推广经验、发现和避免错误，从而指导未来的工作。

3. 理论性

总结不是停留在事实的叙述上，必须是客观事物的本质和内在规律的概括；也不是就事论事，而应就事论理，将感性的认识上升到理性的高度，在行文中要进行较多的分析，从实践中找出规律性的经验教训，理论性较强。

（三）总结的种类

总结根据不同的标准来划分，有如下几种：

一是按性质分，有综合性总结和专题性总结。这两种总结各有不同的用途，前者要求内容“全”，后者要求内容“专”。从实际使用的情况来看，如果对某一方面经验进行总结，或是为了推广典型经验，常用专题性总结；如果对一个单位或部门在某一时期各方面的经验比较完整地进行总结，则多用综合性总结。

二是按内容分，有工作总结、学习总结、生产总结、劳动总结等。

三是按范围分，有单位总结、部门总结、个人总结等。

四是按时间分，有月份总结、季度总结、半年总结、学期总结、年终总结、阶段总结等。

总结的种类虽然有上述分法，但事实上，一篇总结往往同时反映性质、内容、范围、时间等几个方面的内容。

（四）总结的写作

总结的结构一般分为标题、正文、落款三部分。

1. 标题

总结的标题常常直接点出文章的主题，在和总结的内容有密切联系的基础上，力求准确、简洁、新颖、醒目。从形式上看，有公文式标题和新闻式标题两种：

（1）公文式标题。一般由单位名称、适用时间、内容和文种构成，如《××市商业局1999年物价管理工作总结》；也可省略单位名称，如《××年第一季度教学工作总结》；甚至省略单位名称和时限，直接写成《工作总结》、《学习总结》。

（2）新闻式标题。这种标题直接揭示总结的中心，有的是单标题；有的是双标题，一般而言，由正标题提示中心主旨，副标题加以补充说明。

2. 正文

总结的正文是总结的中心部分，一般有以下几个方面的内容：

（1）基本情况概述。又叫前言，主要是通过简要介绍工作的基本情况，过程和结果，交代在什么情况下做了什么工作，采取了哪些措施，取得了哪些成绩等，给人以总体印象，从而为主体部分展开做好铺垫。总结的前言在表达上，可以是一个或几个段落，也可以独立成节，一般要求写得简明扼要、高度概括。

（2）主要成绩、做法和体会。这是全文主要内容和重点，也是总结的目的所在。这部分应实事求是、具体、详细地阐述工作中取得的主要成绩、做法和具有典型意义的经验、体会，分析取得成绩的主客观原因。写做法，是为了说明经验，既不能就事论事，忽略了理论分析；又不能空发议论，没有具体材料。

撰写这一部分，特别要注意内容的归类和层次的安排，使之观点鲜明，重点突出，条理分明。为了阐述清楚，可采用分条列项的写法，分成几点或几个方面来写。

（3）存在的问题和教训。在总结成绩、经验的同时，还要找出差距，指出工作中存在的问题和教训，并分析其原因，以期达到吸取教训、克服缺点、改进工作、继续前进的目的。这部分一般都写得较为简单，提纲挈领，点到为止，不必详细展开。

正文的后两部分的写法，一般是夹叙夹议，有情况的叙述、有理论的分析，从具体事实上升到理性认识。

总结过去，是为把下一阶段的工作做得更好。因此，在总结经验、教训的基础上，针对工作中存在的问题，提出今后的工作设想和努力方向，这也是必不可少的。有时还可与问题、教训结合起来写。表述时总的来说是粗线条的，否则就变成制订计划了。

总结正文通常运用以下一些结构形式：

一是板块式。这是总结最常用的结构形式。把全篇分为若干板块，即基本情况、主要成绩和经验、存在问题和教训、今后努力方向等。为了使层次清楚，每个板块可用小标题、段首句、序号等。这种结构形式整体性较强，容量较大。

二是条文式。即在开头部分简略地概述情况，然后把总结的主要内容按其性质和主次，分为若干部分，使用一、二、三……的序号逐条排列，边叙述，边分析，边归纳出经验和教训。采用这种结构方式，各条之间逻辑关系清楚，层次分明，适用于专题性总结。

三是小标题式。即围绕主旨，把正文分为若干部分，分别列出小标题，每个小标题都是对各部分中心内容的概括。这些小标题鲜明、醒目地显示出总结各部分的主要内容，使人一目了然。这种结构方式灵活自由，概括性强，中心突出，脉络清楚，适用于综合性总结。

四是全文贯通式。一些内容简单、篇幅短小的总结，从开头到结尾，既不用小标题，也不分条列项，而是围绕主旨，叙述情况，总结经验，找出差距。全文结构紧凑严谨，一气呵成。内容简单的专题性总结、个人总结等，宜采用这种形式。

不论采用哪一种结构形式，都要以有利于全面、深入地表现总结内容为根本原则。

3. 落款

总结的落款一般在正文右下方写明总结的单位名称或个人姓名，以及总结日期；也可在标题下正中或偏右处署名。

【例文一】

狠抓企业内部管理见成效

××××总公司

去年，我公司加强以财务为核心的企业管理，取得显著成效。全年共计完成贸易额20.2亿元，比去年增长14.8%。

去年我公司的经营条件十分困难，公司领导认识到，抓好企业内部管理，是把各项改革措施落到实处的基础，公司按照现代企业制度建设的要求，进行了一系列改革。

第一，加大以财务为核心的管理力度。在具体操作上，主要采取了如下措施：

首先，对各业务环节实行专业化和科学化管理，坚决反对“一支笔”业务，反对全部环节只有一人知晓、他人无法插手的极不规范的做法。

其次，制定综合职能部门费用预算制，减少通讯、宴请等费用支出。采用专门的电话管理系统，控制非业务通讯支出；严禁公司人员内部之间的相互宴请；机票统一由公司以最优惠价格订购，仅此一项五个月来即节约了50万元；严禁与未经经贸部批准的货主发生业务联系，货物统一由×××货运公司承运，降低运杂费用。

第二，在加强财务管理的同时，强化审计监督职能，将经理离任审计制度化，并对运输费用等进行审计，严格量化审计管理。

第三，制定“集中财力，重点发展，科学管理，加快回收”的投资方针，加强投资管理。

首先，公司对已有的投资项目进行了清理。对资不抵债、投资回收无望的坚决撤；对有效益的项目，确定投资回收目标，限期实现。

其次，在经营资金紧张的情况下，严格控制零星投资，避免投资的分散化。

再次，成立专门的投资公司，招聘专门的管理人才，对投资项目进行“委托经营”。

去年，我公司在减少费用支出、加强投资管理方面取得了一定成效，今年公司将继续加强以财务为核心的管理，同时狠抓劳动、人事、分配三项制度的改革，向内部管理要效益，力争提前实现贸易总额100亿元的目标。

××××年×月×日

【例文评析】

这是一篇专题总结，重点写了公司按照现代企业管理制度建设的要求所进行的一系列改革，特别是以财务管理为核心的改革，还写了怎样做及其要取得的成效，结构合理，层次清晰。

【例文二】

我的自学经验

赵景深

我从1930年28岁时起，就在复旦任中文系教授。几十年间，我开设过小说、戏曲、语言、民间文学等方面的几十门课程，也写过各种各样的书几十本，其中有小说、诗歌、散文、文艺理论、戏曲、翻译等各个门类，被人家当做专家、权威，以为我一定是什么名牌大学毕业的或是留过学，吃过洋面包的。实际上，我的最高学历只是读了两年棉业专门学校，只能算个大专文化程度。我的学识都是靠自学得来的，这里只谈谈我在中文自学方面的一些经验体会。

一、自学要有勤奋和苦干的精神

我在小学的时候，就喜欢苦读，很勤奋，别的小孩子放学后一有空，就到街头弄堂口去滚铜钱，打弹子，我从不参加，只是坐在桌旁看书写东西。1923年，我21岁，到长沙岳云中学教国文，教的是旧制中学三年级，但是很多东西我也没有学过，无法可想，只好“逼上梁山”，临时从头自学，“现炒现卖”。幸好当时我每周只有6节课，自学的时间较多，学校中的条件也比较好，房间宽敞，环境幽静，特别适宜于读书。别的老师上过课以后，或者出去玩，或者散步聊天，只有我总是躲在房间里拼命读书。同事们问我：“你怎么这样用功，不想出去玩玩?”我只好报以苦笑。当时我为了生活，硬着头皮来当国文教员，而腹内空空如也，不努力读书，拿什么给学生呢? 所以，我的勤奋和苦干在开始的时候，完全是“逼”出来的，后来，倒也习以为常了，觉得一天不读书，不做事，白白浪费时间很可惜，这时，大概已到了“自觉”的阶段了。

二、要有好的老师和好的方法

自学最苦的是找不到理想的老师。我当时教中学，觉得自己应该有一点经史子集方面的常识。要读这方面的范文，最好当然是去找几位老师来辅导。现在的青年也许有条件，但我当时不但没有条件，而且也不敢这么想。我的老师就是书本。记得我当时找的“书本老师”，子书是《诸子菁华录》以及胡适的《中国哲学史大纲》（上册），集部的是谢无量的《中国大文学史》和曾毅的《中国文学史》。范文则有商务印书馆的《国文评注读本》和《古文评论补正》以及文明书局的《秦汉三国文评注读本》、《南北朝文评注读本》、《唐文评注读本》、《宋元明文评注读本》、《清文评注读本》，史部的就是《史记菁华录》，等等。限于条件，不能读整部的书，只读《菁华录》。要速成，不得不如此。当然，时代不同了，我当时读的目录，今天不值得大家去重读，现在可读的好书要多得多了。

对这些书，我的方法是精读，我每天总要读几篇。读的时候，就像准备考试一样认真。不但注重字义，也要注重字音，一个字的读音也不能含糊过去，一定要逐个交代，把意思和读音弄得像水一样的清澈，才算罢休。一遍不行，就看二三遍或更多。我认为，在打基础的时候，读书不在多，而在精，要融会贯通。打好了底子，再学其他的书，面就可以更广了。中文方面要学的书很多，即使读大学的人，完全靠先生教也是不够的，也要靠自学，自学的“诀窍”就在于坚持不懈。假如每天读三十分钟，每年就可以读很多书。一日不多，百日就多，日积月累，全在有恒。俗话说：“天下无难事，只怕有心人。”自学也是如此。

三、自学中文，还要边学边练

在小学的时候，我就喜欢涂抹，有时模仿“商务”的《少年杂志》，自行出版一种手抄的《少年界》，我把它称为“内版”刊物；有时我还模仿《西游记》、《说岳全传》等，写作《后西游记》、《后岳传》之类；有时我还编报和拟广告，等等。我在天津棉业专门学校读书时，就有点“不安本分”，把许多时间用来翻译和写作，每月要写三四万字。这些事很吃力，但我尝到了写作的趣味，得到写作的锻炼，巩固了学到的语言、文字、文法、修辞等方面的知识。写作要有自己的心得，题目或范文愈小愈好，这样才可以精深，与其博大而无新见，不如精深而有心得。以后，我写书，都是围绕一个题目去尽可能地博览群书，从中收集有用的资料。这实际上也是一种自学。从某个意义上说，人的一生都是在自学，都要自学。一切没有机会上高等学校的青年，只要自己努力不懈，认准一个目标，总是可以作出自己的贡献的。

【例文评析】

这篇总结，作者把自己的亲身经历和体会介绍出来，层次清楚，观点鲜明，学习时要注意学习作者的自学经验和这类总结的写法。

三、述职报告

（一）述职报告的概念

述职报告是党政机关、社会团体、企事业单位的干部和专业技术人员向主管领导部门、人事部门、职工群众陈述自己在一定的任职期内的工作实绩、问题和设想的自我评述性的报告文书。它是我国干部体制改革，实行岗位责任制和干部聘任制以来常用的一种应用文体。

（二）述职报告的特点

1. 与工作总结的区别

（1）回答的问题不同。工作总结是单位、部门集体或个人对一项工作或一段时间里的工作进行归纳总结，它要回答的是做了什么工作、取得了哪些成绩、存在哪些问题，可归纳出哪几条经验、要吸取哪些教训等；而述职报告是要回答的是担负什么职责、履行情况如何、怎样履行职责、称职与否等问题。

（2）内容侧重点不同。工作总结侧重点在于体现工作实绩；述职报告以汇报履行职责的情况和德能勤绩为主，重点在于展示履行职责的思路、过程和能力。

介绍成果不同。工作总结不受职责范围的限制，凡是工作学习上的成果，都可写进工作总结中；述职报告只限于职责范围之内，围绕职责这个中心精心选择材料、安排结构。

2. 具有自述性、自评性、报告性的特点

（1）自述性。就是报告人述说自己在一定时期内履行职责的情况。它往往使用第一人称，采用自述的方式，向有关部门报告自己的工作实绩。所介绍的实绩必须是真实的，是实实在在已经进行了的工作和活动，事实确凿无误。

（2）自评性。报告人依据岗位规范和职责目标，对自己任期内的德、能、勤、绩等方面的情况进行自我评估、自我鉴定、自我定性。报告人必须严肃、认真、慎重。对工作的走向，前因后果要叙述清楚，评价恰当；所叙述的事情要让人一目了然，能从中引出自评。定性分析是在定量证明的基础上进行的，切忌浮泛的空谈和引经据典的论证。

（3）报告性。报告人以被考核和接受评议、监督的人民公仆的身份履行职责作报告，因此，语言必须得体，应有礼貌、谦虚、诚恳、朴实、掌握尺度，报告内容必须真实，用语求准确。

（三）述职报告的写作

述职报告一般包括标题、主送机关、正文和落款等四部分。

1. 标题

述职报告标题常见的有以下三种：

（1）全称标题。由任职时限、所任职务和文种构成。如《2002 至 2005 年××教育厅厅长的述职报告》。

（2）文种式标题。只有《述职报告》。

（3）概括全文主旨的标题（即新闻标题法或正副标题法）。往往是正标题写述职报告的主旨或基本观点、主要经验、教训和态度，副标题写何人何职的述职报告。如《积极参与公开竞争上岗的人事制度改革——××公司业务科科长××的述职报告》。

2. 主送机关

写口述述职报的抬头，对听取者的称谓有“各位领导”、“同志们”，等等。书面述职报告的抬头，写主送单位名称，如“××组织部”等。

3. 正文

述职报告的正文一般包括四个部分：

第一部分，开头或引语部分。主要写清楚述职人员的岗位职责和工作目标。主要交代任职的自然情况，包括何时任职，岗位职责和考核期内的目标任务情况及个人认识，以及对自己工作的整体估价。这部分要写得简明扼要，给对方一个大致印象。

第二部分，这是全文的重点。主要阐述述职人的实绩。内容为对党和国家的路线方针政策、法纪和指示的贯彻执行情况；对上级交办事项的完成情况；对分管工作完成的情况；做了哪些实际工作，取得了哪些业绩、存在哪些主要问题以及分析问题产生的原因。要注意突出主要成绩，突出能力。这部分要写得具体、充实，有理有据，条理清楚。可采用分类式、条款式、重点式和顺时式。

第三部分，剖析在履职过程中成功的经验和失败的教训。主要是写在对履行职责的实绩或失误进行深层次思考、分析的基础上得出的理性认识。要写出特色，不落窠臼。

第四部分，回答称职不称职的问题。这部分应从思想道德修养、分析能力、政策法律水平、工作方法、业务能力等方面综合回答自己称职不称职的问题。这是前几部分顺理成章的结论。

结尾一般写结束语。用“以上报告，请审阅”、“以上报告，请审查”、“以上报告，请领导、同志们批评指正”等作结。

4. 落款

落款写上述职人单位、职务、姓名及述职日期或成文日期。

（四）述职报告的写作注意事项

1. 政绩的真实性

述职是民主考评干部的重要一环，是为了让组织和群众了解和掌握干部德才状况和履行职责的情况。所以，述职报告应该充分反映自己任期内的工作实绩、能力和问题。这些是检验干部称职与否的主要标志。为此应做到：述职态度要端正，要实事求是。应处理好三个关系：一是成绩和问题的关系。理直气壮地摆成绩，诚恳大胆地讲失误。二是集体和个人的关系。不能把集体之功归于个人，也不要抹杀个人的作用，必须分清个人实绩和集体实绩。三是叙和议的关系。以叙述为主，把自己做过的工作实绩写出来，不要大发议论，旁征博引，议论也只是对照岗位规范，根据叙述的事实，引出评价。分析问题要辩证，注意把握分寸感。涉及的时间、地点、数字、事例等都应准确无误。最后，既要作出准确的定量分析，又要在此基础上作出定性分析，恰当地作出自我评价。

2. 抓住重点，突出个性

介绍时应抓住重点，抓住最能显示工作实绩的大事或关键事写入报告。防止记“流水账”，不要面面俱到，要抓住重点，突出个性，还应突出自己的特色、独有的贡献，让人能分辨出自己在具体工作中所起的作用。

3. 写作的限定性

受两方面的限定：

（1）角度的限定。角度是第一人称，所选材限定在述职人的职责范围内。

（2）时空的限制。述职报告一般在一定范围的会议上述说汇报，时间以30分钟以内为宜；文字以3 000字左右为宜。

【例　文】

述职报告

述 职 人：×××
任职单位：×××县公路局
职　　务：局长、党支部书记
述职日期：2004 年 11 月 15 日
任 职 期：2000 年 1 月至 2004 年 12 月 31 日
述 职 期：2000 年 1 月 1 日至 2004 年 10 月 30 日

县人大常委会：

我从 2000 年 1 月起任县公路局局长、党支部书记。5 年来，我以邓小平理论和"三个代表"重要思想为指导，忠诚党的事业，严于律己，严格管理，我与局领导班子共同努力，圆满地完成上级下达的各项任务，使单位的两个文明建设取得丰硕成果，年年被省市评为"好路局"；2002 年、2003 年连续两届被省、市授予"文明单位"称号；局党支部年年被××市委评为"先进党支部"；今年又被××市委评为"先进基层党组织"。

我本人年年被市委评为"优秀共产党员"，年年被市政府评为"先进工作者"，2003 年被××市委、市政府授予"模范转业干部"称号。我认为自己是称职的局长。

现将我履行职责情况作具体汇报：

一、依法履行职务情况

我局是主管县内国、省、县道公路养护生产及养路费征稽工作的职能部门，现管养线路 238.8 公里，再加上今年 3 月 1 日开始接收的××部队营区 16 公里"军民共建文明路"，合计 254.8 公里。养护道班 16 个。在职人员 218 人，离退休人员 96 人，合计 314 人。面对这样一个线长、点多、人员散、劳动强度大、离退休人员多、经济负担重的部门，我是这样开展工作的：

（一）加强公路养护，以优良路况为社会提供优质服务

作为公路主管部门，服务的载体是公路，服务的对象是车主，服务质量的考核标准是好路率。市公路局下达的年末好路率 80%，年平均好路率 78% 的任务指标，5 年来，这两个指标我局都超过 10% 以上完成，服务质量也受到车主们普遍好评。我采取的措施是：

1. 抓住重点，全面养护。（略）

2. 抗击自然灾害，积极抢修公路。（略）

3. 抓文明样板路建设，树××县的交通形象。（略）

（二）尽心尽职，抓好公路建设工程

由于国家实行经济调控政策，我局无法向银行贷款，因此，目前上马的四大工程全部是市公路局计划投资的。我局的责任是代表建设单位进行施工管理，协调当地政府与施工队的关系，抓好征地和拆迁工作。我局牢固树立和坚决贯彻科学发展观，与各个方面配合

密切，所以，目前公路建设的投资额、成本、进度、质量都全面好于市公路局的要求，开创了我县公路建设的新局面，受到市局督察组的好评。

（三）强化征稽、路政工作，杜绝公路“三乱”现象

……

在我上任时，我局背着沉重的债务。5年来，由于全局上下齐努力，实行强化养路费征收，截至今年5月，我局已全部偿还了在我上任前所借银行的1 050万元本息，使我局轻装上阵。

（四）关心职工生活，致力解决职工住房问题（略）

（五）运用科学发展观，统筹全局工作协调发展（略）

二、廉洁自律情况（略）

三、存在的主要问题（略）

四、今后的设想（略）

任职近五年，我尽职尽责地做了一些应该做的工作，取得了一些成绩，这是在上级党委、局党委其他领导的关心下，全局职工的努力支持下共同取得的，自认为自己是称职的。

【例文评析】

这是一位局长兼党支部书记近五年的述职报告，引语部分简述所任职务，任职时间所做的工作，大致所取得的成绩，主体部分分四大部分介绍自己履行职务的情况，廉洁自律情况，存在的问题，下一步的工作设想。

本文能很好地突出述职报告的自述性，目的明确，思想清晰，成绩突出，对成绩善于用具体的数字加以说明，有了这些自述性的材料，推出“我认为自己是称职的”，这一自我评价便显得水到渠成，颇富说服力。在写法上，善于使用标题加序号，将履行岗位职责的情况分门别类报告，层次分明，给人留下清晰的印象。

第三节　调查报告

一、调查报告的概念

调查报告是一种常见的应用文体，是在明确指导思想的情况下，为了解决社会某一实际问题，经过深入细致的实地调查和认真严肃的分析研究后，写出来的反映客观事物本质、揭示其规律的文体。常见的有“调查”、“调查记”、“调查汇报”、“调查综述”、“情况调查”、“考察报告”等，这些都是调查报告的别称。

二、调查报告的特点

调查报告是一种常见的应用文体，也是新闻报道的一种体裁，它有以下三个特点：

1. 真实性

调查报告是对客观事物调查结果的反映，其主旨是调查研究后要揭示客观事物的本质和规律。真实的事实是调查报告的重要内容，因此，撰写调查报告，就需要深入调查，对材料的真实性要进行核查。

2. 论理性

调查报告不是材料的堆积，也不是对事物的具体描述，它主要通过对大量的材料进行分析和综合，达到揭示事物的本质和规律的目的，所以在表达方式上一般采用夹叙夹议，叙议结合的方式，它通过对事实的概括叙述和简要说明，由事论理，在典型事实的叙述中表达观点。

3. 完整性

调查报告的容量较大，涉及面较广，要有比较系统和完整的事实材料，只有这样，才能深入地阐述和剖析问题，反映事物的本质，得出令人信服的结论，使读者对问题有全面、清晰的认识。

三、怎样做调查

调查，指了解情况。在实践中，它是一种能力体现，也是一门艺术。

调查前的准备：

调查前的准备有思想上的准备和工作上的安排。主要有：一是明确调查的目的要求；二是树立物质第一、精神第二的唯物主义观点。弄清有明确的目的要求并不是按框框办事，对问题没有偏见，不先入为主；三是要设想到事物的各个方面，根据目的和要求制订初步的调查计划，要安排好调查的对象、范围、时间重点以及方式，等等；四是对计划的各个方面分别拟出切实可行的调查提纲。

一般常采用发“意见征询表”，作抽样调查，听取汇报，召集座谈会，亲自观察、试验，走访知情人，收集有关文献资料、原始记录及民谣口碑等方法。

调查研究是我党的优良传统，是马克思主义认识论在实际工作中的具体运用，是每一个写作者搞好工作必须具备的一项“基本功”。随着形势的发展，新经验、新事物、新情况不断涌现，调查报告文体愈来愈被广泛地应用，起到了宣传政策、树立典型、总结经验、推动工作的重要作用。

四、调查报告的种类

按照调查报告反映的内容，大致可分为以下五种类型：

1. 介绍典型经验的调查报告

介绍典型经验的调查报告着重介绍具有普遍意义的典型经验，有较强的针对性和政策性，对指导和推动工作起着重要作用。

2. 反映基本情况的调查报告

反映基本情况的调查报告关注对某一方面的现实情况进行调查，为有关部门了解情况、研究问题、制定政策、计划提供依据和参考。

3. 研究探索问题的调查报告

研究探索问题的调查报告侧重反映一个值得研究或探索的问题，通过对具体事实的分析，在找出原因的基础上，提出切实可行的意见、建议，以引起有关部门的关注。

4. 揭露问题的调查报告

揭露问题的调查报告着重分析调查到的大量事实，揭露存在的某一问题，并分析原因，点明性质，归纳、总结教训，以便使人们能引以为戒。

5. 科学研究实践的调查报告

科学研究实践的调查报告着重就某一项科学研究实践进行调查、分析，反映情况，总结成果。

五、调查报告的写作

调查和研究两个环节准备了材料，形成了观点，就可以根据主旨需要谋篇布局了。

调查报告的结构一般由标题、正文、落款三部分构成。

1. 标题

调查报告的标题一般是对调查内容的概括。常有单标题和双标题两种。

2. 正文

调查报告正文通常有三部分：前言、主体、结尾。

前言，提示全文，帮助和吸引读者阅读和理解文章内容。可以简要说明调查的缘由、对象、范围、目的等，或交代调查对象，概括主要经验，或概括主要问题，以引出下文。

主体，是对前言部分提出问题的回答，或是对提示内容的展开。要求具体地写出调查研究过程中所得到的有关调查对象的基本情况，或问题与教训、做法与措施、成绩与经验。当然，这不是面面俱到。

结尾，常归纳全文，以强化中心、照应开头。不论如何结尾，都应写得干净利索。

总之，调查报告一般要回答下列问题：调查什么和进行了哪些调查，调查的情况和事实，调查所得事实反映出什么问题，对这些问题的评判、结论和解决办法。

3. 落款

落款写作者姓名和写作的时间。可写在标题的正下方，也可写在正文的右下方。

【例文一】

关于重庆市巫山县部分乡镇
铲苗种烟违法伤农事件的调查报告

赴重庆市巫山县调查组

（二〇〇〇年六月二日）

根据国务院领导同志的指示精神，由国务院办公厅牵头，中央农村工作领导小组办公室、国务院研究室、农业部、国家税务总局和中央电视台共同组成的调查组，于5月28日至6月2日，赴重庆市巫山县，就中央电视台“焦点访谈”节目反映的铲苗种烟、违法伤农事件进行了调查。调查组深入3个区5个乡镇，广泛听取农民群众和基层干部意见。现将有关情况报告如下。

一、基本情况

巫山县是省定贫困县，1999年，全县农民纯收入只有1 242元。粮食作物主要是玉米、土豆、红薯和小麦。经济作物主要是烤烟、魔芋等。全县64.4万亩耕地中，适合种烤烟的有30万亩。历史上，烤烟种植面积最高达到10万亩。今年市烟草专卖烟生产考核基数为15万担，目标任务为20万担，按亩产量300斤计算，需种植5万亩~6.7万亩。

全县烤烟种植主要集中在河梁、官阳和骡坪3个区所属的15个乡镇。从了解的情况看，河梁和骡坪两区，由于区乡政府的引导服务工作基本到位，农民种烤烟的积极性比较高，没有发生强迫农民种烤烟的现象。问题主要发生在官阳区的4个乡镇，而且远比“焦点访谈”反映的问题严重得多。

巫山县今年下达给官阳区的烤烟生产考核基数为4.1万担，目标任务为5.4万担，需种植烤烟1.3万亩~1.8万亩。该区适宜种烤烟有36个村，耕地面积2.2万亩，人均仅1亩。官阳区按烤烟目标任务与农民签订了合同，即必须用80%的耕地（人均0.8亩）种烤烟，剩余20%的耕地（人均0.2亩）种粮食和农作物。为了防止农民多种粮食，少种烤烟，官阳区限定每个农民只准保留可移栽0.2亩的500棵玉米苗，超过部分一律铲除。而且，实行连片种植，强行烤烟净作，即在规划种植烤烟的区域内不准种植其他作物。

官阳区适宜种植烤烟，尤其不赞成不留口粮田强行烤烟净作的做法。在收成好的情况下，多种烟、少种粮，可以用卖烤烟的钱买粮。但由于去年干旱，部分种烤烟的农户没有挣到钱，甚至亏本，目前既缺钱又缺粮，发生春荒、夏荒。这部分农户今年就要求多种粮少种烟。所以，农民说，铲了青苗如同铲了“命根子”。而且，烤烟生产中“两怕”问题无人管：一怕烟草公司硬性摊销的各种肥料。农民反映，与烟草公司签订烤烟收购合同时，必须接受烟草公司摊销的各种肥料，不准从其他渠道购买。二怕收购时压级压价，卖不了好价钱。农民说，他们是站着种烟，坐着烤烟，跪着卖烟。烟草公司在收购中压级压价、收人情烟的现象十分突出。（总理批示：烟草公司这种做法是违法的，是变相摊派。）

面对农民不愿多种烤烟的局面，官阳区及其所属4乡镇领导决定强行铲除农民多育的玉米苗和栽种的其他作物。据初步统计，4月上旬，全区铲苗行为涉及27个村1 616户，共铲苗（包括折合可栽面积）1 289.9亩。这次铲苗行为是官阳区党委和区公所统一部署，由区、乡镇党政主要领导带领包括武装部干部、治安人员在内的工作组突击进行的。在强行铲苗过程中，区、乡镇干部对阻止铲苗的农民进行殴打和体罚，甚至拘留农民，先后有7人被打，其中2人致伤。

二、原因分析

巫山县官阳区发生的铲苗种烟事件，是一起违反党在农村的基本政策侵犯农民合法权益、危害农民人身安全的严重事件。产生这一问题，既有客观因素，更有主观原因。主要表现在四个方面：

（一）地方财源严重不足，收不抵支。（略）

（二）县委、县政府对农业和农村经济结构调整的思路不够清楚，指导思想和工作方法有偏差。（略）

（三）严格的烤烟生产考核制度对事件的发生起了推波助澜的作用。（略）

（四）基层组织和基层民主政治建设薄弱，有些干部素质极差，作风粗暴。（略）

三、采取的措施

5月24日晚中央电视台“焦点访谈”节目播出了巫山县官阳区铲苗种烟、违法伤农事件后，市委、市政府主要领导同志高度重视，当晚，市委书记贺国强对这一事件的处理做了明确批示。25日下午，朱镕基总理、李岚清副总理在全国粮食生产和流通工作会议结束时，对此事件进行了批评，晚上贺国强、包叙定同志主持召开市委、市政府紧急会议，集体收看了“焦点访谈”的录像，认真学习和深刻领会国务院领导同志对此事件的重要指示精神，做了工作部署，决定由分管农村工作的市委副书记和副市长负责对这一事件进行查处，并向全市发出通报。市委、市政府对这一事件的处理态度是鲜明的。

调查组一到巫山县，上访的农民群众络绎不绝，特别是到了事件发生地官阳区，成千上万的农民群众自发地从周围各乡村赶来，纷纷要求向调查组反映情况。

巫山县委、县政府对处理这一事件采取了一些措施，但存在三个方面的问题：一是县区乡各级领导对这一事件的性质认识不到位，工作没有深入下去，面上情况不掌握；二是补偿不到位，明确只是对重点受害农户进行了补偿，面上绝大多数农民并没有得到补偿；三是处理不到位，目前只是对直接责任人员进行了处理，对这一事件负有直接责任的区、乡主要负责人没有处理。农民反映说，处理了小的（干部），保护了大的（干部）。

针对这些问题，调查组对县委、县政府下一步的工作提出了建议：第一，县委、县政府要把妥善处理这一事件作为当前的中心工作，并要统一思想，提高认识。第二，组织强有力的工作班子，迅速开展工作。全面查清情况，抓紧研究补偿方案。第三，本着从实、从优、从快的原则，帮助农民按其意愿尽快恢复生产。（总理批示：没有重庆市委、市政府领导的亲自过问，问题是解决不了的。）

调查组回到重庆后，与市委、市政府的领导及其有关部门的同志交换了意见，市委、市政府对下一步的工作做出了具体安排，并将处理情况正式向国务院报告。

【例文评析】

这是一篇揭露问题的调查报告。前言部分概括介绍了重庆巫山县发生的“铲苗种烟、违法伤农”事件。围绕这一事件，先介绍了这一地区的基本情况，分析了农民不愿意烤烟净作的原因。然后深刻剖析了发生事件的经济、政策方面的原因，提出了调查组的看法。结尾部分提出进一步落实解决这一事件的措施，有较强的指导性。

【例文二】

贫困生现状的调查

政和县位于闽北山区偏北处。由于位置偏僻经济基础差多年来未能摘掉贫困的帽子。因此，在不足三千学子的政和一中贫困生人数就高达总数的10%。现作如下调查：

一、贫困生的构成

1. 大多数贫困生都来自于农村。

家庭成员众多，压力沉重难以担负学费，农村计划生育工作也是一个长期的社会问题，是造成贫困生人数众多的根本原因。

2. 贫困生的另一大来源是下岗职工家庭，由于他们失去了基本的生活保障，而导致儿女的学业难以继续。这是下岗问题所造成的另一隐患。

3. 其它。

二、贫困生的学习生活

政和一中从初中到高中共六个年段。其中大多数的贫困同学是靠学校、县团委、县妇联等有关部门采取发送补济金，设置奖学金，以及减免学费等手段来帮助同学减轻困难。其它的均由亲属或“一帮一”结对子等手段来解决。

在校被列为补助对象的同学大多是学习勤奋刻苦、名列前茅者。

如荣同学家庭突然变故。父亲丧失劳动力，在读大学的哥哥又因病休学在家。全家人仅靠爷爷微薄的退休金来维持生活。然而荣同学背负着沉重的家庭压力依然咬紧牙关刻苦学习，一直保持年段前五名的成绩，但他每月的生活费仅仅只需30余元。

再如张同学因母亲病重，家庭需巨额的医疗开支，由学校学生会组织献爱心活动，广大师生踊跃支持，为该同学解决了部分费用。因此，张同学心怀感激。不仅勤奋学习更发挥自己体能的优势，在各大赛势上都取得优异成绩，为母校增光。

三、社会各界对贫困生的援助

团县委的“希望工程”，妇联的“春蕾”计划以及许多方面成功人士的慷慨解囊都为贫困生解决了物资方面的巨大困难，并在精神方面给予莫大的支持与鼓励。如县妇联就发动女干部采取“一帮一”结对子。不仅给予女同学经济方面的支援。更让他们体会到亲人的关爱与温暖。

我们相信政和一中贫困生的状况会越来越好。

第四节　简报、规章制度

一、简　报

（一）简报的概念

简报是党政机关、群众团体、企事业等单位编发的反映情况、传播信息、交流经验、指导工作的一种摘要性的内部文件，也可称“情况交流”、“情况反映”、“内部参考”、“简讯”、“动态”、“信息”等。

（二）简报的特点

简报是最为常用的一种事务文体。它以上报为主，也可以转发给平级单位或下发给所属基层单位。通过简报反映情况，可以使上级领导部门及时了解编发简报单位的新成就、新经验，及时掌握出现的新情况、新问题，并以此作为制定方针、政策的参考或依据；转发或下发的简报，也可以使各平级单位或各基层单位之间相互交流情况、学习经验，推动工作开展。

（三）简报的种类

简报按反映的内容分，有工作简报、会议简报、动态简报等。

1. 工作简报（情况简报）

工作简报是反映本部门、本系统各方面工作情况的简报，如各行各业的改革情况，就可用工作简报来反映。

2. 会议简报

会议简报是报道、交流有关重要会议的内容、筹备和进展情况以及与会人员参加会议情况的简报。如各地召开党代会、人代会以及各种重要的会议等，常编发会议简报，一般由大会秘书处或主办会议单位编发。

3. 动态简报

动态简报是反映本单位新近出现新问题、新趋向、新事件，包括一些突发性的事件的简报。为了便于使上级及时了解、掌握情况，这类简报要反应迅速。

（四）简报的写作要求

简报写作在内容上应力求做到真、新、快、简。

1. 内容要真实、确切

简报所反映的人和事绝不能虚构，又因简报限于内容使用，可以更加直率，好就是好，坏就是坏，不能只报喜不报忧。当然，强调真实并不是说只许堆砌原始材料，而是允许综合归纳，提炼浓缩，加工整理，其目的是为了更正确地反映客观事物的本来面貌。

2. 材料要新颖、典型

简报力求为人们提供新情况、新经验，提出新问题，为此，要认真分析，选好角度，善于捕捉和传播新的信息，展示事物的最新状态和发展趋势，善于找出那些对上级或同级单位具有参考价值的、对基层单位具有指导作用的典型材料，用准确、生动的语言，写出有新意的简报来。

3. 反映要迅速、及时

简报特别讲究时效性，在收集信息、整理材料、编发等各个环节中都要有强烈的时间观念，要求快写、快编、快审、快印、快发、快报。特别是有些会议简报，迟报了，就降低了材料的价值，失去了报道的意义和应有的作用。为此，编写简报一定要思想敏锐，具有高度的工作责任心，善于在一般中见特殊，细微处察秋毫，善于跟踪、捕捉、搜集各种信息，去挖掘领导所关心的、急需了解的材料或线索。

4. 文字要朴实、简练

要用最少的文字表达最丰富的内容。除此之外，还要注意选题要精，不要面面俱到，包罗万象，最好一事一报。选材要严，要以最简练的语言说明最重要的问题。编印期数不宜太多，太多了，泛滥成灾，使领导干部整天陷在简报堆中，不得脱身。检查简报工作成绩的大小，不在于编印期数的多少，而在于被领导机关引用、批转、采用的有多少，以及在实际工作中起的作用的大小。当然，也要反对那种认为简报就应“简单化”，就是“简而报之”的片面看法，不要把应该详细反映的情况也“简化”了。

常见简报样式如下：

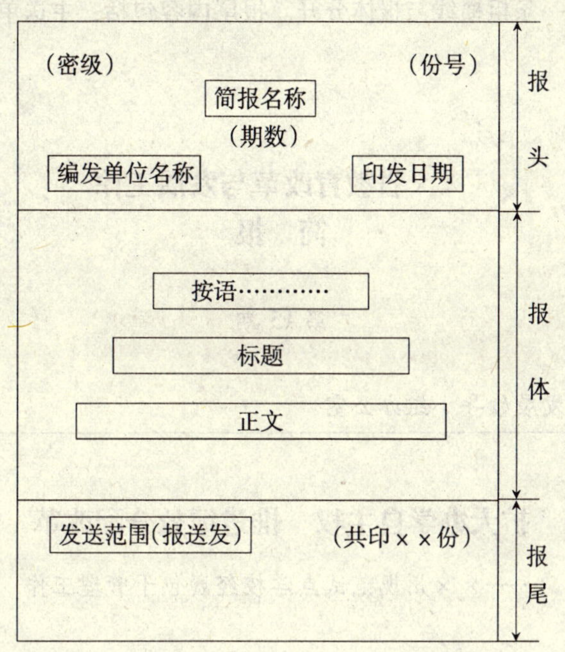

5. 简报的结构和写法

从简报的样式可知，简报分报头、报体和报尾三部分。

（1）报头

在第一页上方三分之一的位置，用一幅横膈线与下面报体部分分开。报头的内容包括：简报名称、期号、编发单位、印发日期、密级、份号。

（2）报体

报体部分包括：

a. 按语。是表明办报单位的主张和意图的文字。不一定每篇简报皆配按语。是否需要按语，根据稿件的情况而定。一般有三种写法。

（a）说明性按语：介绍稿件的来源、编发原因和发至范围。

（b）提示性按语：提示稿件内容，帮助读者理解稿件的精神。一般加在内容重要、篇幅较长的文稿前面。

（c）批示性按语：也叫要求性按语，主要写在具有典型意义或指导作用的稿件前面。一般要声明意义，表明态度，并对下级提出要求或提供办法。

b. 标题。每件稿件都需要有标题。标题必须确切、醒目、简短，且富有吸引力。简报文稿的标题多类似新闻标题。

c. 正文。一般包括前言和主体部分。

前言。相当于消息的导语，用极简洁、明确的一句话或一段话，概括全文的主题或主要事实，给读者一个总的印象。

主体。这是简报的主干，是对前言的展开，使其具体化。正文如果较长，可采用小标题、序数法等方式展开。

（3）报尾

在正文之下，由一条粗横线与报体分开。报尾内容包括：主送单位、抄送单位、印刷份数等。

【例文一】

××省教育改革与发展工作
简　报

第15期

××省教育改革与发展领导小组办公室　　　　2005年10月12日

扩大办学自主权　推进绩效分配改革

——××州规范试点学校经费包干管理工作

为进一步扩大学校的办学自主权，建立有利于教育改革发展的绩效分配制度，规范公办学校经费使用工作，近日××州财政局、人事局、编办、教育局联合出台了《××州教育改革试点学校经费包干暂行办法》（以下简称《办法》），规定从2006年1月1日开始，对全州教育改革试点学校实行经费包干管理。

《办法》规定，经费包干将在坚持国家投入为主导，预算内外收入统筹安排，保障学校运转最低支出需求，搞活学校内部分配为原则的基础上，由财政通过一定的预算方法，对学校编制内人员工资、政策规定的工资性津贴、保证学校办学运转的基本公用经费和学校的预算外收入进行测算，合理核定学校的补助经费拨付学校包干使用，包干经费额度实行一年一定。教职工医疗补助、住房公积金、特困生补助、基建修缮补助，危房改造经费、农村中小学“两免一补”经费等专项经费不列入包干范围。

《办法》规定，包干经费中的人员工资，由人事部门按当年学校办学规模审核批准的学校教职员工编制、职级数测算财政应拨付的人员工资和政策规定的工资性津贴总额。人员工资计算不与学校实有人数挂钩，即增人不增经费，减人不减经费。学校的公用经费按实际在校学生人数根据省有关规定进行核算，属非义务教育阶段的学校，参照包干前学校公用经费的核定办法和标准进行测算，以保证学校的最低办学需要。

对于学校预算外收入，《办法》规定仍执行“收缴分离”和“收支两条线”管理原则，全部纳入部门预算，并按照预算内外资金结合使用、统筹安排。《办法》规定，义务教育阶段学校按规定标准收取的杂费、“一费制”收费中的杂费和学校勤工俭学收入不得用于绩效分配。学校取得的其他预算外收入，用于教职工绩效分配需报同级教育行政主管部门和财政部门专项审批。非义务教育阶段学校按物价部门核定的收费标准收取的预算外收入、按政策规定有专门支出用途的收入、勤工俭学收入也不能用于教职工的绩效分配。

其他预算外收入用于绩效分配的部分，实行绝对数和比例双控制，即：用于绩效分配的预算外资金不得超过当年收入数的40%，且绝对数人均不得超过6 000元。学校预算外资金用于个人分配的情况也必须报同级财政、人事、教育部门批准。

试点学校包干经费，由各级财政部门纳入预算，并直接核定到学校。《规定》要求试点学校必须加强财务管理，规范会计核算，严禁乱收费行为，努力提高教育教学质量，实现预定的教育发展和管理目标。各级财政部门要加强学校包干经费监管，规范学校的收支行为，督促学校管好、用好资金，最大限度地发挥效益。

【例文二】

××××学院

工　作　动　态

第　12　期

主办：行政办公室　　　　　　　　　　　　　　　　2005年11月10日

★我院2005年田径运动会隆重举行

★我院获准加入中国高等职业技术教育研究会

★××××学院2005年冬季田径运动会于2005年11月2日~4日在我院院本部举行。本次运动会共有××个分院参加。(略)。

（体育部提供）

★经过前期工作的开展，我院获准加入中国××××教育研究会，正式成为该会会员单位。

（科研处提供）

★2005年10月22~26日，院党委书记到西安参加中国××××教育研究理事会。会上听取了教育部职教司副司长的报告，参与讨论有关××××教育的现状、存在的问题和今后的发展方向等问题。

（院办提供）

报：省教育厅办公室、省教育厅高教处、省交通厅教育研究会

送：学院领导　　　　　　　　　　　　　　　　　　　　共印40份

二、规章制度

（一）规章制度的概念

规章制度是行政机关、社会团体、企事业单位所制定的、用于规范人们行为、具有法规性和约束力的规范性文书。它规定了人们应该做的、不应该做的或是应该遵守的事项，规定了职责范围、工作程序。

规章制度的应用范围很广，上至国家领导机关，下至基层单位，乃至社会生活的各个方面，都必须建立必要的规章制度，以保证各项工作、生产、生活有秩序、正常、协调地进行。

（二）规章制度的特点

1. 规范性

规章制度具有一定的强制性和行政约束力，一经颁布，便成为人们行为的规范，必须严格遵守，如有违反，要照章处理。

2. 条款性

为了便于记忆、引用、查找，规章制度一般采用条款方式表达，这样才能条理清楚，一目了然。一般按照制定的目的、依据、使用范围、实行条款、奖励及惩治办法、生效日期等顺序安排内容。

3. 周密性

规章制度是对人们的行为所作的规范和准则，因此，内容表达必须周密、严谨，用语必须仔细推敲，措词必须无懈可击，避免歧义的产生。

（三）规章制度的种类

规章制度是总称，它的种类很多，有以下几种：

1. 法规性规章制度

法规性规章制度是行政机关、社会团体、企事业单位对某些事项的处理或对某项法规、法律、法令的实施所作的规定，包括条例、规定、办法、细则等。

2. 规范性规章制度

规范性规章制度是行政机关、社会团体、企事业单位为本部门、本单位内共同遵守的准则所作的规定，常用于规范有关人员的行为，包括章程、制度、守则、通则、准则、规则等。

3. 规约性规章制度

规约性规章制度是一种面向社会，为规范社会成员所作的规定，包括须知、公约等。

（四）规章制度的写作

规章制度一般由标题、正文、落款三部分构成。

1. 标题

规章制度的标题一般由单位名称、内容、文种组成。如《首都人民文明公约》，单位名称是规章制度适用的单位。

2. 正文

规章制度的正文主要有两种形式：

（1）章条式。将规章制度的内容分成若干章，每章又分若干条。第一章是总则，中间各章叫分则，最后一章叫附则。

总则一般写原则性、普遍性、共同性的内容，主要内容包括：制定依据、制定宗旨和任务、适用范围、有关定义、主管部门等。

分则通常按事物之间的逻辑顺序，或按各部分内容的联系，或按工作活动程序以及惯例分条列项，集中编排。

附则的主要内容有：施行程序与方式、有关说明、施行日期。

（2）条款式。适用于内容比较简单的规章制度．一般开头说明缘由、目的、要求等，主体部分分条列出规章制度的具体内容。

3. 落款

在正文结尾后右下方写制定本规章制度的单位名称及发文时间年、月、日。如果标题已反映出这部分内容，末尾则不必再写。

【例　文】

首都市民文明公约

为发扬共产主义精神，树立新的道德风尚，特制定本公约：

一、热爱祖国，热爱中国共产党，热爱社会主义制度，热爱首都，热爱本职工作，同心同德建设“两个文明”。

二、文明礼貌，敬老爱幼，邻里和睦，不说脏话，不耍态度。

三、讲究卫生，不随地吐痰，不乱扔脏物。

四、遵纪守法，维护公共秩序，不起哄，不打架，不赌博，不酗酒。

五、爱护公共财物、山水林木、文物古迹、珍禽益鸟，植树栽花，美化首都。

六、勤俭节约，婚丧简办，晚恋晚婚，计划生育。

七、开展健康的文体活动，抵制淫秽书画及录音、录像，反对资本主义思想腐蚀。

八、对待外国友人热情友好，不卑不亢，落落大方。

本公约公布后，首都人民要共同遵守，互相监督，自觉执行。

【例文评析】

这是一篇规约性的规章制度，第一段简要说明了制定公约的目的，主体部分分八条对具体内容进行阐述，结尾提出希望。全文语言简明、通俗，便于执行。

第五节　会议记录、开幕词、闭幕词

会议记录、开幕词、闭幕词都是会议文书的文种。会议文书是围绕一个会议使用的，直接反映会议精神并为会议服务的一系列文书、材料的总称。

会议文书具有以下特点：

一是时间性。少部分文书形成、使用于会后，大部分会议文书必须按会议的进度撰写，以供会议期间使用。

二是成套性。会议文书往往是围绕会议的主要议题形成一整套为会议各个进程服务的系列文件。

三是多样性。会议文书的种类、格式、形成过程、效用都是多种多样的。

会议文书的种类有以下几类：

会务管理文书。指从会议的筹备到善后的一系列活动中形成和使用的文书。主要有会议计划、会议安排、会议通知、会议议程、会议指南等。

会议动态文书。分为两类：会议记录和会议简报。

会议主旨文书。体现会议主要议题，是阐明会议宗旨、目的、任务和要求的文书。主要有开幕词、闭幕词、会议工作报告、专题讲话、会议决定、决议、会议纪要、会议公报等。

另外，还有会议参考类文书和会议宣传礼仪类文书。

本节介绍会议文书中的会议记录、开幕词和闭幕词的写作。

一、会议记录

（一）会议记录的概念

会议记录是记载会议的基本情况、讨论发言、会议决议等内容的书面材料。它适用于一切会议，上至中央机关部门，下至基层单位班组，只要召开会议、研究问题、处理公务，都要求由专人做好会议记录。它是有关会议情况的笔录，是传达、贯彻会议精神，研究总结会议情况的凭证，也是检查会议决定执行情况的依据，同时还是日后备查的重要的原始史料。

会议记录通常记在事先印好的会议记录纸上，以便日后查考和存档。会议简报和会议纪要可以对会议记录进行一定的综合、提要，但不得对会议记录所确认的内容进行歪曲和篡改。可以说，会议记录是形成会议简报和会议纪要的基础。

（二）会议记录的特点

1. 原始性

会议记录是会议情况和内容的原始记录。所谓原始，就是未经整理、未经综合。会议简报和会议纪要也是真实的，但不是原始的。

2. 真实性

会议记录的执笔者与其他文章的写作有一个重要的区别，那就是他只有记录权没有创作权。与会者发言时说了什么就记什么，记录者不能进行加工、提炼，不能增添、删减。

3. 完整性

会议的时间、地点、出席人员、主持人议程等基本情况，对领导讲话与会者的发言讨论和争议形成的决议和决定等内容，都要完整地记录下来。

（三）会议记录的写作

会议记录一般由标题、会议组织情况、会议内容和会议结尾四部分组成。

1. 标题

会议记录的标题由三个要素组成：即单位名称、会议事由、记录名称。

2. 会议组织概况

主要写清楚开会时间、地点、出席人、缺席人、列席人、主持人、记录人。这些内容必须在会议主持人宣布开会之前写好。

3. 会议内容

会议内容是记录的主体，包括会议议题、领导的报告、讨论情况、形成的决议和主持人的总结等。这部分通常有详细记录和摘要记录两种方法。

4. 结尾

会议结束，要另起一行空两格写“散会”字样。在会议记录的右下方，由会议主持人和记录人签名，以示负责。

【例　文】

××××办公会议记录

时　间：××××年×月×日

地　点：××会议室

出席人：孙××（职务）、林××（职务）、武××（职务）、王××（职务）、×××、×××、×××、×××。

缺席人：×××（原因）

主持人：××（职务）

记录人：×××（身份）

一、报告：

（一）孙××（职务）介绍×××情况……

（二）主持人传达×××精神……

二、讨论：×××内容……

三、决议：

（1）……

（2）……

散会。

主持人×××

记录人×××

二、开幕词

（一）开幕词的概念

开幕词是宣告会议开始、交代会议议程、阐述会议宗旨的致辞。

（二）开幕词的写作

1. 标题

开幕词标题有如下几种写法：一是会议名称加文种“开幕词”构成，在标题下方注明日期，在日期下面正中署上致开幕词人的姓名；二是由开幕词人姓名、会议全称和文种构成，在标题下方标注日期；三是另拟主标题，以会议全称加开幕词作为副标题；四是只写文种，如《开幕词》。

2. 称谓

开幕词对称谓比较注意，应根据会议的性质和出席会议的人员来确定。

如按国际礼仪称“女士们”、“先生们”，在人代会上称“各位代表”，在党代会称“同志们”等。

3. 正文

开幕词的正文包括开头、主体、结尾三部分。

开头主要内容是宣布会议开幕。一般在称谓之后紧接着宣布大会开幕。开头部分必须单独列为自然段。

主体是开幕词的核心部分，通常包括三项内容：

（1）阐明会议的重要意义，概括说明与会议有关的形势及会议的目的。

（2）阐明会议的指导思想、主要议程和安排。

（3）对与会者提出希望和要求。

写作时，要紧扣会议中心议题，语言简洁概括，富有感染力。

结尾以简朴有力的富有鼓动性和号召力的语言作结，以期将大家的热情激发出来。

【例　文】

中国共产党第十二次全国代表大会开幕词

（一九八二年九月一日）

邓小平

同志们：

中国共产党第十二次全国代表大会现在开幕。

我们这次代表大会的主要议程有三项：（一）审议第十一届中央委员会的报告，确定党为全面开创社会主义建设新局面而奋斗的纲领；（二）审议和通过新的《中国共产党章程》；（三）按照新的党章的规定，选举新的中央委员会、中央顾问委员会和中央纪律检查委员会。

完成这次代表大会的任务，我们党对于社会主义现代化建设的指导思想就会更加明确，党的建设就能够更加适合新的历史时期的需要，党的最高领导层就能够实现新老合作和交替，成为更加朝气蓬勃的战斗指挥部。

回顾党的历史，这次代表大会将是党的第七次全国代表大会以来最重要的会议。

……

八十年代是我们党和国家历史发展上的重要年代。加紧社会主义现代化建设，争取实现包括台湾在内的祖国统一，反对霸权主义、维护世界和平，是我国人民在八十年代的三大任务。这三大任务中，核心是经济建设，它是解决国际国内问题的基础。今后一个长时期，至少是到本世纪末的近二十年内，我们要抓紧四件工作：进行机构改革和经济体制改革，实现干部队伍的革命化、年轻化、知识化、专业化；建设社会主义精神文明；打击经济领域和其他领域内破坏社会主义的犯罪活动；在认真学习新党章的基础上，整顿党的作风和组织。这是我们坚持社会主义道路，集中力量进行现代化建设的最重要的保证。

我们党现在已经是一个拥有三千九百万党员、领导着全国政权的大党。但在全国人民中，共产党始终只占少数。我们党提出的各项重大任务，没有一项不是依靠广大人民的艰苦努力来完成的。在这里，我代表我们党，向在社会主义现代化建设中辛勤劳动的全国工人、农民和知识分子，致以崇高的敬意，向保卫祖国安全和社会主义建设的钢铁长城中国人民解放军，致以崇高的敬意。

我国各民主党派在民主革命时期同我们党共同奋斗，在社会主义时期同我们党一道前进，一道经受考验。在今后的建设中，我们党还要同所有的爱国民主党派和爱国民主人士长期合作。在这里，我代表我们党，向各民主党派和无党派的朋友们，表示衷心的感谢。

我们党的事业得到了全世界进步人士和友好国家的支持和援助。在这里，我代表我们党，向他们表示衷心的感谢。

我们一定要兢兢业业地做好自己的工作，加强同全国人民的团结，加强同全世界人民的团结，为把我国建设成为现代化的、高度文明、高度民主的社会主义国家，为反对霸权主义，维护世界和平，推进人类进步事业，而努力奋斗。

三、闭幕词

（一）闭幕词的概念

闭幕词是在重大会议行将结束时，由有关领导人或德高望重者向会议所作的总结性讲话。它要对会议的组织与成果作出正确的总结和评价，如通常概括会议的议程、完成了哪些议题、做了哪些事情、与会者提出了哪些正确意见和合理化建议、今后任务是什么，等等。

（二）闭幕词的写作

1. 标题

闭幕词与开幕词相似，同一会议的闭幕词与开幕词标题一般要相适应。

2. 称谓

闭幕词使用称谓时与开幕词的情况一致。

3. 正文

闭幕词的正文包括开头、主体、结尾三部分。

开头用简洁的文字说明会议在何种情况下圆满结束或“胜利闭幕”。

主体包括两项内容：一是总结会议所完成的任务，肯定会议的成果；二是提出贯彻会议决议、会议精神的指导意义。

结尾通常是：“现在，我宣布：大会闭幕!”用以宣布会议结束。也有的对与会者提出希望和致以祝愿作结。

【例　文】

中国共产党第十二次全国代表大会闭幕词

（一九八二年九月十一日）

李先念

同志们：

我们党的第十二次全国代表大会，经过全体代表的共同努力，现在已经胜利地完成这次会议的历史使命。

这次代表大会，经过充分民主的讨论，一致同意胡耀邦同志代表党的十一届中央委员会所作的报告，并通过了相应的决议。党中央的报告，运用马克思列宁主义、毛泽东思想的基本原理，总结了六年来特别是十一届三中全会以来我国各条战线拨乱反正所取得的伟大胜利，分析了我国当前的政治和经济形势，提出了全面开创社会主义现代化建设新局面的方针任务，我们相信，坚定地沿着十二大指引的方向前进，我们党所领导的中国人民的社会主义事业，必将取得新的伟大胜利。

这次代表大会，经过全体代表的认真审议，一致通过了新党章。这个党章清除了十一大党章中“左”的错误，继承和发展了党的七大和八大党章的优点。它是党的历史经验和集体智慧的结晶，是在新的历史时期加强党的思想建设和组织建设的强大武器。应当指出，制定新党章还是比较容易的，严格地将它在全党贯彻执行就不是那么容易了。我们必须进行严肃认真的思想教育工作和组织工作，坚决按照党章的要求在全党整顿党的作风和党的组织，并且同一切违反党章的言论和行动作斗争，使共产党员真正成为人民群众的表率，把我们的党真正建设成为领导社会主义现代化事业的坚强核心。

这次代表大会，经过充分的酝酿和民主选举，产生了新的中央委员会。同时，选出了中央顾问委员会和中央纪律检查委员会。这样，十二大提出的方针任务的实现，就有了组织上的重要保证。在新的中央委员会中，既有久经考验的老同志，又充实了一大批比较年轻的同志。他们必将能够紧密团结，亲密合作，使新的党中央成为更加坚强的战斗指挥部。新设立的中央顾问委员会是由许多德高望重的老同志组成的，它一定会在政治上成为党中央的很好的助手和参谋，并在党的事业中发挥传帮带的作用。中央纪律检查委员会由党的全国代表大会选举产生，它的责任更加重大了。它对贯彻执行新党章，维护党的纪律，保持党的共产主义纯洁性，都要起到重要作用。在这里，我还要代表大会主席团特别是老同志，向新选进中央领导机构的中青年同志表示热烈欢迎。希望他们戒骄戒躁，谦虚谨慎，刻苦学习，勇敢地把党交给自己的任务担当起来，并且在工作中做出优异的成绩。

同志们！从这次代表大会到下次代表大会五年间，我们党的工作做得怎么样，这对于新时期总任务的实现，将发生关键性的作用。这次大会提出，在这五年间要实现三个根本好转，就是财政经济状况的根本好转，社会风气的根本好转，党风的根本好转，同时，我们还要同台湾同胞、港澳和外国侨胞一起，促进祖国统一的大业。要同全世界人民一起，为维护世界和平而斗争。这次大会结束后，我们一定要紧张地动员起来，在全党和全国各族人民中广泛深入地宣传十二大精神，组织全体共产党员、共青团员、工人、农民、知识分子、解放军指战员、干部和一切爱国公民认真学习十二大报告和新党章，认真学习邓小平同志的开幕词和叶剑英同志、陈云同志的重要讲话，使大会提出的方针任务家喻户晓，深入人心，同时要结合各地方、各部门的具体情况，采取切实有效的措施，扎扎实实地贯彻执行。

同志们！在我们为实现十二大提出的各项战斗任务而努力奋斗的过程中，我们一定要进一步加强全党的大团结，进一步加强全国各族人民的大团结。我们的伟大的社会主义事业，正在沿着马克思主义的正确航道胜利前进。我们相信，只要我们紧密地团结在党中央委员会的周围，振奋精神，埋头苦干，就一定能够驾驶我国革命和建设的巨轮，一步一步地达到我们伟大的目标。

在我们这次代表大会召开期间，所有为大会服务的同志们，包括做秘书、总务、警卫、医务和生活服务工作的同志，做文件起草、文件翻译、宣传报道、通讯联络和印刷工作的同志，都日夜操劳，辛勤工作，北京市人民为大会的顺利进行也作出了贡献。在这里，我代表大会主席团向他们表示衷心的感谢。

现在，我宣布：中国共产党第十二次全国代表大会胜利闭幕！

综合练习

一、填空题

1. 计划的特点是具有__________、可行性、__________。

2. 常用的调查方法有：____________________。

3. 调查报告可从__________和报告两方面来研究。应该说，没有________就没有__________就谈不上报告，因此__________是报告的基础，报告是__________反映。

4. 简报的特点是：快、新、简、实，所以写简报要注意文字__________、__________，切忌__________、____________、__________。

5. 总结和计划有密切关系，总结是计划执行的__________，写在计划执行之__________；新计划是上阶段总结的__________，写在上阶段总结的__________。，

二、选择题

1. 规章制度的特点是______。

（1）具有预见性、规定性、指导性

（2）具有针对性、条款性、强制性

（3）具有典型性、强制性、指导性

（4）具有条款性、法规性、周密性

2. 规章制度用语的要求是______

（1）生动、朴实、庄重

（2）庄重、准确、朴实

（3）准确、规范、朴实

（4）准确、规范、庄重

3. 计划的标题，一般包括______。

（1）适用期限、单位名称、计划内容、计划名称

（2）单位名称、适用期限、计划内容、计划名称

（3）适用期限、单位名称、计划名称、计划内容

（4）单位名称、计划内容、计划名称、适用期限

4. 总结的内容从逻辑构成来看，可以归纳为这样一个基本公式______

（1）做了什么→怎么做的→今后怎么做

（2）做什么→怎么做的→做到什么程度

（3）做了什么→谁做的→做到什么程度

（4）做什么→谁做的→今后要怎么做

三、写作练习

1. 请根据自己的学习情况写一份近期学习计划。

2. 根据自己学习计划的完成情况写一份总结。

3. 制定一份宿舍文明公约。

4. 采用个别访问、问卷调查或其他方式，对自己的同班同学作一个兴趣爱好情况的调查，根据所收集的资料撰写一份调查报告。

第四章　经济类文书

第一节　经济文书概述

一、经济文书的概念

经济文书是在经济活动中形成和发展的、为现实经济生活服务的、具有特定惯用格式的应用文书。它记载和反映了国家、企业、个人的经济信息，是经济活动中的重要凭证，是沟通经济活动信息、提高经济效益的管理工具。

二、经济文书的特点

1. 专业性

写作经济文书要以国家经济政策、法律法规和经济科学理论为指导，在了解客观实际经济活动的基础上，总结或分析现实的经济业务活动规律或发展趋势，所以，写作经济文书，必须具备一定的专业知识。

2. 时效性

市场经济是瞬息万变的，所以，为决策层提供经济信息和决策依据的经济文书应当及时、快速地反馈给决策部门，否则将失去意义。

3. 准确性

经济文书是为决策层提供经济信息和决策依据的，因此，就必须真实准确地反映客观经济情况，所使用的材料切忌主观臆造或夸张，所使用的数据资料必须准确，而且要以科学的态度分析数据，尽可能地反映经济活动的本质规律。

第二节　市场调查报告

一、市场调查报告的概念

市场调查是根据一定的目的和要求，对商品市场的现状、发展趋势进行调查研究、综合分析的书面材料，甚至包括一切与企业经营活动有关的情况调查、分析和研究。

市场调查是对市场进行现状调查分析研究，提出有针对性意见的书面材料。因此，市场调查报告一定要进行实际调查，取得大量的调查数据及资料，并对其进行系统、科学的分析。

二、市场调查的特点

市场调查具有实践性、针对性、时效性和科学性的特点。

三、市场调查报告的种类

1. 按服务对象分

分为市场需求者调查报告（消费者调查报告）、市场供应者调查报告（生产者调查报告）等。

2. 按调查范围分

分为国际市场调查报告、国内市场调查报告和区域性市场调查报告等。

3. 按调查时间分

分为长期市场调查报告、短期市场调查报告和临时市场调查报告。

4. 按调查对象分

分为商品市场调查报告、房地产市场调查报告、金融市场调查报告、投资市场调查报告等。

四、市场调查报告的作用

市场调查报告的作用体现在：为决策者提供材料或依据；为经营者和消费者提供经验或教训。

五、市场调查报告的调查方法

一般工作调查的方法有普查、典型调查、重点调查、抽样调查、随机调查、访谈调查、实验调查、统计分析法等。

六、市场调查报告的写作

市场调查报告的结构一般分为标题、正文、结尾三部分。

1. 标题

市场调查报告标题常见的形式有新闻标题式、文章式标题。

（1）新闻标题式。一般由作者、事由和文种三部分组成。完整的标题一般有引题、正题和副题构成。例如：《应当引起注意的社会问题——大学生的高消费——关于××大学学生消费情况的调查报告》；也可以只有正题和副题构成，例如：《公交提速初见成效——2005年昆明市城市道路“公交优先”情况调查》；还可以只有正题，例如：《2005年昆明市大学生人才就业情况调查》。

（2）文章标题式。标题能够概括突出主题，使人一目了然，例如：《2005年昆明市大学生人才就业情况调查》、《本月昆明市私家车突破60万辆》。

2. 正文

市场调查报告的正文分为开头、主体、结尾三部分。

（1）开头。可以概括总结，简单明了地介绍基本情况。可以采用说明式、议论式、结论式的方法，对调查的时间、地点、对象、经过、方式做说明介绍；也可以对调查的问题给予一定的评价议论或者提出作者的结论。

（2）主体。主体是正文的关键部分，一般有以下三方面内容：情况介绍、分析或研究、建议或措施。

（3）基本情况。这部分是文章的主体部分，应当中心突出、材料翔实，条理清楚。

3. 结尾

市场调查报告一般要有结尾，可以简洁地对调查的问题做一个收束总结，对问题有一个结论，体现出文章的完整性。另外，在文章的尾部，还必须署上作者的单位、姓名和日期。

【例文一】

关于当代青年消费问题的调查报告

中国青少年研究中心联合北京、上海、广州、山东、辽宁、黑龙江等6个省市青少年研究所和广西壮族自治区团校，最近在全国9个省、市、自治区对青年人的消费观念、消费现状与趋势、消费结构进行了大规模调查。

青年消费观念变化

如今青年的消费观念发生变化，以往视“粗茶淡饭、节衣缩食”为美德的观念淡化了，许多青年注重“吃要讲营养，穿要讲式样，玩要讲多样，用要讲高档”。因此，在调查中问及年轻人对这个“四讲”问题怎样评价时，来自年轻人的反馈是：认为“符合现代生活方式”的占42.6%，认为“不合中国国情”的占21.3%，认为“助长好逸恶劳”的占7.2%，认为“容易引入高消费误区”的占23.9%，回答“说不清”的占6.1%。这表明当今相当多年轻人的消费观念已经发生变化，有42.6%的人向往“四讲”的生活方式，但对“四讲”的生活方式持怀疑和否定态度的人数也多达62.4%。

消费现状与趋势

1. 饮食日益注重营养。在“您对饮食最注重的是什么”的问题中，年轻人回答“讲究营养”的人数占40.4%，为“方便省事”的占26.3%，“吃饱就行”的占23.4%。

2. 穿着注重方便舒适。在年轻人对“您对服饰穿着注重的是什么”的问题的回答中，多达66.9%的年轻人把“穿着舒适”列为主要目标。

3. 沿海地区年轻人买大件消费品趋向高档化。据一些大城市及沿海经济发达地区调查，年轻人高档消费的指向产品，依需求人数比例的高低排列的顺序是：立体声音响(46.8%)、空调机（40.6%)、彩色电视机（39.7%)、摩托车（37.6%)、电冰箱(31.6%)。

据调查分析，电脑、打字机和小汽车等很可能在本世纪末、下世纪初列入新“三大件”。

广东、上海、北京年轻人彩电需求已被排在第五六位，排在第三位的是电脑、打字机或摩托车，而广西、山东、吉林、黑龙江等省（区）彩电仍居“三大件”之首。广东、上海、北京年轻人今天的消费指向将是其他地区年轻人明天的消费趋向。

消费结构失衡

在调查中发现，现在年轻人的消费结构有两点失衡之处：一是物质消费增长很快，精神消费则严重滞后；二是在精神消费中重娱乐消遣，轻读书学习。

据对9省、市、自治区的调查，年轻人中“基本不买书和报”的人占被调查人数的12.6%，“偶尔买点”的人数占26.4%，把“购买书报列为每月固定支出项目”的却只有9.9%；家中“基本没有藏书”（藏书在60册以下）的年轻人多达34%，而“拥有100册以上藏书”的人仅占28%。这种情况令人忧虑。消费结构失衡，不利于青年一代健康成长。因此，结合加强爱国主义教育，鼓励和引导年轻人多读书、读好书，应当受到社会各界的关注。

（摘自《市场报》1994年11月9日）

【例文二】

企业看好知识型高技能人才

——关于毕业生就业的调查

2008年1月25日，无锡市毕业生双选交流会上人头攒动。

随着我国高等教育走向大众化，越来越多的专科学校升格为本科院校。然而，部分应用型本科院校在办学类型上，片面追求重学轻术（职业）；在办学层次上，片面强调层层攀高；在办学规模上，片面认为越大越好；在学科定位上，片面要求综合求全；在办学目标上，更是片面崇尚世界一流。上述做法造成单一化的发展方向与多样化的人才需求的矛盾。

针对应用型本科培养与就业中的一系列问题，为了了解用人单位对应用型本科生培养的意见和建议，近日，××××大学面向××市部分大中型用人单位，从毕业生就业的角度出发进行了问卷调查。

此次调查共发放问卷137份，实际回收137份，参加调研的企业包括英××、贝×××、可×××、夏×等国内外知名企业。在接受调研的137企业中，国有企业有43家，占31.39%，中外合资企业有31家，占22.63%，独资企业51家，占37.22%，事业单位3家，占2.19%，集体企业4家，占2.92%，民营企业5家，占3.65%。

对于“是否需要应用型本科毕业生”这一问题，有65%的受访企业选择了“需要”，仅有4%的企业明确表示“不需要”，另有31%的企业表示“可以考虑”。而对于职位的需求上，42.11%的受访企业表示在技术性工作职位上需要本科生，在行政和一线基层职位上对本科生有需求的企业各有15.79%，另有13.16%和10.52%的企业需要本科生从事管理与研发职位。由此可见，企业更看好知识型高技能人才，也从另一角度表明了应用型本科生在就业市场中具有竞争优势。

以上数据表明，具备全面的知识、能力和综合素质，面向生产、建设、管理、服务第一线的高级应用型专门人才，也就是应用型本科人才是就业市场的宠儿，在就业竞争中具有相当的优势。企业选择的前三位分别是工程师、基层管理人员和现场工程师，随后则是研发人员、技术员和一线技术人员。

调研结果显示，企业最看重的三项素质依次是综合能力、团队协作与敬业奉献，选择的比例分别是 20.47%、19.29% 和 15.53%，随后才是专业技术和外语水平，分别是 13.18% 和 11.06%。企业看重学生的综合能力，其中包括了学习能力、逻辑分析能力、执行能力、组织能力、人际交往能力等很多方面，而团队协作精神和敬业奉献虽然看似基本，但也是学生必须具备的素质。

目前，面对就业形势严峻的压力，通过总结本科教育的经验，我们对应用型本科教育有了更加科学的认识。在这种条件下，大力开展应用型本科教育是缓解大学生就业压力，解决大学生就业难问题的必由之路。进行应用型本科教育，培养应用型本科人才是大势所趋。高校（尤其是应用型大学）必须按照市场的需求，加大培养应用型人才的力度。

首先，应用型本科教育的培养目标主要指向技术师、工程师、基层管理人员等。经过应用型本科教育的毕业生具备相应领域的综合职业能力和全面素质，毕业生在基础理论、专业理论知识和实践技术技能各方面具有应用和复合特征，适应了社会发展的需要。

其次，应用型本科教育强调以教会学生掌握技术应用能力或胜任工作岗位任务为主线设计培养方案。使毕业生掌握某一职业岗位或某类技术岗位所需要的理论知识和技术技能，具有分析解决一般实际问题和应用研究能力，具有基础理论适度、技术应用能力强。

再次，应用型本科教育依托产学研的结合。学校与社会用人部门紧密联系，师生与实际劳动者紧密联系，以市场为导向，理论联系实际，进行产学研结合和合作。这是培养高层次应用型人才的基本途径。

【例文三】

关于大学生就业期望的调查报告

中国天津某人力服务中心高校部与某报联合对 150 名 2007 年高校毕业生做了一份"就业期望调查问卷"。调查结果显示，目前，应届大学生最希望得到的就业帮助是有关职业能力方面的指导。在求职上，53% 的大学生越来越珍惜第一次工作的机会。41% 的大学生期望自己的第一份薪金在每月 1500 元至 2000 元。教师、公务员成为众多大学生青睐的职位。

大学生需要"恶补"职业能力

调查问卷显示，46% 的大学生最希望得到职业规划、就业政策咨询等方面的职业能力指导，有 43% 的大学生希望得到招聘机会。对此，某某高校部刘 XX 部长介绍，现在就业形势确实很严峻，但毕业生们主观上也存在一些问题，最关键的就是缺乏求职能力。比方说，很多学生在校期间根本没有职业意识，只是单纯地学习一些理论知识，和社会完全脱节，根本没有想过"学以致用"。同时，还有的学生连如何写简历、写求职信都不会，不懂得如何突出自己的优势。这些都是毕业生们需要"恶补"的地方，所以很有必要对他们进行系统科学的职业指导。

专家提示：学生在校期间应该首先熟悉一些岗位，看看岗位对人才有哪些素质要求，然后有的放矢地来充实自己。

求职方式比较单一

在选择“觉得哪种求职方式最有效”时，有69%的大学生选择“与用人单位面对面进行接触”；15%的人选择“现场招聘会”。大学生们对于网上招聘会表现出的兴趣不大，认可度只有2%。对此，人力资源专家分析，很多大学生认为必须与用人单位面对面接触才能够加深彼此的印象，从而增加求职的成功率。其实，从求职成功概率上来说，与用人单位接触也未必就能提高就业成功率。从实际经验上分析，像现场招聘会、通过熟人介绍等都是就业成功的不错渠道。

专家提示：求职也要多条腿走路，网络、现场、社会关系一个都不能少。

大学生就业心理越来越务实

现在的大学生越来越珍惜第一次就业的机会。调查问卷显示，有53%的大学生希望谋取的第一份工作能够稳定在两三年内不发生改变，有37%的大学生选择第一份工作会在一年之内做出调整，只有10%的大学生希望第一份工作能够稳定在3年以上。人力资源专家分析，从调查结果看，更多的大学生希望自己的工作更为稳定，就业心理也比以前趋于成熟。以前，大学生把第一次求职看得无所谓，现在的大学生更多的是希望自己能在一个岗位上稳定一段时间，以便能积淀一些成熟的工作经验，这样的变化是可喜的。

专家提示：很少有用人单位希望当“播种机”，有稳定的就业心理的大学毕业生，会得到越来越多单位的认可。

大学生期望月薪价位偏高

调查问卷中，将大学生第一份工作期望得到的基本月薪分为800元、1000元至1500元、1500元至2000元、2000元以上四个档次，结果有41%的大学生希望第一份工作能够得到的基本月薪在1500元至2000元；有28%的大学生选择1000元至1500元，选择2000元以上的比例为27%，仅有4%的大学生认可月薪800元的事实。对此，人力资源专家表示，从大学生的选择结果看，大学生对于第一份工作的月薪期望值略微偏高一些，从所在市一些企业对于大学生的起薪标准看，目前，本科生的价位在月薪1200元－－1500元左右。给刚出校门的大学生超过2000元的月薪，很多用人单位从心理上讲还是不太认可。

专家提示：纯粹的以收入定职业是大忌，要看到职业的发展前景、个人的发展空间，只有喜欢的而又适合的才是最好的。

教师、公务员职位受宠

在调查问卷中，有38%的大学生将希望得到的第一个职位锁定在教师、公务员上，其次是企划类、管理类的职位各占21%。而大学生们最不愿意做的职位就是市场营销类，150名学生中只有3名学生接受营销类的职位，占总票数的2%。专家分析，学生们青睐教师、公务员的职位，跟社会的大环境有关系。目前，教师与公务员的工作都是属于比较稳定的类型，而且收入属于社会的中上等，这是吸引学生们的重要原因。而营销类的职位对于刚出校门缺少人脉的大学生来说，出成绩很难，而且工作的稳定性差，因此一般不被学生看好。

专家提示：不论从事“冷门”还是“热门”职业，只要认真努力地工作，你也能找到一片属于自己的天空。

民营、私企受冷落就业观念偏保守

在选择最想去的企业性质时，有40%的大学生将目光投向了事业单位，有28%的大学生选择到外资企业工作，有8%的学生选择到政府机关，仅有7%的大学生选择民营和私企。对此，人力资源专家分析，这还是跟大学生就业希望稳定有关。民营、私企的稳定信誉度肯定不如事业单位好，而且，事业单位的各方面福利待遇是吸引大学生的重要原因。但是，大学生也不要以偏概全，毕竟只要选择好了，民营、私企对于个人还是有很大的发展空间的。

专家提示：大学生在就业时一定要转变传统的“精英就业观念”，树立“大众化就业观念”。从国营向民营的转变、从白领向蓝领的转变、从“精英学子”到“普通员工”。

第三节　市场预测报告

一、市场预测报告的概念

市场预测报告是在正确理论指导下，对市场的历史和现状进行系统、科学、周密的考察、分析和研究，总结经验和教训，探索市场发展的趋势和变化规律，作出定性、定量的结论，提出针对性的措施与决策的一种报告。

二、市场预测的方法

市场预测的方法主要有定性与定量两种方法。

1. 定性预测法

通过对市场进行客观的调查研究，对未来市场发展趋势作出主观的预测叫定性预测法。这种预测方法只有建立在预测者具有丰富的经营经验和尽可能了解更多的市场变化的数据情报资料之上，才有可能对未来市场发展的性质和趋势作出合乎实际的判断。

2. 定量预测法

通过对市场需求未来发展作出商品数量预测的方法叫定量预测法。它是根据比较完备的市场资料，用统计分析、数学运算进行科学的计算而得出结果的方法。

三、市场预测报告的写作

1. 标题

市场预测报告的标题内容包括预测对象、预测时期、预测范围、文种四方面的内容。标题的写法也有四种形式。一是包括预测对象、预测时期、预测范围、文种四方面的内容；二是由预测对象和文种组成；三是提问式标题；四是标题点出预测的结果。

2. 正文

市场预测报告的正文一般由前言和主体两部分组成。

(1) 前言。简明扼要地介绍预测内容的意义和作用；交代预测的原因或者初步揭示预测的结论。

(2) 主体。市场预测报告的主体一般包括情况、预测、建议三个部分。

情况部分。运用有代表性的信息资料和数据对市场的历史及现状进行简要说明，对预测提供充分、有力的依据。

预测部分。这是市场预测报告的重点。要运用科学的预测方法和逻辑推理，对情况部分提供的历史及现状资料进行分析，对预测对象的未来发展趋势进行判断，提出预测结论。

建议部分。在预测结论的基础上，确定发展战略，提出建议或对策。

署名。应署上作者姓名或集体、单位名称，以示负责。

四、市场预测报告的写作要求

1. 及时

市场的商机稍纵即逝，市场预测就应及时把握，错过机会，预测就失去了价值。

2. 准确

准确是相对的准确而不是绝对准确。因为，市场是在运动变化的，要预测完全准确是不可能的，但应尽力做到准确。

3. 新颖

市场虽然是在运动变化的，但它是有一定规律的，因此，预测要高瞻远瞩，认真分析研究，紧紧把握未来发展的必然规律，作出崭新的预测。

【例　文】

通信设备市场预测

1. 电话机、传真机

由于电话容量和长途交换路端的增加，电话机、传真机等通信终端设备也十分看好。我国每年内销电话机约在1 000～2 000万部之间，国内市场很大。目前，由于生产电话机的厂家过多，已经出现供过于求的状况。在激烈的竞争中，只有那些外观新颖、功能先进价格便宜的产品才能最终取胜。预计 1995 年国内市场电话机的需求量将在1 500万部左右，传真机的需求量在60 万部左右。

2. 移动通信设备

蜂窝式移动通信网是20 世纪90 年代我国新兴发展的电话网，目前已发展用户近 70 多个，全国近四百个城市开办了此项业务。到 2000 年我国将建成 500 多个移动通信交换局、10 000多个基站，约30 000个信道，发展移动通信用户 800 万多个。蜂窝移动通信将覆盖全国人口密集的地区，覆盖率将达到 80% ～90%。据分析，目前国内每年需要增加蜂房无线电话 20 万套以上，但因为许多开通“大哥大”的地区和城市多采用大区制，基站数量少，信道严重不足，每年只能开放 8～10 万套。预计 1995 年市场需求将与 1994 年大致持平。目前，这一领域，进口设备和国内合资生产产品的竞争十分激烈。

BP 机作为一种价廉的移动通信设备有着广阔的市场前景，自 1984 年开办到 1993 年，年均增长速度达到 150%，遍布全国各省市。目前全国有1 500个城市开办了此项业务，用户达 700 多万，我国无线寻呼已发展成为仅次于美国日本的世界第三大网。预计 1995 年市场需求量约为 150～170 万部。

（选自《现代文秘写作实用范例》，青岛出版社2005年版）

【例文评析】

本文是以通信设备为市场研究对象，对电话机、传真机、移动通信设备的发展趋势作出科学预测的市场预测报告。标题简洁，省略了前言，主体部分分析清晰，数据充分，推论严密，令人信服。

第四节　可行性研究报告

一、可行性研究报告的概念

可行性研究报告是在新项目、新技术开始准备的前期，对拟订开发的新项目、新技术所涉及的具体内容，进行技术论证和经济评价的书面报告。包括对其客观条件与未来前景进行必要的分析论证。

二、可行性研究报告的特点和作用

可行性研究报告具有科学性、研究性、综合性和可行性的特点。

可行性研究报告的作用从根本上说，就是为项目的决策者提供理论论据和可行理由的决策依据。

三、可行性研究报告的写作

可行性研究报告的结构由标题、正文、结尾、附件几部分组成。

1. 标题

可行性研究报告的标题由单位名称、项目名称和文种构成。大型的可行性研究报告设有封面，封面包括项目的名称、编制单位的名称、成文时间。

2. 正文

正文是可行性研究报告的主体部分，分为三个部分：开头、主体、结尾。

（1）开头。开头是总的内容和项目的说明介绍。一般要求介绍项目的背景资料、经济意义、理论依据、采用的分析方法和必要性。

（2）主体。可行性研究报告的主体包括以下几个方面内容：

1）市场调查情况。根据市场调查情况来论证项目的必要性和可行性。

具体内容包括：现有项目产品情况。即：现有项目产品的生产情况、产品的市场需求、市场销售情况、项目拟建规模、预计的生产能力、市场销售预测、产品竞争能力和市场占有份额等。还包括项目相关情况。例如：原材料供应、能源情况、基础设施、公用设施情况等。

2）地址的选择。

3）技术与设备。包括项目的设备来源、采用的技术、产品的生产方法、工艺流程、辅助设施、对原有固定资产的利用情况等。

4）生产组织、人员管理和人员培训。

5）环境保护的措施。

6）资金的概预算和来源。

7）经济效益分析。对投资方案的现金流量、投资回收期、投资报酬率、净现值及现值指数进行分析，对可能的盈亏情况作预测分析。

8）建议。在实际编写可行性研究报告时，要将该方案涉及的问题逐一分析清楚，又要依据实际情况的不同有所侧重。

3. 结尾

可行性研究报告的结尾是整篇研究报告的概括和总结。作者在该部分要对论证的提议和项目表明自己的态度，对重点问题及关键性内容要再次强调，以证实报告的可行性。

4. 附件

可行性研究报告的附件，是指与项目相关的国家法律法规和政策文件、原始的调查资料、统计图表、设计图纸等资料。附件作为可行性研究报告的不可或缺的一个重要组成部分，不可省略。

四、可行性研究报告的写作要求

撰写可行性研究报告要做到：调查全面深入，材料要真实准确，论证条理清晰，分析科学合理。

【例文一】（参考格式）

可行性研究报告内容结构示例

封面一

×××县城××××公路工程

可行性研究报告

云南省××××勘察设计研究院

二〇〇五年十二月

封面二：

×××××××县城公路工程

可行性研究报告

主 办 单 位：云南省××××勘察设计研究院

工程设计证书编号：123456

等　　　级：乙　级

项目负责人：×××（高级工程师）

参 加 人 员：×××（高级工程师）

××（高级工程师）

×××（高级工程师）

×××（高级工程师）

×××（工程师）

××（工程师）

××（工程师）

×××（工程师）

××（工程师）

×××（助理工程师）

××（技术员）

×××（技术员）

参 加 单 位：×××市交通局

××××县交通局

1. 主要经济技术指标表 …………………………………… 共1页
2. 路线平纵缩图 …………………………………… 共1页
3. 路线区域地质构造图 …………………………………… 共1页
4. 路线区域地震震级图 …………………………………… 共1页
5. 路基标准横断面图 …………………………………… 共1页
6. 路基一般横断面 …………………………………… 共1页
7. 特殊路基处理图（浅层软基） …………………………………… 共1页
8. 路面结构布置图 …………………………………… 共1页
9. 桥梁布置图 …………………………………… 共10页
10. 隧道布置图 …………………………………… 共3页
11. 路基路面排水一般构造图 …………………………………… 共4页
12. 挂网喷射砼锚固边坡设计图 …………………………………… 共1页
13. 拱形护坡设计图 …………………………………… 共2页
14. 其他网格护坡设计图 …………………………………… 共1页
15. 挡土墙一般构造图 …………………………………… 共1页
16. 平面交叉布置图（标志图） …………………………………… 共5页
17. 拦沙坝示意图 …………………………………… 共1页
18. 沿线筑路材料供应示意图 …………………………………… 共1页
19. 占用土地数量估算表 …………………………………… 共1页
20. 折迁建筑物数量估算表 …………………………………… 共1页
21. 折迁电力电讯数量估算表 …………………………………… 共1页
22. 路基土石方数量估算表 …………………………………… 共1页
23. 特殊路基处理数量估算表 …………………………………… 共1页
24. 路基防护工程数量估算表 …………………………………… 共1页
25. 路面工程数量估算表 …………………………………… 共1页
26. 路基边坡防护工程数量估算表 …………………………………… 共1页
27. 大、中桥工程数量估算表 …………………………………… 共1页
28. 小桥工程数量估算表 …………………………………… 共1页
29. 涵洞及通道工程数量估算表 …………………………………… 共1页
30. 隧道工程数量估算表 …………………………………… 共1页
31. 平面交叉数量估算表 …………………………………… 共1页
32. 立体交叉数量估算表 …………………………………… 共1页
33. 其他工程数量估算表 …………………………………… 共1页
34. 筑路材料料场调查表 …………………………………… 共1页
35. 投资估算表 …………………………………… 共31页

【例文二】

云南××××职业技术学院增设旅游管理专业的可行性论证报告

一、设置旅游管理专业的必要性

云南省是一个多民族聚居的边疆省份，神奇秀丽的自然风光、良好的气候条件、26个民族聚居长期形成的多元文化，使云南具有得天独厚的自然旅游资源和人文旅游资源，成为全国主要的旅游地之一。旅游业就成为云南重要的支柱产业之一。2004年，我省旅游总收入369.3亿元人民币，比上年增长20.4%；接待国内游客6010.6万人次，国内旅游收入334.08亿元人民币，分别比上年同期增长16.3%、20.1%；接待入境游客110.1万人次，旅游外汇收入4.22亿美元，分别比上年同期增长10.1%、24.1%。旅游业占GDP的比重为5.9%。2005年预计旅游总收入将突破400亿元人民币，接待入境游客140万人次，实现旅游外汇收入5.1亿美元。云南的旅游业，作为全省的"五大支柱产业"之一，自1998年来的五年中，实现了持续快速健康的发展，产业体系已基本形成，支柱产业作用初步显现，旅游业在全省国民经济中的地位和作用日益增强。

云南省经过多年来对旅游业的大力投入和培育，使旅游基础设施建设取得了突破性的进展，创建了一批知名度较高的精品景区景点，全省目前已拥有国家级和省级文明风景旅游示范点14个；拥有10个国家级风景名胜区，1个国家旅游度假区，位居全国第三；有48个省级风景名胜区，6个省级旅游度假区，面积达1.3万平方公里，为我省国土面积的3.3%，其比例位居全国前列；有昆明、大理、丽江、建水、巍山五个中国历史文化名城；有保山、腾冲、威信三座省级历史文化名城。全省经各级人民政府正式审定的重点文物保护单位1 344个，其中国家级17个、省级102个，旅游综合运输和服务体系不断完善，形成了相对于西部其他省区较为完整的产业体系和基础设施，为云南"十五"旅游业发展奠定了良好的基础。根据世界旅游组织预测，到2020年，中国有望成为世界最大的客源接纳国，世界上最大的旅游目的地，接待国际旅游者将达到1.37亿人次，占世界市场总份额的8%。同时，随着我国国民可支配收入和闲暇时间的增多，国内旅游需求日益扩大。这将为我省旅游业提供更大的发展空间，因此，开设旅游管理专业具有广阔的前景和发展空间。

二、云南旅游管理专业人才需求状况分析

随着云南省旅游业的进一步发展，旅游行业仍然需要大量高素质的专业旅游人才。旅游的发展对我省旅游人才的需求提出了更高的要求。2005年8月22日在瑞士洛桑奥林匹克博物馆举行的"2005中欧旅游论坛"大会上，我省的昆明和丽江获得了"欧洲游客最喜爱的中国旅游城市"奖杯，全国一共评选出10个获奖城市，云南成为唯一有两个城市获奖的省份。这说明，云南的旅游业的发展前景十分光明。旅游市场需求多元化时代已经到来，区域性市场竞争和集团化趋势愈演愈烈，旅游市场格局的新变化，对我省旅游人才的需求提出了更高的要求。因为，旅游业的发展已经不仅仅只是涉及旅游业自身的单一发展，今后旅游产业对全省产业结构调整、交通建设、服务业发展、脱贫致富、缓解就业压

力以及对外开放等等方面都具有重要的影响。因此，我省旅游业就迫切需要大量高素质、专业化、应用型人才。尽管目前云南已经有一些大专院校开办着旅游方面的各种专业，为云南培养着一定数量的旅游业人才，对云南旅游的发展起到了一定的积极意义，但仍然满足不了云南对高级旅游专门人才的需求。

为云南培养高素质、专业化、应用型的旅游人才，仍然是云南高等院校今后相当长一段时间内的主要办学目标。培养高级应用型人才，职业技术学院具有更加突出的特点和优势。因为高职教育是以培养高级技术应用型人才为目标的教育。职业技术学院的性质和特点就是为适应某种职业需要而进行的专门知识、技能和职业道德的教育，使受教育者成为社会职业所需要的应用型人才。

三、设置旅游管理专业的软硬件条件

云南××××职业技术学院是一所培养适应生产、建设、管理、服务第一线需要，德、智、体、美、劳全面发展的高级应用型人才的公办职业技术学院。它在积极构建具有高职特色的人才培养模式，并朝着"省内一流，国内知名"的高职院校目标奋进，正成为云南高等应用型人才培养的重要基地。

在此基础上，学院的发展也在向多元化、多层次的办学方向迈进。学院有五个主干专业的人才培养模式列入了厅级的科研计划。最近几年，学院先后开发了"建筑材料检测"、"建筑工程管理"、"会计与审计"、"汽车技术服务与营销"、"计算机应用技术"、"人力资源管理"、"连锁经营管理"等专业，为云南经济建设培养了越来越广泛的人才。因此，利用学院现有的教学资源开发旅游管理专业的条件已经成熟。

随着我国旅游业的迅速发展，高级管理人才的数量需求将不断增加，质量标准也会不断提高。我省旅游的长期、快速、稳定的发展，带来了该领域高素质专业人才市场的扩张和就业机会的扩大，许多青年学生把实现自己理想和抱负的心愿寄托在云南旅游事业和相关产业上，他们以能参加我省的旅游事业为自豪，同时也对毕业后的就业之路充满信心，他们希望成为我国加入世贸组织后，旅游行业中所需要的中高级管理人才，为促进我省旅游业快速持续发展作出贡献。因此，开设旅游管理专业的生源是有保障的。

综上所述，我院已经具备开办旅游管理专业的基本条件，能够保证学生的教学质量，使旅游专业的学生进得来，出得去，用得上，预期的市场需求前景令人乐观，将来的就业前景十分广阔，同时对学院的持续发展也将起到积极的推动作用。

四、旅游管理专业筹建与规划情况

为了开设旅游管理专业，学院已经在多方面做了大量的前期准备工作。通过语文教研室筹划此专业，编制科学完善的教学计划，相关教材、实训基地正在筹建，联系相关院校旅游管理专业专家、教授的工作正在有条不紊地进行。

充分整合利用学院现有教学设施和实验室为学生学习提供条件；联系省内外的著名的旅游景区景点和宾馆饭店作为学生实习实训基地，开展国家职业资格认证的导游、公关员、秘书等的等级考试培训；建设"公关礼仪与接待工作室"、"会展中心筹办培训工作室"等，以适应今后此专业就业环境下的各种工作环境与实际工作需要，为专业的开办做好硬件和软件的准备工作。

综上所述，根据我院现有办学条件、师资力量及发展规划，教育部对高职高专院校的教育的大力投入与支持，我院完全有能力增设旅游管理专业，满足社会需求，达到学院的办学目的。

云南××××职业技术学院
二〇〇五年十一月三十日

附件：（共四份）（略）

第五节　经济活动分析报告

一、经济活动分析报告的概念

经济活动分析报告是在调查研究的基础上，根据计划、会计、统计工作的报表资料，以及经调查研究所掌握的情况，对本部门或本单位的经济活动状况进行综合或专题分析而写出的文字资料。经济活动分析就是以经济理论和经济政策为指导，根据计划指标、会计核算、统计资料的分析研究和通过调查所取得的有关资料为依据，对某地区、某行业、某部门的经济活动状况进行分析的行为。因此具有一定的目的性、科学性和针对性。

二、经济活动分析报告的特点

经济活动分析报告具有目的性、指导性、总结性、分析性、科学性、针对性的特点。

三、经济活动分析报告的种类

经济活动分析报告可以根据不同的标准分为不同的种类，大致有以下的一些分类：

一是从范围内容上分类，可分为全面经济活动分析报告和简要经济活动分析报告两大类。

二是从时间上分类，可分为年度经济活动分析报告、季度经济活动分析报告、月度经济活动分析报告和周经济活动分析报告等几种。

三是从目的和针对性分类，可分为定期经济活动分析报告和不定期经济活动分析报告、事前预测性分析报告和事后总结性分析报告。

四是从专题角度分类，可分为生产、销售、成本、财务等方面的专题分析报告。专题分析报告是针对经济活动中某一关键问题或重要问题进行专门分析、研究后写成的书面报告。专题分析报告可针对急需解决的问题或带有普遍性的问题集中进行研究，也可以是企业对其自身的某一经济活动进行分析。它具有反映情况及时、内容集中、目的明确、针对性和时效性强的特点。

四、经济活动分析报告的写作

1. 标题

经济活动分析报告的标题一般由单位名称、事由、内容和文种四部分组成，也可以根据具体情况省去其中的一两项。标题本身就可以反映分析问题的要点或突出主题，有时为强调说明，也可以加上副标题。

2. 正文

经济活动分析报告的正文一般分为前言、主体、结尾几个部分。

（1）前言。一般是介绍分析对象的基本情况，有时也介绍分析方法、交代背景，提出分析的内容和范围。前言的主要作用是为主体部分的写作和分析做好导引，其写法可根据需要选择，有提问式、结论式、对比式、评论式等。

（2）主体。通常由情况介绍、情况分析和建议三部分组成。

开头部分的情况介绍，一般是对具体情况进行全面、详细的介绍，为后面的分析做好充分的准备。

情况分析是分析报告的主要部分，应从分析问题的要求和目的出发，利用数据及资料进行分析，评价经济效益，从而得出正确的结论。分析时，可由点及面进行，也可以逐层深入地分析，既要分析成绩，又要暴露问题；既要找出主要原因，又要对其他次要因素的影响进行分析。最后，要提出建议。应针对分析中所发现的问题，提出改进企业经营管理、提高经济效益的建议或措施。这部分内容在写作时应注意：建议要具有一定的针对性，要明确具体、切实可行。

3. 结尾

经济活动分析报告的结尾写上落款，写明撰写本报告的作者或单位，标注日期。

【例　文】

昆明市××局2005年××季度
对外经济运行情况分析

2005年××季度，昆明市对外经济稳定发展，经过市级各部门各单位的积极努力工作，增加扩大进出口份额，外贸出口稳定增长较快，进口增长不够明显；采取多种方式吸引外资，积极拓展对外经济合作渠道，大力发展旅游业，使昆明市对外经济呈现出稳定快速发展的态势。

一、外贸出口稳定增长，进口有所下降

1. 出口基本情况（略）

2. 出口商品品种（略）

3. 进口基本情况（略）

4. 进口商品品种（略）

二、利用外资情况（略）

三、对外经济合作情况（略）

四、旅游情况（略）

五、开发区发展情况（略）

六、几点建议

（一）出口产品结构调整（略）

（二）市场开拓（略）

（三）利用外资（略）

（四）发展旅游业（略）

（五）存在的问题和解决方案（略）

昆明市××局××科

二〇〇五年十一月三十日

第六节　授权委托书

一、授权委托书的概念

授权委托书指委托人与受托人之间就委托的事务和事项自愿达成的代理协议书。

二、授权委托书的种类

授权委托书的种类，可将授权委托书分为特别委托书和概括委托书。特别委托指约定一项或者数项事务的委托；概括委托指约定一切事务的委托。

三、授权委托书的写作

授权委托书由首部、正文和落款三部分组成。

1. 首部

（1）标题。可以直接以“授权委托书”作为标题，也可以在其前面加上授权委托的内容，或以副标题的形式将授权委托的内容加在主标题的下面。

（2）委托人和受托人的基本情况。在授权委托书的标题左下方，写明委托人和受托人的姓名（或名称）、国籍、住址（或营业地址）。一般是委托人的基本情况写在前，受托人的基本情况写在后。

2. 正文

授权委托书的正文一般用条款形式逐一陈述有关的委托事务或事项。委托条款要尽可能地详尽准确，应当明确地写出委托人委托办理事务的具体内容和受托人的权限范围。包括：

（1）法律依据。一般在正文的开头应写明授权委托的法律依据，一般常用以下格式表明，如“根据×××法规定，委托人××自愿委托××，并经其同意为受委托人”。

（2）授权委托事项。用条款形式逐一陈述有关的委托事务或事项。

（3）当事人双方的权利及义务。双方的权利与义务应根据委托事务或事项的需要详细拟订。

（4）授权委托的报酬及报酬支付方式。

（5）授权委托合同履行的期限、地点和方式。

（6）违约责任及争议解决。

（7）委托的终止。

3. 落款

授权委托书的落款要写明委托人和受托人的姓名或者单位名称以及委托日期等。

【例文一】（基本格式）

关于聘请×××代理________项目技术谈判的授权委托书

委托人（姓名）：__________，性别：__________，年龄：__________民族：__________

工作单位：____________________，住址：____________________

受托人（姓名）：__________，性别：__________，年龄：__________民族：__________，工作单位：________________，住址：______________

委托人______________，由于________________________，自愿委托______________________人，委托其代理____________________公司参加有关____________________项目的技术谈判。帮助委托人处理有关____________________等技术谈判的相关事宜，并且包括在委托人愿意下，代为签署____________________项目的技术合同。

具体权利义务关系如下：

a. 委托权利 1

b. 委托权利 2

c. 委托义务 1

d. 委托义务 2

e. 委托报酬

f. 委托中止条件

g. 其他

本合同有效期自签订之日至__________年______月______日止。

委 托 人：______________

被委托人：______________

________年____月____日

【例文二】（基本格式）

××××委托代理书

兹有×××（可以是公民个人也可以是法人单位）授权委托×××（可以是公民个人也可以是法人单位）代理下列活动：

a.

b.

c.

（写明授权的范围和具体权限，这是委托书的核心，要明确、具体）

授权人：（签字或盖章）

××××年×月×日

【例文三】（基本格式）

××××委托代理协议

代理人（法定代表人）：（姓名、性别、年龄、职业、住址）

被代理人（法定代表人）：（姓名、性别、年龄、职业、住址）

经过代理人与被代理人一致协商，双方自愿达成如下委托代理事项：

第一条　被代理人授权代理人在下列范围内以被代理人的名义从事活动：

1. （写明委托代理的权限和具体内容）
2.
3.
4.

第二条　代理人必须按照被代理人的授权委托的范围和内容，认真履行职责，维护被代理人的合法权益。

1.
2.
3.
4.

第三条　代理人超越代理权实施的民事行为，由代理人自己承担法律责任。如果是为了被代理人的利益而实施的行为，事后经过被代理人的追认，视为在代理权限内。

1.
2.
3.
4.

第四条　代理人不履行职责或者其他违法行为而给被代理人造成损害的，应当赔偿被代理人的实际损失。

1.
2.
3.
4.

第五条　被代理人按照（双方约定的条件），在××期限内，支付代理费××元。

第六条　本协议自双方签字之日起生效。本协议一式×份，当事人各执一份。

代理人：×××（签字或盖章）

被代理人：×××（签字或盖章）

××××年×月×日

第七节　经济合同

一、经济合同的概念

《中华人民共和国合同法》明确指出："合同是指平等主体的自然人、法人、其他组织之间设立、变更、终止民事权利、义务关系的协议。"从这个定义而言，经济合同是指单位与单位之间、单位与个人之间、个人与个人之间，为了实现一定的经济目的，依据国家的相关法律，通过自愿协商而明确各自的权利和义务的书面凭证。因为它是当事双方共同自愿协商拟定的协议，所以经济合同又叫做"经济协议书"。

二、经济合同的种类

经济合同的种类很多。经济合同按内容分，可分为相应的不同类别，主要有经济技术合同、商品交换买卖合同、仓储保管合同、财产租赁合同、工程承揽合同、建设工程合同、货物运输合同、加工承揽合同、财产保险合同，等等。

三、订立合同的形式及其格式

1. 订立合同的形式

经济合同一般采用书面形式，也可以采用口头形式。口头形式用于当时就结清的货款和交易，或者有第三者证明在短时间内就完成的内容。经济合同应当采用书面形式，才能够得到国家法律规定的证据认可。根据我国《合同法》第10条规定："法律、行政法规规定采取书面形式的，应当采用书面形式，当事人约定采用书面形式的，应当采用书面形式。"因此，一般来讲，经济合同应当采用书面形式。

2. 经济合同的基本格式

经济合同的种类虽然很多，但经济合同的基本格式不外乎有以下几种，即：文字条款式合同、表格固定式合同、文字条款和表格固定结合式相结合的合同等。

（1）文字条款式合同。主要是用文字记叙的方式，把当事人双方协商一致的内容逐条完整地记录下来。

文字条款式合同一般比较灵活实用，它可以根据当事人双方的实际需要和要求，把当事人双方协商一致的权利、义务关系规定下来，没有一定的固定格式的限制，可以随合同的内容及双方当事人的意愿和要求随意增减内容和条款，所以，常用于非常规性的经济业务活动合同的订立。

（2）表格固定式合同。表格固定式合同是根据长期的实践和业务需要，形成一些相对固定的基本内容和格式，因此，把合同内相对固定的一些相关内容和项目，分项排列设计、印制成一种固定的形式，方便双方当事人签订合同时，把双方认可而达成的各项协议内容逐项填写到相应的表格或文字空当上。这种表格固定式合同内容项目变化不大，比较单一而且相对固定，双方拟订时内容项目增减较少，所以常规性的业务活动一般均采用这种表格固定式合同。同时，它方便实用，还可以避免双方当事人在签订合同时由于考虑不周全而遗漏一些相关内容的情况出现。

（3）文字条款和表格固定结合式相结合的合同。是由于当事双方根据业务和内容的需要，形成一些相对固定的基本内容和格式，但是有一些内容需要增加补充或者更改，就在合同中把具有共同性的固定内容用表格形式规定下来进行填写，对于某些非常规性的部分则根据双方当事人协商一致的意见，用文字条款式分条列项地写下来，形成文字条款和表格固定结合的形式。这种文字条款和表格固定结合的形式，比固定式具有灵活性，比文字条款式方便实用，让合同签订的双方方便灵活实用的同时，具有一定的灵活选择性。

四、经济合同的主要内容

经济合同的内容依据《合同法》规定的主要内容来确定。

《合同法》第12条规定："合同的内容由当事人约定，一般包括以下条款：①当事人的名称（或者姓名）和住所；②标的；③数量；④质量；⑤价格或者报酬；⑥履行期限、地点和方式；⑦违约责任；⑧解决争议的方法。当事人可以参照各类合同的示范文本订立合同。"因此，经济合同的主要条款内容应当包含有上述主要内容。具体来说，应当包括：

1. 标的

标的是指当事人双方权利义务共同指向的对象，一般包括产品、劳务、工程项目、智力成果等等的名称表示。具体到某一种合同，标的可以分为有形物、无形财产和经济行为，例如购销合同的标的是某种产品，是有形的；专利技术转让合同的标的物是专利技术，它所转让的是一种权利，是无形的；货物运输合同和服务合同的标的是劳务。所有的经济合同都必须有确切的标的，没有标的或标的不明确的合同，双方的权利和义务也就没有了确指对象，合同也就不能正常履行。因此，标的的名称要准确、具体，尽量采用通用的名称。所以，在签订合同时，应将标的加以明确说明。如商品货物的标的就应包括：商品名称、规格、型号或代号、牌号、商标，等等。

2. 数量和质量

数量是指标的的具体数量；质量是指标的的具体标准。在签订合同时，数量必须按照国家法定计量标准和计量单位计量进行订立；质量条款也必须符合我国标准化法和产品质量法的规定。同时，因为数量和质量是标的的具体化，因此，当事人双方在签订合同时对数量和质量一定要详细、具体和明确。

3. 价款或者报酬

价款指为获取标的物而交付的货币数量。购销产品中支付的货款、借款合同中支付的利息、财产租赁合同中支付的租金、运输合同中支付的运费、保管合同中支付的保管费等都属于价款；酬金是为获取标的物而支付的劳务佣金。价款和酬金的标准，当事人可以议价商定。

4. 履行期限、地点和方式

履行期限是指经济合同的当事人双方在履行时的具体时间，履行期限是指当事人完成合同规定义务的时间范围。根据不同内容的合同，履行期限有具体所指内容。例如：劳务合同，履行期限指劳务起止的期限；购销合同，履行期限指供货时间或因质量而引发货物退换时间；购销季节性产品，其合同就必须有一定的期限要求，违背了供货期限，必然会给对方造成经济损失，因此，双方就必须约定具体的供货期限或时间。

履行的地点是指交付、提取标的的具体地理位置。它指明清楚了双方履行的具体地点，避免了因为履行地点不明确而导致的延误和损失。

履行的方式是指当事人双方履行合同的方式。包括交付方式、验收方式、价款结算方式等。

5. 违约责任

违约责任和争议的解决方法和途径。违约责任是指经济合同依法成立后，由于合同当事人一方或双方的过错而导致合同不能履行或不能适当履行时有过错的一方应当承担的责任。对违约责任的追究，可以采用支付违约金、支付赔偿金、继续履行合同等方式来进行。

五、经济合同的写作

经济合同的结构主要包括首部、正文和尾部几个部分。

1. 首部

(1) 标题。即合同的名称。在确定标题时，可以直接将合同的种类作为合同的名称，也可以根据需要，将合同执行内容与合同种类结合起来作为合同名称；还可以把签约单位的名称加入合同的题目中作为合同名称。在合同文本中，标题应写在合同首页上方居中的位置。

(2) 当事人。指具有法人资格的法人单位和具有公民资格的自然人。在合同标题的左下方，分行并列写明签订合同当事人的单位名称及法定代表人或自然人姓名，并在名称或姓名前面注明谁是甲方，谁是乙方。也可在名称或姓名的后面用括号注明“甲方”和“乙方”。

(3) 合同编号与签订地点、时间。在合同标题的右下方，分行并列写明该合同的编号、签订地点及时间。

2. 正文

(1) 引言。在合同标题的下方，第一段开始，应将双方签订合同的依据和目的进行交代。

(2) 合同条款。该部分是合同的主要内容，是合同的重点，是双方行使权利、享受义务的依据，按照《合同法》的规定，合同应具备以下主要条款：标的、数量和质量、价款和酬金、违约责任。

3. 尾部

合同尾部是双方当事人落款和日期。主要包括：当事人双方法人代表签名、盖章（单位合同要签明双方单位全称、法人代表姓名，加盖公章、专用章，还要有双方代表人签字）；鉴（公）证机构盖章并签署相关意见；双方单位住址、电话号码、电报挂号、传真号码、邮政编码；双方开户银行、银行开户名、账号；签署合同日期。

六、订立合同应当注意的问题

1. 应当注意订立合同的有效性

根据《合同法》第52条的规定，具有以下情形的，属于合同无效：

（1）一方以欺诈、胁迫的手段订立合同，损害国家利益；

（2）恶意串通，损害国家、集体或者第三人利益的；

（3）以合法形式掩盖非法目的的；

（4）损害社会公共利益的；

（5）违反法律、行政法规的强制性规定的。

2. 合同的变更与终止

（1）合同的变更。《合同法》第77条规定：当事人协商一致，可以变更合同。因为当事人享有订立合同的自由，同样也享有变更合同的自由。只要是经过当事人双方协商一致，就可以变更合同的全部或者部分内容。但法律、行政法规规定变更合同应当办理批准、登记等手续的，当事人应当依照规定办理批准、登记手续。

另外，根据《合同法》第80条的规定，当事人对合同变更的内容约定不明确的，视为未变更。

（2）合同的终止。根据《合同法》第91条的规定，合同在下列情况下就自然终止：

①债务已经按照约定履行；

②合同被解除；

③债务相互抵消；

④债务人依法将标的物提存；

⑤债权人免除债务；

⑥债权债务同归于一人；

⑦法律规定或者当事人约定终止的其他情形。

【例文一】（参考格式）

××××企业职工食堂委托经营合同

甲方：（法定代表人）　　　　乙方：（法定代表人）

签订地点：　　　　签订地点：

签订时间：　　　　签订时间：

根据《中华人民共和国经济合同法》和《中华人民共和国食品卫生法》的有关规定，××××公司（以下简称“甲方”）与××××公司（以下简称“乙方”）就食堂委托经营事宜，经过双方协商一致，自愿签订本合同。特签订以下合同内容：

第一条　委托经营和管理

为了向甲方职工提供物美价廉的伙食，甲方委托乙方代为经营管理甲方所属食堂。

第二条　场地、设施和设备

甲方向乙方无偿提供食堂经营所必要的设施、场地、设备和物资等。

1. ×××场地

2. ×××设施

3. ××现在有设备

4. 甲方有××物资

第三条　各种经费的负担划分

1. 甲方负担食堂设施费、食堂备用品费、水费、电气费和消费品等。

2. 由乙方负担劳务费、材料费及相应的杂费、保健卫生费、交通费、电话费和营业费等。

3. ……费用

4. 其他

第四条　供餐的基本要求

由乙方提供××××印制的餐券，甲方职工凭餐券就餐，餐券由甲方销售。乙方按时提供符合“××××国家卫生标准”的就餐食物。

第五条　支付和结算

将回收的餐券提交给甲方，甲方于每月10日向乙方支付等额现金。

第六条　食谱要求

乙方以周为单位确定食谱。

食谱应以职工工作特点和需要以及职工调查结果为依据制定，并需经甲方总务科审查后确定。

具体要求如下：

1.

2.

3.

4.

5.

6.

第七条　食品规格要求

1. 乙方向甲方职工提供的三餐价格为：早餐×元，午餐×元，晚餐×元。

2. 向甲方职工提供的三餐规格为……

第八条　供餐时间

一般正常情况下，我厂的供餐时间为：早餐×时×分至×时×分；中餐×时×分至×时×分；晚餐×时×分至×时×分。

但是为适应我厂工作性质多为夜班工作的特点，为了满足夜间的几班工人的就餐需要，要求食堂提供夜餐，具体时间为：

1. ××点—××点：供应

2. ××点—××点：供应

3. ××点—××点：供应

4. ××点—××点：供应

5. ××点—××点：供应

6. ××点—××点：供应

……

如果因为需要而变更和调整，由甲方提供具体时间给乙方遵照执行。

第九条　食品品种的变更

乙方变更食品种类、质量、分量、规格、价格及供餐时间等，必须征得甲方同意，否则乙方不得擅自变更。

第十条　管理监督

甲方对乙方的供餐内容、供餐质量、供餐卫生、服务态度和供餐业务等负有管理、监督的义务和责任。

第十一条　经营者的更换

乙方更换食堂经营人时，必须提前向甲方交其本人履历，经甲方同意保管后，方可变更。

第十二条　损失赔偿

乙方应妥善管理各类设施。因乙方的责任造成有关设施损坏、丢失时，应按设施价值向甲方照价赔偿。

第十三条　卫生

乙方应努力保持环境卫生、食品卫生及从业者个人卫生。并依国家有关规定和甲方要求，定期进行从业人员的体检。

第十四条　卫生责任

因乙方供餐不符合国家卫生标准，造成甲方职工食物中毒或患病时，由乙方负责全部责任。

第十五条　其他事务处理

甲方负责与政府相关机构的有关食堂的其他相关事务的处理。

第十六条　监督和检查

乙方每月向甲方提交损益计算表。应甲方要求，有义务向甲方提交相关的食堂财务账簿和材料。

第十七条　合同期限

本合同的有效期自签订日起，×××时间内有效。如果因为其他特殊原因，需要变更合同或解除合同，任何一方都必须在两个月前通知对方。

本合同期满后，如双方均未提出变更合同或解除合同，则本合同在原有条件下延期1年。

第十八条　解除合同

当双方解除合同时，乙方应在3日内撤除属于乙方所有的物品，归还属于甲方的所有的物品。由此产生的有关费用由乙方负担。

第十九条　秘密保守

乙方有义务保守甲方有关规章制度等方面的秘密；甲方有义务保守乙方商业方面的有关秘密。

第二十条　失误处理

因乙方工作失误不能为甲方职工提供餐食时，乙方必须采取有效措施，做好善后处理工作，承担相关费用。

第二十一条　合同外事项

发生本合同未规定事项时，双方应本着诚意协商解决。

第二十二条　合同生效

本合同自　　年　　月　　日签字正式生效。

　　年　　月　　日供餐开始正式有效。

本合同一式两份，甲乙双方各存一份。

甲方	乙方
名称	名称
地址	地址
联系电话	联系电话
开户银行号码	开户银行号码
签订时间　　年　月　日	签订时间　　年　月　日

【例文二】（参考格式）

××××货物仓储保管合同

存货方：　　　　　　　　　　　　　　　　　　合同编号：
　　　　　　　　　　　　　　　　　　　　　　签订地点：
保管方：　　　　　　　　　　　　　　　　　　签订时间：　　年　月　日

根据《中华人民共和国经济合同法》和《仓储保管合同实施细则》的有关规定，存货方和保管方根据委托储存计划和仓储容量，经双方协商一致，签订本合同。

第一条　储存货物的品名、品种、规格、数量、质量、包装

1. 货物品名：（略）

2. 品种规格：（略）

3. 数量：（略）

4. 质量：（略）

5. 货物包装：（略）

第二条　货物验收的内容、标准、方法、时间、资料（略）

第三条　货物保管条件和保管要求（略）

第四条　货物入库、出库手续、时间、地点、运输方式（略）

第五条　货物的损耗标准和损耗处理（略）

第六条　计费项目、标准和结算方式（略）

第七条　违约责任（略）

1. 保管方的责任

（1）在货物保管期间，未按合同规定的储存条件和保管要求保管货物，造成货物丢失、短少、变质、污染、损坏的，应承担赔偿责任。

（2）对于危险物品和易腐物品等未按国家和合同规定的要求操作、储存，造成毁损的，应承担赔偿责任。

（3）由于保管方的责任造成退仓不能入库时，应按合同规定赔偿存货方运费和支付违约金××元。

（4）由保管方负责发运的货物，不能按期发货，应赔偿存货方逾期交货的损失；错发到货地点，除按合同规定无偿运到规定的到货地点外，并赔偿存货方因此而造成的实际损失。

（5）其他约定责任。

2. 存货方的责任

（1）由于存货方的责任造成退仓不能入库时，存货方应偿付相当于相应保管费××%（或××%）的违约金。超议定储存量储存的，存货方除交纳保管费外，还应向保管方偿付违约金××元，或按双方协议办理。

（2）易燃、易爆、易渗漏、有毒等危险货物，以及易腐、超限等特殊货物，必须在合同中注明，并向保管方提供必要的保管运输技术资料，否则造成的货物毁损、仓库毁损

或人身伤亡，由存货方承担赔偿责任直至刑事责任。

(3) 货物临近失效期或有异状的，在保管方通知后不及时处理，造成的损失由存货方承担。

(4) 未按国家或合同规定的标准对储存货物进行必要的包装，造成货物损坏、变质的，由存货方负责。

(5) 存货方已通知出库或合同期已到，由于存货方（含用户）的原因致使货物不能如期出库，存货方除按合同的规定交付保管费外，并应偿付违约金______元。由于出库凭证或调拨凭证上的差错所造成的损失，由存货方负责。

(6) 按合同规定由保管方代运的货物，如果存货方未按合同规定及时提供包装材料或未按规定期限变更货物的运输方式，到站、接货人，应承担延期的责任和增加的有关费用。

(7) 其他约定责任。

第八条　保管期限从　　年　月　日至　　年　月　日止。

第九条　变更和解除合同的期限

由于不可抗力事故，致使直接影响合同的履行或者不能按约定的条件履行时，遇有不可抗力事故的一方，应立即将事故情况电报通知对方，并应在×天内，提供事故详情及合同不能履行，或者部分不能履行，或者需要延期履行的理由的有效证明文件，此项证明文件应由事故发生地区的机构出具。按照事故对履行合同影响的程度，由双方协商解决是否解除合同，或者部分免除履行合同的责任，或者延期履行合同。

第十条　争议的解决方式（略）

第十一条　货物商检、验收包装、保险、运输等其他约定事项。

第十二条　本合同未尽事宜，一律按《中华人民共和国经济合同法》和《仓储保管合同实施细则》执行。

存货方（章）：	保管方（章）：
地　址：	地　址：
法定代表人：	法定代表人：
委托代理人：	委托代理人：
电　话；	电　话：
电　挂：	电　挂：
开户银行：	开户银行：
账　号：	账　号：
邮政编码：	邮政编码：

鉴（公）证意见：

经办人：　　　　　　　　　　　　　　　　鉴（公）证机关（章）

【例文三】（参考格式）

××××商品房买卖合同

合同编号：________________

出 卖 人：________________

注册地址：________________

营业执照注册号：________________

企业资质证书号：________________

法定代表人：________ 联系电话：________

邮政编码：________________

委托代理人：________ 联系电话：________

邮政编码：________________

注册地址：________________

营业执照注册号：________________

法定代表人：________ 联系电话：________

邮政编码：________________

买受人：________________

【本人】【法定代表人】姓名：________ 国籍：________

【身份证】【护照】【营业执照注册号】________

地址：________________

邮政编码：________ 联系电话：________

【委托代理人】姓名：________ 国籍：________

地址：________________

邮政编码：________ 电话：________

根据《中华人民共和国合同法》及其他有关法律、法规之规定：买受人和出卖人在平等、自愿、协商一致的基础上就买卖商品房达成如下协议：（简要纲目）

第一条　项目建设依据

第二条　商品房销售依据

第三条　买受人所购商品房的基本情况

第四条　计价方式与价款

第五条　面积确认及面积差异处理

第六条　付款方式及期限

第七条　买受人逾期付款的违约责任

第八条　交付期限

第九条　出卖人逾期交房的违约责任

第十条　规划、设计变更的约定

第十一条　交接

第十二条 出卖人保证销售的商品房没有产权纠纷和债权债务纠纷。属出卖人原因，造成该商品房不能办理产权登记或发生债权纠纷的，由出卖人承担全部责任。

第十三条 出卖人关于装饰、设备标准承诺的违约责任

第十四条 出卖人关于基础设施、公共配套建筑正常运行的承诺

第十五条 关于产权登记的约定

第十六条 保修责任

第十七条 双方可以就下列事项约定

第十八条 买受人的房屋仅作__________使用，买受人使用期间不得擅自改变该商品房的建筑主体结构、承重结构和用途。除本合同及其附件另有规定外，买受人在使用期间有权利共同享用与该商品房有关联的公共部位和设施，并按占地和公共部位与公用房属分摊面积承担义务。

出卖人不得擅自改变与该商品房有关联的公共部位和设备的使用性质。

第十九条 本合同在履行过程中发生的争议，由双方当事人协商解决；协商不成的，按下述第__________种方式解决。

1. 提交仲裁委员会仲裁。

2. 依法向人民法院起诉。

第二十条 本合同未尽事项，可由双方约定后签订补充协议（见附件四）

第二十一条 合同附件与本合同具有同等法律效力。本合同及其附件内空格部分填写的文字与印刷文字具有同等效力。

第二十二条 本合同连同附件共________页，一式________份，具有同等法律效力，合同持有情况如下：

出卖人________份，买受人________份。

第二十三条 本合同自双方签订之日起生效。

第二十四条 商品房预售。自本合同生效之日起30天内，由出卖人向__________申请登记备案。

出卖人：（签章）	买受人：（签章）
法定代表人：（签章）	法定代表人：（签章）
委托代理人：（签章）	委托代理人：（签章）
签于 年 月 日	签于 年 月 日

【例文四】（参考格式）

技术培训合同

委托方：×××（法定代表人或负责人）：________________________

服务方：×××（法定代表人或负责人）：________________________

根据《中华人民共和国合同法》的有关规定，经双方当事人协商一致，签订本合同。

第一条 项目名称：关于×××××先进仪器设备的装配技术培训。

（注：本参考格式适用于下列技术服务活动：进行设计、工艺、制造、试验，以及农作物育种、畜禽的饲养等方面的技术指导，讲解技术资料、解决和解答技术问题，进行示范操作，传授计算机软件的编制技术及先进仪器设备的装配、使用技术等等。）

第二条　培训的内容和要求：＿＿＿＿＿

第三条　培训计划、进度、期限：＿＿＿＿＿

第四条　培训地点和方式：＿＿＿＿＿

第五条　服务方（教师）的资历和水平：＿＿＿＿＿

第六条　学员的人数和质量：＿＿＿＿＿

第七条　教员、学员的食宿、交通、医疗费用的支付和安排＿＿＿＿＿

第八条　报酬及其支付方式：＿＿＿＿＿

第九条　委托方的违约责任：＿＿＿＿＿

1. 委托方未按合同提供培训条件，影响合同履行的，约定的报酬仍应如数支付。

2. 擅自将服务方要求保密的技术资料引用、发表和提供给第三方，应支付数额为＿＿＿＿＿的违约金。

第十条　服务方的违约责任：

1. 服务方未按合同制订培训计划，影响培训工作质量的，应当减收＿＿＿＿＿%的报酬。

2. 服务方提供的师资不符合合同要求，服务方有义务予以重新配备；未按合同规定完成培训工作的，应免收报酬。

第十一条　保密条款：＿＿＿＿＿

当事人双方应对下列技术资料承担保密义务：＿＿＿＿＿

第十二条　有关技术成果归属条款

在履行合同过程中，服务方利用委托方提供的技术资料和工作条件所完成的新的技术成果，属于服务方；委托方利用服务方的工作成果所完成的新技术成果，属于委托方。对新的技术成果享有该技术成果取得的精神权利（如获得奖金、奖章、荣誉证书的权利）、经济权利（如专利权、非专利技术的转让权，使用权等）和其他利益。

第十三条　本合同争议的解决办法：＿＿＿＿＿

本合同自双方当事人签字、盖章后生效。

委托方	服务方
委托方负责人（或授权代表）	服务方负责人（或授权代表）
签字：＿＿＿＿（盖章）	签名：＿＿＿＿（盖章）
委托方担保人（名称）：＿＿＿＿	服务方担保人（名称）：＿＿＿＿
地址：＿＿＿＿	地址：＿＿＿＿
开户银行：＿＿＿＿	开户银行：＿＿＿＿
账号：＿＿＿＿	账号：＿＿＿＿

【例文五】（参考格式）

商业代理合同

甲方：×××（法定代表人或负责人）：________________

乙方：×××（法定代表人或负责人）：________________

根据《中华人民共和国合同法》的有关规定，经双方当事人协商一致，××××年×月×日，×××先生代表×××××公司（以下简称甲方），××先生代表×××××公司（以下简称乙方）签订本合同。

甲方愿意指定乙方在云南地区为独家代理并销售甲方××产品。

双方同意如下条件：

1. 甲方指定乙方为甲方在云南地区销售××产品的独家代理。

2. 甲方供给乙方××产品的成品，由乙方包装并标贴与原样相同的商标和标签。

3. 乙方每月销售不少于××万套/箱。

4. 若乙方3个月不能销售双方同意的数量，甲方可以单方面自行撤销本合同。

5. 本合同有效期内，甲方未经乙方同意前，不得指派另一家公司或工厂在云南地区销售××产品的成品。

6. 若乙方每月销售量达到规定的数量，乙方有权永久担任代理，甲方必须按时提供给乙方需要的××产品。

7. 广告费由乙方负担。

8. 经双方同意后，本合同自签字之日起生效。

9. 本合同用中英文签署，一式两份，双方各执一份。如中文本与英文本发生异议时，以英文本为凭证。

10. 本合同如有修改，需经双方同意。

甲方：××××公司（签章）　　　　乙方：××××企业（签章）

法定代表人：（签章）　　　　法定代表人：（签章）

委托代理人：（签章）　　　　委托代理人：（签章）

签约时间：　　年　月　日　　　　签约时间：　　年　月　日

【例文评析】

上述例文是合同的基本格式，一般可以按照条文式、列表式写作，也可以根据需要，将条文式和列表式格式结合起来写作，便于分别把合同内容排列清楚，这样就可以使合同的内容明确，条理清楚，简单明了。

【合同例文】 **公路运输合同（范本）**

<table>
<tr><td>托运人</td><td colspan="3"></td><td>承运人</td><td colspan="2"></td></tr>
<tr><td>收货人</td><td colspan="3"></td><td>装货地</td><td colspan="2"></td></tr>
<tr><td>收货地</td><td></td><td>电话</td><td></td><td>装货人</td><td colspan="2"></td></tr>
<tr><td>货物名称</td><td colspan="2">包装</td><td>件数</td><td>重量（吨）</td><td>价值</td><td>备注</td></tr>
<tr><td></td><td colspan="2"></td><td></td><td></td><td></td><td></td></tr>
<tr><td></td><td colspan="2"></td><td></td><td></td><td></td><td></td></tr>
<tr><td></td><td colspan="2"></td><td></td><td></td><td></td><td></td></tr>
<tr><td colspan="2">总运费（CNY）：
元</td><td colspan="2">预付运费
付人民币　元</td><td colspan="3">余款凭回单无误
付人民币　　元</td></tr>
<tr><td colspan="4">驾驶员住址：</td><td colspan="2">身份证</td><td></td></tr>
<tr><td>特
约
条
款</td><td colspan="6">（1）承运人不可拆开检验所承运的物品，如有违背本协议后果由承运人负全部责任。
（2）货运到时包装完好。
（3）货物数量由双方当面点清，交承运人后由承运人负责。
（4）承运人必须按托运人之要求，按时将货物交给托运人指定的收货人，并办好交接手续及签回具有收货人签章的收货单并交回给托运人。
（5）在全程运输中，无论在任何情况下，造成货物破损、误时、受潮、短缺、折痕等不良之经济损失，均由承运人负责赔偿，并以此车作为抵押。承运方对此认可。
（6）承运人手机__________行驶证号__________营运证号__________车牌证号__________
（7）装车数量若有误或不祥，实数以清单为准。
（8）承运期间的一切风险、交通事故及其它意外事故所造成的损失，均由承运人承担，与托运人无关。
（9）承运人必须于2009年　月　日　点前到达收货地，将货交与收货人。
（10）合同一式三份，由托运人和承运人各执一份；第三份随货转移交收货人。</td></tr>
<tr><td></td><td colspan="6">承 运 方：（签章）　　托 运 方：（签章）

收货方：（签章）

日期：2009 年 月 日</td></tr>
</table>

第八节　商品广告

一、商品广告的概念

顾名思义，广告就是广而告知。商品广告是借助各种媒体，有目的、公开而广泛地向社会宣传商品和服务及其他信息，以吸引购买、招揽业务、促进消费的一种特殊的宣传活动。

二、商品广告的特点

1. 真实性

必须以真实为基础，不能欺骗消费者。

2. 目的性

广告的目的就是为了推销某种产品或某种社会服务，因此必须符合消费者的心理，激起消费者的兴趣。

3. 创造性

只有富有创造性的商品广告，才能塑造出好的商品或服务者的形象，才能引起大众的关注和兴趣，从而留下深刻的印象。

三、商品广告的种类

商品广告种类繁多，主要有以下几大类：

1. 报纸广告

报纸广告在所有广告类型中居首位，因为报纸发行量大、读者广泛而稳定、成本低。

2. 杂志广告

杂志广告针对性强，版面集中，印刷精美，形象突出。

3. 电视广告

电视广告收视率高，宣传面广，形象生动，但成本较高。

4. 网络广告

网络广告传播迅速，方便快捷，成本低。

5. 户外广告

户外广告直观、形象、时效长，能给人留下深刻的印象。

此外，还有电台广告、包装广告、邮寄广告等。

四、商品广告的制作

商品广告的制作涉及内容较丰富，因宣传形式不同，载体不同，商品广告的制作方法也是多种多样的。我们这里介绍的是商品广告文案的制作。

五、商品广告文案的制作

商品广告文案的制作是通过语言文字，有目的地介绍推销商品，扩大商品在社会中的影响，提高商品的知名度，以此获得经济效益。商品广告文案的制作首先要确立鲜明突出的主题。而主题的确立既要根据商品自身的特点、功能、用途等的不同，又要根据市场需求的变化以及不同群体对产品消费的差异而有所不同。

商品广告的制作追求新颖和艺术效果，文案写法也灵活多样，不拘一格，现就商品广告标题、正文、结尾三方面内容的写作作一介绍。

1. 标题

商品广告文案标题具有重要的宣传作用，主要写法有以下几种：

（1）直接性标题。即直接用企业或商品名称来命名，如《海尔冰箱》、《美的空调》等。

（2）间接性标题。用迂回、富于变化的手法来吸引消费者，如《不食人间烟火》（抽油烟机广告），《高枕无忧》（防盗器广告）等。

（3）复合性标题。将直接性标题和间接性标题结合起来，如《狮球牌花生油　家中一分子，个个都中意》等。

2. 正文

商品广告文案的正文，可根据不同的商品或服务采用灵活多样的表现形式，如陈述体、说明体、论证体、书信体、文艺体等，构思创意力求新颖独特，重点突出；广告语应简明、准确、生动、形象、幽默，如“聪明不必绝顶”（生发灵广告），“把新鲜直接拉出来”（冰箱广告）等。

3. 落款

商品广告文案的落款包括厂名、厂址、电话、传真、邮箱、经销商地点、联系方式、日期等。

【例文一】

古井贡酒　开创中国酒业新境界……

这是一个新形象，这是一轮喷薄欲出的朝阳，古井集团开始从这里升腾，古井贡酒将从这里走向世界……

这是一个吉祥物，这是中国酒文化的发祥地，一口古井孕育了一千八百年的故事，一棵古槐展示着古井的雄风，中国白酒新革命将从这里开始……

【例文评析】

这则商品广告以抒情为主要的表达方式，以情动人，激发消费者的购买欲望。

【例文二】

容声冰箱，令人生活更美好

恭贺新春，或许我们是最小声的那个。

容声冰箱，实现跨世纪静音突破，低至32分贝的超静设计，不声不响，实力尽显。

【例文评析】

这则广告突出了商品性能“静”的特点，突出其产品低至32分贝的超静音设计，显得与众不同，使之提高了在同类产品中的竞争力。

【例文三】

南方黑芝麻糊电视广告文案

时间：约20世纪30年代的一个晚上

地点：江南小镇街巷

人物：小男孩、挑担卖芝麻糊的妇女、妇女的女儿

遥远的年代，麻石小巷，天色近晚。一对挑担的母女向幽深的陋巷走去。（画外音，叫卖声）：“黑芝麻糊哎——”（音乐起）。

深宅大院门前，一个小男孩使劲拨开粗重的樘拢，挤出门来，深吸着飘来的香气。（画外音，男声）：“小时候，一听见黑芝麻糊的叫卖声，我就再也坐不住了……”

担挑的一头，小姑娘头也不抬地在瓦钵里碾芝麻。另一头，卖芝麻糊的大嫂热情地照料食客。

（叠画）大锅里。浓稠的芝麻糊不断地滚腾。

小男孩搓着小手，神情迫不及待。

大铜勺被提得老高，往碗里倒着芝麻糊。

小男孩埋头猛吃，大碗几乎盖住了脸庞。

碾芝麻的小姑娘投去新奇的目光。

几名过路的食客美美地吃着，大嫂周围蒸腾着浓浓的香气。

站在大人背后，小男孩大模大样地将碗舔得干干净净（特写）。

小姑娘捂着嘴笑起来。

大嫂爱怜地给小男孩添上一勺芝麻糊，轻轻地抹去他脸上的残糊。

小男孩默默地抬起头来，目光似羞涩、似感激、似怀想，意味深长……

（叠画）一阵云雾掠过，字幕出（特写）：“一股浓香，一缕温暖。”（画外音，男声）：“一股浓香，一缕温暖南方黑芝麻糊。”

（叠画）产品标板。

推出字幕（特写）：南方黑芝麻糊　广西南方儿童食品厂

【例文评析】

这是南方黑芝麻糊电视广告文案。是一则抒情散文式的电视广告。画面制作精美，内容温馨感人。小男孩贪吃的样子、长长的叫卖声，突出了黑芝麻糊的味美香甜，增添了黑芝麻糊的诱惑力，给人留下了深刻的印象。

第九节　产品说明书

一、产品说明书的概念和特点

1. 产品说明书，是对商品的性能、用途、使用和保养方法以及注意事项等作书面介绍的文书。产品说明书，又叫商品说明书。

产品说明书的作用：助和指导消费者正确地认识商品、使用和保养商品，兼具宣传商品的作用。

2. 产品说明书的特点

说明性

说明、介绍产品，是主要功能和目的。

实事求是性

必须客观、准确反映产品。还包含指导消费者使用和维修产品的知识。

形式多样性

表达形式可以文字式，也可以图文兼备。

二、产品说明的结构与写法

产品说明的结构一般有标题、正文、结尾和附录。

1. 标题

用来写明产品名称、生产厂家、品牌、注册商标、产品类型和产品代号、还要印上产品的图样

2. 正文

先写前言或概述。这一部分，有的产品说明书是介绍新产品的主要性能特点，有的产品说明书则是强调编写说明书的目的或说明维修、使用好新产品的重要性，有的产品说明书没有这一部分。

主体部分。如果是篇幅较长、装成一本的产品说明书，为了便于读者阅读，还得有个目录。这一部分。用来介绍产品概况，主要说明产地、规格、材料或成分、主要性能和技术指标，产品的特点、结构、功能、用途、使用及保养维修方法和注意事项，质量、技术标准与等级等。其中，重点是使用及保养维修方法。

3. 结尾

一般写明生产单位或经销商的名称、地址、电话号码、传真号码、有箱地址、邮政编码等便于用户联系的有关信息资料。

4. 附录

一般是与产品使用及保养维修有关的资料，如产品附件清单、电路图、用户意见反馈卡、保修卡、维修记录卡、维修点一览表等。

撰写产品说明书，一定要实事求是，恪守信誉，对用户高度负责，说明的内容必须符合产品的实际状况，这样才能取得用户的信赖。

产品说明书的文字，要通俗简明；产品说明书的封面要精心设计，做到图文并茂，给人以美感。

【例文一】

浓维生素E胶丸（说明书）

维生素E是一种与人体生长发育、促进健康与预防衰老有关的营养要素。早在1922年Evens等已发现它的功能能预防流产和治疗不育症。半个世纪以来，就其生理和机理作用，近代分子生物学学者作了详尽研究，在营养及医疗方面有了重要发现。

1. 本品能促进人体能量代谢，增强人的体质和活力。

2. 本品能预防因不饱和脂肪酸异常氧化所致的有害物质积累而损伤正常组织引起的早衰及有延迟衰老的作用。

3. 本品能改善血液循环，促进溃疡愈合。

4. 本品具有防止胆固醇沉积、预防和治疗动脉硬化的作用。

5. 本品能调整性机能及更年期综合征。

6. 本品能保护肝脏。

〔适应范围〕动脉硬化、脑血管硬化、冠心病、胃肠溃疡、皮肤溃疡、血栓性静脉炎、静脉曲张、肝功能障碍、不孕、不育、习惯性流产、性机能衰退、烧伤、冻伤、贫血，以及预防衰老。

〔用法与用量〕日服量：每次50mg～100mg，每次3次或遵医嘱。

〔规格〕50mg，100mg。

〔储藏〕密闭、遮光、阴凉处保存。

×卫药健字（××）第××号

××××药厂

【例文评析】

本说明书开头总的说明浓维生素E胶丸对人体的功用，接着分6条列举其对人体健康的具体作用，这部分是重点。下面接着分项介绍“适应范围”、“用法与用量”、“规格”、“储藏”等。写法上先总后分，给人以完整、清晰、重点突出的印象。

【例文二】

加乐·菲尔克空调说明书

本公司生产的空调器共有四大系列四十几个品种，全部采用日本旋转式压缩机和美国泰康压缩机，质量可靠，节能高效。

窗式空调器有KC（R）－16、18、23、32、35等多种规格，有单冷和热泵型两用功能，适用于10～20平方米房间使用，结构合理，造型美观，价钱便宜，安装方便，是广大用户最实惠的选择。分体空调器有挂壁式、柜式和落地式三个系列，具有电子遥控、定时控制、睡眠设定、除湿等功能。有单冷和热泵型两种，造型新颖别致，噪音低，是豪华居室、文化场所、宾馆饭店的最佳选择。本公司生产的分体挂壁式空调器有KF（R）－20、30、45GW等多种规格，适合于12～40平方米空间使用。舞厅、宾馆、饭店、企事业单位、大型文化场所可选用分体柜式和落地式空调器，效果更佳。

本公司售后服务的内容是：负责安装（只收材料费）、包退包换（使用一个月之内，如发现质量问题）、终身维修（超过保修期的只收成本费）。当您购买到加乐·菲尔克空调器后，将得到一份“产品保修卡”，消费者将得到本公司满意的售后服务。

加乐·菲尔克空调器，使您看着顺心，买着放心，用着舒心。

公司地址：天津市××路××号

公司销售电话：×××××

公司维修服务中心电话：××××

【例文评析】

这份产品说明书分别从产品的品种、规格、功能、适用范围、维修、售后服务等几个方面对产品进行了详细的介绍，能引起消费者的注意。

第十节　国际贸易洽谈纪要

一、国际贸易洽谈纪要的概念

国际贸易洽谈纪要是按照业务洽谈的实际情况，将洽谈的主要议题、议程、涉及的问题，达成的一致意见，并对存在的问题等加以归纳总结整理而成的书面材料。写成后，需经双方代表签字确认后，才成为正式洽谈纪要。它对双方均有一定的约束力，是双方签订合同的准备文件。

二、国际贸易洽谈纪要的作用

一是便于核实双方所谈的有关问题，作为所谈事项开展的依据。

二是作为起草协议或合同的主要依据。

三是可供上级参考或有关专家进一步研究，以便签订最后协议。

三、国际贸易洽谈纪要的写作

国际贸易洽谈纪要的写法与行政公文会议纪要大致相同，一般包括标题、开头、正文和结尾四部分。

1. 标题

国际贸易洽谈纪要标题要标明纪要的内容，一般用："关于××××的洽谈纪要"，在标题下面标出编号，以便归档管理。如《关于服装贸易洽谈纪要》。

2. 开头

国际贸易洽谈纪要开头与合同的开头写法类似，也要写明三个问题：

（1）会谈双方的全称与代称（甲、乙方）代表人；

（2）会谈的地点、时间；

（3）会谈的主要议题。

3. 正文

国际贸易洽谈纪要正文往往采用条文式，主要记录洽谈目的、标点具体内容、双方存在的分歧、双方的原则立场、双方的意愿，等等。

4. 结尾

国际贸易洽谈结尾主要是具名。要写明双方单位的全称，双方洽谈代表确认后签字；纪要写作者的名字及日期。

四、写作国际贸易洽谈纪要的注意事项

第一，会谈前，记录者要事先做好准备，对洽谈目的有比较明确的了解。

第二，会谈中，记录者要集中注意力，对事态的发展有深入的了解。

第三，对洽谈双方意图的概括必须准确。凡涉及双方商定必须执行的事项，都应当具体明确，避免遗漏或差错。

第四，文字要简洁明了。要概括出洽谈的要点及双方商定的若干条款即可。

五、国际贸易洽谈纪要与行政公文会议纪要的区别

1. 备忘性

会议纪要主要是将决议的事项记录下来；洽谈纪要则需要全面记录洽谈中所有与洽谈目的相关的事项，尤其是尚未达成共识、双方欲进一步接触的意愿，这些都体现了它的备忘性。

2. 协商性

会议纪要行文中经常用到的句子是"会议决定"、"会议认为"、"会议号召"等；洽谈纪要行文中经常用到的句子则是"甲方同意"、"乙方要求"、"双方一致认为"等。在协商中，与会各方的每一点意见都得到尊重和考虑。

3. 对等性

所有参加洽谈的各方都处于平等地位。洽谈纪要对与会各方不存在程度上的差异；会议纪要作为行政公文的下行文，往往是传达上级领导决策的精神，需要下级单位遵照执行。

【例　文】

关于补偿贸易洽谈纪要

2000 年×月×日

时间：2000 年×月×日

地点：广州××橡胶制品公司

单位人员：中国广州××橡胶制品公司（以下简称甲方）中方代表××经理

美国田纳西州××工业供应公司（以下简称乙方）美方代表××经理

甲、乙双方代表于19××年×月×日在××市就甲方向乙方购买机器问题进行了友好洽谈，现纪要如下：

1. 甲方同意向乙方进口一整套 AZ－2000 型机器以扩大生产规模。具体细节详载于第一号附件。

2. 乙方同意将整套 AZ－2000 型机器按第一号附件详载的细节售给甲方。甲方要求乙方保证所购的机器是崭新的，而且品质完好。乙方同意如果机器在运作中发现有缺陷，甲方可以对遭到的任何损失向乙方提出索赔。

3. 双方同意该机器总值为 90 万美元，包括运费、保险、安装和检验费，即：

机器连同部件	US $ 840 000
运费包括内陆运输	42 100
保险投保一切险和战争险	5 400
安装、检验费	US $ 900 000

如果运费、保险费或安装费等超过上述数字，其超出金额应由乙方负担。

4. 甲方同意将进口机器生产的产品供乙方出口以抵消进口机器的价格，或必要时，用其他供应商生产或提供的产品来抵消进口机器的价款。

5. 乙方同意该机器的价款应由甲方以进口机器生产的产品来偿付，或以其他供应商提供的产品来偿付，条件是这些产品符合乙方的需要。

6. 双方同意偿付进口机器的价款应在 2 年内完成，即自检验证明机器运作情况良好，并由主管当局签发检验书之日起。

7. 甲方在收到检验书后，应通过广州中国银行付给乙方 10 万美元初付款，同时要求该银行出一封以乙方为抬头的银行保证函，保证返销产品准时交货。

8. 偿付价款应按季度分期支付，即每季度 10 万美元。为了方便起见，甲乙双方在预估返销产品装运之日前一个月，通过各自的银行同时开出对开信用证。

9. 乙方保证每 3 个月向甲方订购返销产品 10 万美元。甲方对收到并敲定的订单应寄一式两份售货合同给乙方。该售货合同的副本应由乙方签署后退回甲方存档。在履行订单时，甲方同意对收到的乙方订单给予优先。

10. 在进口机器安装并启用后，乙方应自付费用派遣技术人员来培训甲方的工人进行操作和保养机器。双方同意所需时间为 3 个月，甲方为回报乙方的售后服务，应为乙方人员采在广州期间提供免费膳宿。

11. 有关未尽事宜，另行约期协商解决。

甲方	乙方
广州××橡胶制品公司	美国田纳西州××工业供应公司
经理×××（签章）	经理×××（签章）

（选自郑孝敏主编《商务应用文》，东北财经大学出版社，2000年版）

第十一节　索赔书、理赔书

一、索赔书

（一）索赔书的概念

索赔书是在国际贸易活动中因签订的交易条件没有得到履行蒙受损失的一方向违约的一方提出赔偿要求所写的应用文。一般来说，只要商务合约签订后，如果是买方或卖方违约，均可向对方提出索赔要求。当然，索赔是有证据的，而且要求证据齐全充分，否则，就会遭到对方拒赔。

（二）索赔书的写作

索赔书的写作和理赔书的格式一样，包括信头、正文和结尾。

1. 信头

信头包括标题、编号、收文单位名称。标题要简洁明确地标明磋商的事情，如《货物分量不足索赔函》、《物品破损索赔函》等。

2. 正文

索赔书结构由开头、主体、结尾组成。

（1）开头。概括叙述事由或转述对方来函要点。如“你公司发过来的货物少了两套底座”。

（2）主体。紧扣开头，指出对方违约事实，引用合同有关部分原文及有关检验材料，以及叙述商务交往的过程，以此为基础，提出索赔的要求。

（3）结尾。阐述完自己意见之后，往往表示希望对方回信，或表示今后加强合作的愿望，或提出与本函意见相关的其他具体问题。如“上述损失，理应由××公司承担，你方均可向该公司提出索赔。”

3. 结尾

索赔书结尾由落款日期和附件组成。正文结束后，要在右下方写上发函单位名称及发函时间。

（三）索赔书的写作要求

1. 理由要充分，要有提出索赔的充足依据

违约事情发生后，决定索赔之前，要认真研究有关资料，包括合同中的有关规定细

则、国际贸易规则和相关法律条文，分清是非，弄清责任。同时，还要搜集证据，如货物破损的说明书或有关部门出具的证明文件等。

2. 合理索赔，实事求是

事情发生后，受损方维护自己的利益，提出索赔，这是合理的，但要注意分寸，要实事求是，合乎情理。那种在索赔时不讲实际，漫天要价，希望借此得到更大的赔偿，这种做法反而会影响自己的声誉。

3. 注意分寸，讲究措辞

受损方维护自己的利益，必然提出索赔，这是合理的，但在写作时应注意，不要因此而把对方视为敌人，语气咄咄逼人，而要以理服人，既认真严肃，坦率诚恳，又委婉陈词，让对方心服口服。

【例　文】

服装受损向船方索赔

（　）字第　号

××船运公司

尊敬的先生：

我公司进口服装一批，系由贵公司承运，装由“××轮”运抵××港卸货时发现，服装受到严重污染。因此，我方暂不予接收。

我们在船舱看到，桶装的油类物质堆放在服装箱上，在航行途中，油桶渗漏，对服装造成污染。

我们已向船方索取配载图纸，并申请商检局检验。检验报告证明系不良配载所致，部分服装已不能出售，部分应贬值处理。

根据《海牙规则》第三条第二款之规定，特向责任方贵公司提出损失赔偿人民币10万元，请予答复。

附：配载图复印件一份

商检报告复印件一份

提单复印件一份

××公司　谨上

××年×月×日

二、理赔书

（一）理赔书的概念

理赔书是指国际贸易活动中被指认为违约的一方用来受理索赔方所提出的赔偿要求的信函。在国际贸易活动中索赔和理赔的事时有发生。在理赔函中，被索赔一方可以根据实际情况作出道歉、赔偿或拒赔等答复。

理赔书写作格式与索赔书相同。

（二）理赔书的写作要求

1. 认真研究对方的索赔书

首先确定对方的索赔要求是否合理，其次察看索赔书所提供的证据是否有效，最后看对方提出的索赔金额是否切合实际。要根据实际情况，作出妥善的回复。

2. 应勇于承担，并积极提出解决问题的方法

处理贸易纠纷，应本着尊重事实，面对现实的态度，那种轻率或回避问题的态度是无助于纠纷解决的，反而会激起对方的反感，影响自己的商业信誉。因此，写作理赔书时要坦诚相见，实事求是。

3. 遇到不合理索赔时，也应礼貌、和善地对待

当对方提出不合理索赔要求，自己也证实对方受损责任不在我方时，或对方的实际损失没有所索赔的那么大，而要求赔偿的金额却很高时，我方应针对实际情况，作如实的、合理的、得体的答复，简单的严词拒绝是不妥的。在答复中应既说明情况，又表明诚意；既分清是非，又礼貌和善。

【例　文】

服装受损理赔函

××船运公司

尊敬的先生：

你公司×月×日函收悉。所提装运服装受损一事，我们深表歉意。

经调查发现，货装“××轮”后，由于船员疏忽，对油桶采取保护措施不当，致使油桶因碰撞而破损造成渗漏，使服装受到污染。贵方损失确由我方配载不当所致。

鉴于我们双方长期友好的合作关系，我们将根据贵公司所受的实际损失予以赔偿，我们今后将严格检查货船配载情况，并保证不再发生类似事件。希望此次事件的处理会使贵方满意并不致影响我们双方今后的合作关系。

谨致

商祺

××船运公司

××年×月×日

第十二节　标　书

一、标书的概念

标书是招标书和投标书的统称。

招标和投标，是现代贸易成交活动的一种重要方式，也是现代企业经营管理的一种重

要手段。标书是为适应经济活动中招标、投标的需要，按照一定格式和要求编制成的一种经济法律文书。

1. 招标书

招标书是招标一方为择优实现某一标的（货物、工程项目、劳务等）前，根据有关的法律规定，通过媒体发布一定的标准和条件，或向预先选择的数目有限的承包商发出邀请函，借以招徕合乎要求的承包商参加竞争的一种文书。招标书是招标人利用投标者之间的竞争达到优选买主或承包项目的目的，从而利用和吸收各地甚至各国的优势于一家的商品交易行为所形成的书面文件。这是订立合同的一种法律形式。一般正式招标书都采用广告、通知、公告等形式发布。

2. 投标书

投标是与招标相对应的。投标书是投标人根据有关的法律规定，为达到中标的目的，依照招标书的要求编制的关于实施招标要求的文字方案。是提供给招标人的备选方案。有资格参加投标的企业、集团和个人只有接到招标通知或见到公开招标广告、索取到招标书后才能进行投标书的编制。投标书又称“标函”，是投标者为求实现与招标者订立合同，而提供给招标者的承诺文书。影响中标的因素很多，但能否中标，与投标书撰写得好坏有着直接的关系。

二、标书的作用

招标和投标被广泛地运用于国际商业贸易、租赁业务以及工程建设承包、发包等经济竞争活动中。改革开放后，竞争机制逐步被引入中国。在中国，最先采用招投标方式的是工程建设、勘查、施工等经济领域。近年来，随着改革的深入和商品经济的发展，招投标这种竞争手段愈来愈广泛地被经济活动领域的各方面采用。比如大宗商品的交易、企业承包经营、企业租赁经营以及国有土地使用权有偿出让，以及政府、机关及社会组织的物资采购等，都可以运用招标方式进行。

施行招标和投标是尊重经济活动客观规律的体现。招标和投标的运用，有助于经济活动在公平、公正、公开的良好气氛下有序展开，既有利于经济的发展，也有利于防止行贿受贿等腐败现象的发生。目前，我国对于基本建设工程的招标、企业承包经营招标、企业租赁经营招标、国有土地使用权有偿出让招标等都有比较完善的法规，对招标有关事项作了明确规定。这些法规和规定对在我国经济活动中引入竞争机制，保证招标、投标活动的顺利进行提供了法律保证。例如，实行施工招标的建设工程项目，必须符合国家计委、城乡建设环境保护部门制发的《建设工程招标、投标暂行规定》中的下列条款：“实行工程施工招标，必须有经过批准的工程建设计划、设计文件和所需的资金。”同样道理，投标方面也只有符合国家有关规定的企业、集团和个人才可以参加投标。比如《建设工程招标、投标暂行规定》指出：凡是持有营业执照、资格证书的勘察设计单位、建筑安装企业、工程承包公司、城乡建设综合开发公司，不论是国营的还是集体的，均可参加投标。

三、标书的特点和种类

（一）招标书的特点和种类

1. 招标书的特点

（1）具体性。招标书对征招项目、要求和技术质量指标等内容的表达具有具体性，不能模棱两可。

（2）规范性。招标书中的内容必须符合国家的明确规定。

（3）竞争性。从投标者中选优的做法决定了招标书具有竞争性。

2. 招标书的种类

招标书的种类按时间划分有长期招标书和短期招标书。

按内容及性质划分有工程建设招标书，大宗商品交易招标书、选聘企业经营者招标书、企业承包招标书、企业租赁招标书、劳务招标书、科研课题招标书、技术引进或转让招标书等。

按招标的范围分，有国际招标书和国内招标书。

（二）投标书的特点和种类

1. 投标书的特点

（1）针对性。投标书的内容皆是按照招标书提出的项目、条件和要求而写，针对性强。

（2）求实性。投标书对投标项目的分析、对己方的介绍、拟采取的措施和承诺等都具有求实求真忌虚假的特性。

（3）合约性。投标书以寻求合作、签署合同为目的。

2. 投标书的种类

按投标方人员组成情况分，可分为个人投标书、合伙投标书、集体投标书、全员投标书和企业（或企业联合体）投标书等；按性质和内容，可分为工程建设项目投标书、大宗商品交易投标书、选聘企业经营者投标书、企业租赁投标书、劳务投标书等。

四、招标、投标的程序

招标与投标是在法律的监督和保护下进行的，其程序大致如下。

（一）招标的准备工作

一是招标单位审批后，设立招标机构，配备工作人员。

二是确定标的（招标项目）。经营项目标的是：产品品牌、规格、质量、数量等；工程项目标的是：地质资料、工程设计说明书、施工图纸、征地、拆迁、水电、道路、通讯等，现场条件就绪，取得工程项目建设许可证。

三是编制标底。招标单位在招标通告发出之前，依据设计图纸及有关定额、收费标准等计算出招标项目的造价估算。标底应在批准的概算和修正的概算以内，开标前要严格保密。招标工程的标底是审核工程投标报价的依据，是评价定标的标准。

四是制定投标文件

制定投标文件，包括招标广告、邀请招标通知书、投标书、投标企业资格审查表、投标须知、投标章程、投标项目说明书、招标项目标准和要求、项目勘察资料、设计说明书、设计图纸、合同格式等。

（二）招标

一是发放招标广告和邀请、招标通知书。

二是审查投标企业资信。

三是向投标企业提供招标文书并接待咨询。

（三）投标

获得投标资格的企业填写投标书参加投标。

（四）开标

首先按照招标书规定的时间、地点，在公证机关的公证员、上级机关、投标企业的代表共同参加监督下，公开开标并登记。

其次评选小组以标底为依据评标，预选出中标单位。

最后，公证员宣读公证书，确认预选中标户。

（五）中标签订合同

一是招标单位撰写发送预选中标户通知书，约定时间、地点，与预选中标户再次协商。

二是与预选中标户协商，以标价、质量、交货期及其他条件综合比较后，确定最佳中标户，并向中标户发出中标通知。

三是与中标户订立合同。

五、标书的写作

（一）招标书的写作

写作招标书的目的是邀请投标人参加投标。招标书的写法比较概括，不必写得很详尽，具体条件另用招标文件说明，发送或出售给投标人。招标书的内容主要包括：招标单位和招标项目名称，招标项目的具体要求，投标资格与方法以及技术、质量、时间等要求，投标开标的日期、地点和应缴费用等。

招标书一般由标题、正文、结尾三部分组成。

1. 标题

招标书的标题写在第一行的中间。常见标题有四种。一是由招标单位名称、招标性质及内容、招标形式、文种构成的标题；二是由招标性质及内容、招标形式、文种组成的标题；三是只写文种名称《招标书》的标题；四是广告性标题，例如《谁来承包×××工厂》。

2. 正文

招标书的正文由引言、主体部分组成。

引言部分要求写清楚招标依据、原因。

主体部分要明确地交代招标方式（公开招标、内部招标、邀请招标）、招标范围、招标程序、招标内容的具体要求，双方签订合同的原则、招标过程中的权利和义务、组织领导、其他注意事项等内容。不同类型的招标书具体内容有所不同。有些招标书主体还有一些具体的规定和要求。如工程施工招标书正文主体部分内容应包括：工程综合说明（包括项目名称、地址、工程内容、发包范围、建设工期和现场施工条件等），施工设计图纸以及说明书，实物工程量清单，材料供应方式和备料情况，工程款项的支付方式，技术质量要求，投标起止日期和开标日期、地点，合同的主要条款等。其中，如施工图纸及施工说明书工程量清单等可作为招标书的附件单独编制。商品招标书要求标明商品的名称、数量规格、价格等。科技项目招标书则要求写清招标原则，项目名称，任务由来，研究开发目标，研究开发内容，经济技术指标，研究开发的进度要求、成果要求、经费要求、承包单位的条件及要求等。招标书一般采用条文式，也可采用表格式。

3. 结尾

招标书的结尾，应签具招标单位的名称、地址、电传、电话、电子邮箱、联系人等，以便投票者参与。必要时还可写上开户银行及账号。

招标书写作的注意事项：

招标书写作是一种严肃的工作，要求注意：

一是周密严谨。招标书不但是一种"广告"，而且也是签订合同的依据，是一种具有法律效应的文件，所以要求内容和措辞必须周密严谨。

二是简洁清晰。招标书没有必要长篇大论，只要把所要讲的内容简要介绍，突出重点即可，切忌胡乱罗列材料。

三是注意礼貌。因为招标书涉及的是交易贸易活动，所以，写作招标书要遵守平等、诚恳的原则，切忌盛气凌人，更反对低声下气。

（二）投标书的写作

投标书的内容与招标书相对应，要对招标的条件和要求做出明确的回答和说明。

投标书也是由标题、正文、结尾三部分组成。

1. 标题

投标书标题由投标者名称、投标事由、项目和文种组成。如《南洋建筑公司承包东海大学实验大楼室内装潢投标书》；也可省略投标者名称，由投标事由、项目和文种组成。如《工程施工投标书》；或在正中写《投标申请书》，或《投标答辩书》、《投标书》即可。

2. 正文

投标书正文由开头和主体组成。

开头一般直接说明投标的依据、指导思想和投标意愿。

主体写法比较灵活。一般根据招标书提出的目标、要求，介绍投标企业的现状，说明具备投标的条件，提出标价（常用表格表示），完成招标项目的时间，明确质量承诺和应标经营措施，此外，根据招标者提出的有关要求填写标单等。力求论证严密、层次清晰、文字简练。包括：投标者的情况介绍、实施标的的具体措施、承诺的合同条款等。和招标书一样，不同类型的投标书主体部分的内容也不相同。如工程施工投标书的正文主体部分主要内容有：综合说明（投标者情况介绍、工程总报价、关于实施招标标的的主要内容的措施及愿意承诺的合同条款的简要说明），工程总造价和价格组成分析，计划开工、竣工的日期，施工组织和工程进度计划表，主要施工方法和保证质量的措施，临时占用土地的数量等。其中工程总报价和价格组成分析、施工进度表等可以单独编制，作为投标书的组成部分。

3. 结尾

投标书结尾要写明投标单位的名称、法人代表、投标日期。为了与招标者沟通信息，力争中标，投标书的落款还可以写上投标单位名称、地址、电话、电传、电子邮箱等。并以附件形式附上有利己方中标的有关材料等。

如果是国际投资，则应将投标书译成外文，写明国别、付款方式以及用什么货币付款等。

有的投标书还要由上级业务主管部门和公证监督机关签名盖章。如有必要，还应附上担保单位的担保书，以及有关图纸、表格等。

投标书的写作的注意事项：

一是写作内容要求能紧扣招标书的要求。

二是要实事求是地说明己方存在的优势和特点。

三是内容要合理合法，尤其对承诺的内容，如目标、造价、技术、设备、质量等级、安全措施、进度等，都要详细写明，力求具体、明确、一目了然。如果交代不清，笼统含糊，就无法使招标单位认可，当然也就难以中标，而且中标后还可能发生纠纷。

【例文一】

××大学修建实训楼的招标书

我校经上级主管部门批准，拟修建一座实训楼，从××年×月×日起开始建筑招标。现将具体事宜告知如下：

1. 工程名称：××大学实训大楼。
2. 建筑面积：××平方米。
3. 施工地址：××市××路××号。
4. 设计及要求：见附件。(略)
5. 材料中钢材、木材、水泥由招标单位供应，其余由投标人自行解决。所需材料见附表。(略)
6. 交工日期：××年×月。
7. 凡愿投标的国有、民营建筑企业，只要有主管部门和开户行认可，具有相应建筑施工能力者均可投标。
8. 投标人可来函或来人索取招标文件。
9. 投标人请将报价单、施工能力说明书、原材料来源说明书以及上级主管部门的有关签证等可密封投寄或派人直送我校基建处招标办公室。
10. 招标截至××年×月×日止（寄信以邮戳为准）。×月×日，在我院办公楼会议室，在××市公证处公证下启封开标。

××大学后勤处（印章）

××年×月×日

【例文评析】

这篇招标书标题由单位名称、招标项目名称和文种三部分组成。正文将建设单位名称、工程项目、建筑地点、建筑面积、建设工期、设计和质量要求等事项和要求逐条列出，简明扼要，符合一般工程项目招标书的要求。

【例文二】

培训楼工程施工投标书

根据××铜矿兴建培训楼工程施工招标书和设计图的要求，作为建筑行业的×级企业，我公司完全具备承包施工的能力与条件，决定对此项工程投标。具体说明如下。

一、综合说明

工程简况（工程名称、面积、结构类型、跨度、高度、层数、设备）：培训楼一幢，建筑面积 10 700m^2，主体 6 层，局部 2 层。框架结构：楼全长 80m，宽 40m，主楼高 28m，二层部分高 9m。基础系打桩水泥浇注，现浇梁柱板。外粉全部，玻璃马赛克贴面，内粉混合砂浆涂料，个别房间贴壁纸。全部水磨石地面，教室呈阶梯形，个别房间设空调。

二、标价（略）

三、主要材料耗用指标（略）

四、总标价

总标价 3 408 395.20 元，每平方米造价 370.23 元。

五、工期

开工日期：××年×月×日；

竣工日期：××年×月×日；

施工日历天数：××天。

六、工程计划进度（略）

七、质量保证

全面加强质量管理，严格操作规程；加强各分项工程的检查验收，上道工序不验收，下道工序绝不上马；加强现场领导，认真保管各种设计、施工、试验资料，确保工程质量达到全优。

八、主要施工方法和安全措施

安装塔吊一台、机吊一台，解决垂直和水平运输；采取平面流水和立体交叉施工；关键工序采取连班作业，坚持文明施工，保障施工安全。

九、对招标单位的要求

招标单位提供临时设施占地及临时设施××间，我们将合理使用。

十、坚持勤俭节约原则，尽可能地杜绝浪费现象。

投标单位：××建筑工程总公司（公章）

负责人：李××（盖章）

电话：×××× 传真：

电报：

附件：本公司基本情况介绍（略）

【例文评析】

这是一篇工程建设项目投标书。正文先介绍了工程简况，然后说明了标价、耗材指标、工期、计划进度等，对招标书作出了明确的回答。这可以说是投标单位的正式报价单，是评标决标的依据。本投标书还明确了保证工程质量的措施和达到的等级、主要施工方法、安全措施和对招标单位的要求等。文末附上公司基本情况，让他人对己方建立信心。是一份写得较完整、较规范的投标书。

【例文三】（交通部公路司投标邀请书格式）

《公路工程国内招标文件范本》（2003 年版）

（投标人全称）＿＿＿＿＿＿＿＿

1. 省（自治区、市）至公路项目已由＿＿＿＿批准修建，并已列入基本建设计划。现决定对该项目的＿＿＿＿工程的实施和完成进行公开招标。你单位已通过资格预审(1)，现决定邀请你公司按招标文件规定的内容，参加第＿＿＿＿合同段的招标。

2. 本项目招标分为 A、B、C……＿＿个合同段，各合同段独立成标。第＿＿合同段由 k＿＿+＿＿k＿＿+＿＿，长约＿＿km，技术标准＿＿级，＿＿路面。有立交＿＿处；大中桥＿＿座，计长＿＿m；隧道＿＿座，计长＿＿m，以及其他构造物工程等（独立的大桥工程应简述桥型、桥长、桥宽、跨径、基础型式、引桥引道长度等）。

3. 请凭本邀请书于＿＿年＿＿月＿＿日至＿＿年＿＿月＿＿日到＿＿＿＿（招标人全称）处购买招标文件，招标文件每套收取成本费人民币＿＿＿元，售后不退（2）。

4. 招标人根据对本合同工程勘察所取得的水文、地质、气象和料场分布等资料编制了一册《参考资料》，投标人在交付人民币＿＿元之后，可以在下列地址取得一份复印件，如有需要，还可查阅详细的勘察资料。

查阅地址：

联 系 人：

电　　话：

5. 投标人在送交投标文件时，应按投标人须知第 13 条规定提交人民币＿＿元或不低于投标价 1% 的投标担保（3）。

6. 招标人将于下列时间和地点组织进行工程现场考察并召开标前会议。

现场考察时间：＿＿＿年＿＿月＿＿日，地点：

标前会议时间：＿＿＿年＿＿月＿＿日，地点：

7. 投标文件送交的截止时间为＿＿＿年＿＿月＿＿日＿＿时（4），投标文件必须在上述时间之前送交至（单位：＿＿＿＿＿＿＿＿地址：＿＿＿＿＿＿＿＿＿＿），招标人定于投标文件送交截止的同一时间、同一地址举行公开开标（5）。

8. 请在收到本邀请书 24 小时（以发出时间为准）内，以书面方式回函确认。如果你单位不准备参与投标，亦请尽快通知我们，谢谢合作。

招标人地址：______________

邮　　编：______________

电　　话：______________

传　　真：______________

联　系　人：　　　　　　　　　　　　　　　　招标人：________（盖章）

________年____月____日

注：(1) 本邀请书适用于公开招标并实行资格预审的项目；如采用资格预审后，第1条中的“你单位已通过资格预审”文字应删除。

(2) 每套招标文件售价只计工本费，最高不超过1 000元（不含图纸部分）。参考资料也应只计工本费，最高不超过1 000元。

(3) 投标担保的形式应与投标人须知第13条第2款的规定一致。

(4) 自招标文件开始发出之日起至投标人送交投标文件截止之日止，高速公路、一级公路、技术复杂的特大桥梁、特长隧道不得少于28日，其他公路工程不得少于20日。

(5) 开标应当在招标文件确定的送交投标文件截止时间的同一时间公开进行。

第十三节　项目建议书

一、项目建议书的概念

项目建议书，又称立项申请。是项目建设筹建单位或项目法人根据国民经济的发展、国家和地方中长期规划、产业政策、生产力布局、国内外市场、所在地的内外部条件提出的某一具体项目的建议文件，是对拟建项目提出的框架性的总体设想。对于大中型项目，有的工艺技术复杂、涉及面广、协调量大的项目，还要编制可行性研究报告，作为项目建议书的主要附件之一。项目建议书是建设项目前期工作的第一步，主要是从客观考察项目建设的必要性的角度看其是否符合国家长远规划的方针和要求，同时对建设项目条件是否具备，是否值得进一步投入人力、物力作进一步深入研究。

二、项目建议书的作用

项目建议书的作用概括为以下几方面：

第一，项目建议书是国家挑选项目的依据，国家对项目，尤其是大中型项目的比较筛选和初步确定是通过审批项目建议书来进行的。项目建议书的审批过程实际就是国家对新提议的众多项目进行比较筛选、综合平衡的过程。项目建议书经批准后，项目才能列入国家的长远计划。

第二，经批准的项目建议书是编制可行性研究报告和作为拟建项目立项的依据。

第三，涉及利用外资的项目，在项目建议书批准后，方可对外开展工作。

因此，编制项目建议书既要全面论述，更要突出重点，一般侧重于项目建议的必要性、建设条件的可能性、获利的可能性这三方面，结论要明确客观，做到重点突出、层次分明，切忌繁杂。

三、项目建议书与可行性研究报告的区别

1. 研究任务不同

项目建议书是初步选择项目，其决定是否需要进行下一步工作，主要考察建议的必要性和可行性；可行性研究报告则需进行全面深入的技术经济分析论证，做多方案比较，推荐最佳方案，或者否定该项目，并提出充分理由，为最终决策提供可靠依据。

2. 基础资料依据不同

项目建议书是依据国家的长远规划和行业、地区规划以及产业政策，拟建项目的有关的自然资源条件和生产布局状况，项目主管部门的有关批文；可行性研究报告除了把已批准的项目建议书作为研究依据外，还需把文件详细的设计资料和其他数据资料作为编制依据。

3. 内容繁简和深度不同

两个阶段的基本内容大体相似，但项目建议书不可能也不要求做得很细致，内容比较粗略简单，属于定性性质；可行性研究报告则正是在这个基础上进行充实补充，使其更完善，进行更多的定量论证。

4. 投资估算的精度要求不同

项目建议书的投资估算一般根据国内外类似已建工程进行测算或对比推算，误差准许控制在20%以内；可行性研究报告必须对项目所需的各项费用进行比较详尽精确的计算，误差要求不应超过±10%。

四、项目建议书的编报程序和要求

项目建议书由政府部门、全国性专业公司以及现有企事业单位或新组成的项目法人提出。其中，跨地区、跨行业的建设项目以及对国计民生有重大影响的项目、国内合资建设项目，应由有关部门和地区联合提出；中外合资合作经营项目，在中外投资者达成意向性协议书后，再根据国内有关投资政策、产业政策编制项目建议书；大中型和限额以上拟建项目上报项目建议书时，应附初步可行性研究报告。初步可行性研究报告由有资格的设计单位或工程咨询公司编制。

根据现行规定，建设项目是指在一个总体设计或初步设计范围内，由一个或几个单位工程组成，经济上统一核算，行政上实行统一管理的建设单位。因此，凡在一个总体设计或初步设计范围内，经济上统一核算的主体工程、配套工程及附属设施，应编制统一的项目建议书；在一个总体设计范围内，经济上独立核算的各工程项目，应分别编制项目建议书；在一个总体设计范围内的分期建设工程项目，也应分别编制项目建议书。

五、项目建议书的内容

在项目建议书阶段，主要论证项目的必要性，包括项目的市场分析、初步建设方案、组织和进度安排、投资估算和财务分析。

六、项目建议书的写作

项目建议书一般包括如下几个部分：

1. 总论

重点说明项目概况、项目建议书的编制内容和原则、项目建议书的主要结论。

2. 项目的意义及必要性

重点阐述项目应用领域及符合国家及某一地区相关产业发展规划的基本情况。

3. 市场分析

分析项目的市场需求情况（定量分析）、发展趋势及本企业所处的地位。

4. 建设内容、规模、地点和期限

项目建设内容、规模部分要重点阐述需要新建或改造的项目内容和面积。

项目建设地点部分阐述项目投资发生的地点，如果不止一处场址（门店）发生投资，要分别说明。

建设期限需注意：原则上建设期在3年以内，一般不超过5年，如确需5年以上建设期，要详细说明原因。

5. 项目承担单位概况

（1）单位简介。包括主营业务、资本构成、所属行业及行业地位、上年销售额、上年销售量、利润、总资产、资产负债率、银行信用等级等。

（2）单位所有制性质。国有及国有控股企业需简介主管单位、非国有有限公司需简介绝对或相对控股股东情况。

6. 投资估算与资金筹措

（1）总投资主要包括新增固定资产投资、建设期利息、转移原有部分固定资产投资、无形资产投资、新增铺底流动资金等五个部分，铺底流动资金可以按新增全部流动资金的30%估算。

（2）资金筹措方案包括企业自有资金投入（包括部分现有资产的投入）、银行贷款（还贷的初步方案）、申请国家资本金投入及其他来源。其中企业自有资金不得低于总投资的30%。

7. 市场前景及经济效益初步分析

市场前景及经济效益初步分析中需说明项目经济效益分析材料：一般按照10年为计算期，说明项目建成后每年市场占有率情况预测及依据，预计每年销售额、销售量、销售收入、利率及财务费用、税率及税收优惠计算方法等。

还需分析经济效益的主要财务指标：年新增销售收入、年税后利润、年上缴税收、盈亏平衡点、投资收益率、贷款偿还期、投资回收期等。

总投资超过1亿元的项目需进行动态分析并提供相应附表。

8. 其他需要说明的情况

中外合资项目建议书的内容，一是要写明项目名称、项目的主办单位及负责人。中外合作各方的名称、国别和资金信用情况、业务范围、规模、产品声誉、销售情况等。二是要写明兴办合资企业的理由。从国内技术上的差距、产品质量上的差距、外引内联市场的需要、销售渠道和利用国外资金等方面来说明兴办合资企业项目的重要性和必要性。

具体来说，项目主要内容有：

（1）生产和经营的规模和范围；

（2）合资经营的年限；

（3）合资企业的地址、占地面积、建筑面积（包括新建、改建或扩建）；

（4）合资企业所需的职工人数，包括技术人员和管理人员；

（5）投资总额、注册资本和各方出资比例；

（6）投资方式和资金来源；

（7）产品的技术性能及销售方向：合资企业道口技术性能达到的水平，在国内外所具有竞争能力，产品是内销售为主还是外销为主；

（8）主要原材料、燃料、动力、交通运输及协作配套方面的近期和今后要求与已具备的条件；

（9）初步的技术、经济效益分析。

如属一次规模分期实施项目，应列出分期工程的时间安排。

主要附件有：

（1）合营各方合作的意向书；

（2）外商资信调查情况表；

（3）国内外市场需求情况的初步调研和预测报告，或有关主管部门对产品安排的意见；

（4）有关主管部门对主要原材料（包括能源、交通等）安排的意向书；

（5）有关部门对资金安排的意向书。

【例文一】

商业街项目策划建议书

一、前　言

承蒙贵公司的信任，敝公司能为××商业街（以下简称本项目）提供策划及推广建议书，并多谢贵公司提供之资料。本策划方案旨在证明发展商一个正确无误的投资方向，并通过对本项目的初步分析研究、项目定位的阐述，以及招商推广手法的突破性等，将一幅鲜明而生动的××兴旺和美好的雄起图，在公众面前展现无遗，能引导投资者抓住这罕有的投资机会，使××商业街成为一个城中热点。整体推广概念将于建议书内作扼要阐述。诸多细节问题在双方协商之后再行定论。

二、项目分析

（一）项目概况

项目位置：地处××市××区××路中段。

项目面积：总面积约 8 600m^2，共 3 层，一层约 4 000m^2；二层约 3 000m^2；三层约 1 600m^2

周边配套：××区政府、××大学、××学校、××幼儿园、××邮局、交通银行、工商银行、市第一人民医院、××小区、××公园等

紧邻商场：人人乐超市、家乐福、西部电子等

（二）项目所处物业状况

物业基本情况

××花园，为一类高层建筑，集住宅、办公、商业功能于一身。本工程的总建筑面积 176 638 平方米，地下 2 层；其中 1 栋 1 ~2 层裙房为会所；2、3、5 栋一层裙房为商铺（商场），二层架空；6、7 栋 1 ~2 层裙房为商场，6 栋 3 层为架空转换层。

地面共有 8 栋塔楼，1 栋 3 个塔楼（3 ~29 层住宅），建筑高度 99.7 米；2、3、5 栋各一塔楼（3 ~30 层住宅楼），建筑高度 99 米；户数方面：1 栋共有 365 户，2 栋、3 栋、5 栋各有 191 户，共有 938 户。均价每平方米 5 500 元的房价，所吸收的置业人士必将在生活层次上也达到较高的水准。6 栋塔楼（4 ~22 层公寓楼），建筑高度 69.7 米，6 栋有 279 户；7 栋塔楼（3 ~25 层办公楼），建筑高度 98.9 米。商务公寓主要服务对象为首次创业人士和自由职业者，这部分人热爱自己所从事的事业，拼搏精神十足，锐意进取，追求新事物、新生活。办公楼为星级写字楼，企业老板和白领阶层所占比重较大，他们消费能力已经达到较高水平，品牌消费概念比较浓厚。

（三）项目片区分析

1. 基本情况

项目所处片区位于××市中心地带、二期地铁站入口、与××公园仅一路之隔、步行可至××商业中心区，在政治、经济、文化三个方面都有独特的优势。从政治上讲，与区政府隔路相望，地标导向优势明显；从经济上讲，居于老牌的××商圈和新兴的××商业文化中心区之间，起着承上启下的关键作用；从文化上讲，与××大学分别雄立于××大道两边，步行至市图书馆、××体育中心不到 5 分钟。

2. 商业状况

××区的开发较之××区、××区，起步较晚，在商业形态上还不够成熟，未能吸引区外人口消费，且目前区内消费还受到××、××商圈分流的影响。区内具有特色的、优势的商业街和商业圈也不够完善，几大商圈在各自为政的局势下进行改造和升级，新的商业街也依附大型社区应运而生。

3. 商业特征

片区所处地的商业特征相对模糊，但大体上是以商场为根据地形成商圈。

4. 发展趋势

诸多商业街和商场在激烈的市场竞争下，正在自身经营业态和整体定位的调整中寻求

生机。伴随南山区居住人口的不断增加，大小商家努力抢占更大的市场份额，成熟的商家以过人的睿智，勇于投资空白领域，催生出大批的新型商业街，成功的榜样带动大多商家投资目光开始转变，由成熟的商圈转向发展潜力巨大的领域。

（四）综合分析

优势：

◎地理位置优越。

◎交通方便。

◎项目所处的楼盘——××大厦，设计成熟，一入市就成为市场热点，影响力大。

◎商铺外观新颖别致，设计气派。

劣势：

◎所处位置孤立，前后街铺没有紧密相连，离成熟商圈和其他商业街有一定距离；无法具备堆扎效应和促成人流延伸，难以形成商业氛围。

◎东面的××大道路宽车速快，不利于对面居住人群跨越。

◎商铺的面积较大，整体租金将对商家经营成本造成压力，如果中间间隔，则会导致门面过小，商家对此比较敏感且不大喜爱。

◎商铺位置及物业特征相对引进商家有很大的局限性，大型餐馆排烟排污过大，列入禁止入驻之列，对人流量吸引有一定的影响。

威胁：（略）

机会：（略）

三、市场分析

（一）市场状况

项目所处地——××区，作为××市四个经济特区中面积最大的区，在土地资源上具有明显的优势，特别是政府部门整体上的规划、全方位的布局、多渠道的招商引资方式、土地开发的优惠政策等多方面的利好政策，有力地推动了南山区成为发展商和投资客关注的焦点。商业项目和住宅项目的综合开发，吸引了大批置业人士和投资人士的选择，××区的商业也因此有了较大的飞跃，几个商圈正在形成和完善之中。

近年来，××区发展一日千里。众多住宅项目在××楼市中崭露头角，精彩大盘抢尽风头。伴随着滨海大道通车、地产开发遍地开花，以及配套设施不断完善，到该区上班的人多了，居住的人多了，消费的人也多了。沉寂多年的商业市场也如同睡狮猛醒，在短短一年多里发生着惊人巨变。西部商战烽烟四起，主题商城层出不穷。然而令人遗憾的是，××商圈似乎未能跟上住宅的发展节奏，新推向市场的商业项目，像偶尔在地产大潮中泛起的几朵浪花，未能引起人们的长期关注。正在经营中的商业物业，多数都在默默耕耘着。南山商业因缺乏一个核心而显得波澜不兴。

随着城市西移步伐的加快以及××通道的正式动工，××庞大的土地储备和优越的地理位置，日益凸显其作为未来城市发展的商业领军地位。

（二）消费群体分析

项目作为××花园、××大厦的裙楼，决定其消费群体的平均消费能力处于中等水平，且消费群体年龄范围限定在18岁至60岁之间，他们喜欢自由式的消费形式，一定程度上排斥为消费而消费的行为。在满足正常消费需求的同时，崇尚舒适、休闲的购物环境。

从项目所处的地理环境分析，消费群体的范围将以××为点，辐射××大学的教职工、附近住宅小区的居民，其波及范围极有可能达到××路、××路、××路等地。

四、项目定位

（一）目标消费群体定位

一是住宅居民（1 217户）和写字楼办公人员（无法计数）；二是×大学12 000多名大学生和800多名教职工；三是商业街所辐射的周边消费群体（具体数量的大小取决于商业街定位的成功与否）。

（二）项目形象定位

以服务社区为主的生活街和以时尚潮流为主的风情街相结合

（三）价格定位

一楼：×××元/m^2

二楼：××元/m^2

三楼：××元/m^2

项目规划：

项目名称（待定）

××商业街

××风情街

功能分布：

A. 1栋一层引进小规模知名社区超市。

B. 2、3、5栋一层以经营服饰、精品、化妆品、中西餐饮作为主打。

C. 6栋二、三层经营酒吧、西餐、咖啡和娱乐休闲会所。

D. 7栋一、二、三层引进银行、商务服务等；还可引进大型知名高档餐饮（解决排烟排污、自来水的问题后，写字楼裙楼可经营餐饮）。

E. 5个圆形独体商铺即可特色经营，作为商业街的最大亮点，也可作为商业街业态的补充和完善。

【例文二】（参考格式）

中外合资经营企业项目建议书

一、项目名称：合资生产（经营）××产品项目

项目主办单位：（企业名称）

单位负责人：（厂长或经理）

二、兴办合资经营企业的理由

从国内外技术上、产品质量上的差距，从利用外资、产品出口、培养人才、增加收益等方面，说明兴办中外合资经营企业的必要性和重要性。

三、中方合营者的情况

介绍中方合营者的基本情况和兴办中外合资经营企业的有利条件，包括企业性质（国营或集体）、人员情况、技术力量、领导班子、固定资产、设备、场地、原有产品产量、产值、利润、产品出口等情况。

四、外国合营者的情况

外国合营者公司名称、国别、资本、业务范围、规模、产品声誉、销售情况等。

五、合资经营主要内容

（一）生产（经营）范围和规模。

（二）合营××年。

（三）合资经营企业的地址、占地面积、建筑面积（新建、扩建、改造）。

（四）合资经营企业的职工总数和构成（工人、技术人员、管理人员）。

（五）投资总额、注册资本和各方出资比例。

（六）投资方式和资金来源：中方以土地使用权、建筑物、房屋、机器设备等作价的估算，现金投资（外汇、人民币）和来源（自筹、贷款、租赁）；外国合营者以现金、机器设备、工业产权（专利权和商标权）或专有技术等作为出资，对其作价、估价方法和估算金额。

（七）产品技术性能及销售方向。合资经营企业的产品拟达到的技术水平，在国内外具有竞争能力，产品内外销比例的估计。

（八）生产（经营）条件。合资经营企业所需主要原材料、燃料、动力、交通运输及协作配套方面的近期和今后要求及已具备的条件。

（九）初步的技术、经济效益分析。包括：产品的性能和价格（内外销）、成本、收益估算。生产手段、生产效率提高程度。能源和原材料的节约效果。中外双方经济收益匡算：合营期间各方利润、项目投资利润率、投资回收年限的估算等。社会经济效益分析：合营期间的税收、劳动就业人数、技术水平的提高等。

六、项目实施计划

何时进行技术交流、出国考察、编写可行性研究报告、组织洽谈、签约、施工、试车和投产等。

如属一次规划、分期实施项目，应列出分期工程的时间安排。

附件：

（一）邀请外国合营者来华技术交流计划。

（二）出国考察计划。

（三）可行性研究工作计划，包括负责可行性研究的人员安排；如需聘请外国专家指导或委托咨询的，要附计划。

注：报批项目建议书时，附件要齐全。

综合练习

一、解释下列概念

1. 调查方法
2. 市场调查报告
3. 可行性研究报告
4. 市场预测报告
5. 经济活动分析报告
6. 授权委托书
7. 经济合同
8. 标的
9. 招标书
10. 投标书
11. 项目建议书

二、填空题

1. 产品说明书是对产品的________、________、________进行说明的文书。

2. 市场调查经常采用的调查方法有：询问调查法、________法、________法、________法、________法和________法等。

3. 经济活动分析报告具有________分析性________、总结性和________指导性________的特点。

4. 经济文书具有________性、________性、________性________和________四个方面的特点。

5. 根据合同法，合同应当具备以下的条款：①________；②________；③________；④________；⑤________；⑥________；⑦________；⑧________。

6. 公证文书是不具备法律效力，但具备________法律意义________的文书。

7. 授权委托书的种类，可将授权委托书分为________和________。

8. 经济活动分析报告从范围内容上分，可以分为________分析报告和________分析报告两大类。

9. 经济合同一般采用________形式，以也可以采用________形式。

10. 在处理贸易纠纷时，如果被索赔方确实有责任，应当________。

11. 国际贸易洽谈纪要与公文会议纪要比较，具有________、________、________等特点。

12. 商品广告的标题有(　　　)、(　　　)、(　　　)三种。“第一流产品，为足下争光”(鞋油广告标题)属于(　　　)标题；“一夫当关”(上海鱼牌锁广告)揭示了商品的(　　　)，属于(　　　)。

13. 产品说明书是对产品(　　　)、规格用途、保存(　　　)进行说明的文书。

三、判断题

1. 产品说明书属于(　　)类的文书。

A. 论文类　B. 报告类　C. 说明类　D. 指导消费

2. 经济类文书的特点是(　　)。

A. 专业性　B. 真实性　C. 时效性　D. 和针对性

3. 长期预测报告中的长期预测时间一般是(　　)。

A. 10 年以上　B. 5 年以上　C. 3 年以上　D. 1 年以上

4. 当企业在做出重大经济决策时要对相关问题作分析，这种分析属于(　　)

A. 综合性经济活动分析　B. 专题性经济活动分析

C. 简要的经济活动分析　D. 定期经济活动分析

5. 市场预测报告的标题形式有(　　)

A. 新闻式　B. 新闻式　C. 单标题式　D. 提问式

6. 经济合同的签约人之间的关系必须是(　　)

A. 权利、义务对等　B. 平等的自然人、法人

C. 平等的法律主体

D. 国家与下级机关的计划任务关系

四、问答题

1. 市场调查的常用调查方法有哪些？
2. 市场调查报告的特点和作用是什么？
3. 可行性研究报告的特点和作用是什么？
4. 经济活动分析报告有哪些种类？
5. 写作经济活动分析报告应当注意什么？
6. 公证书是否具备法律效力？为什么？
7. 什么是授权委托书？
8. 经济合同的基本格式有哪些？
9. 经济合同的主要条款内容应当包含哪些基本内容？
10. 举例说明现实生活中有哪些不合理的合同条款？
11. 国际贸易洽谈纪要的正文部分应写明哪些内容？
12. 按性质和内容分，招标书主要有哪些类型？
13. 投标书的主体部分写什么内容？
14. 项目建议书和可行性报告有何区别？
15. 商品说明书的内容写作有哪些要求？

16. 广告文案的制作应注意什么?

五、写作练习

1. 通过调查研究，写一篇有关昆明市“解堵”的可行性研究报告。

(可以就某一方面的问题进行调查研究后，选取一个小的问题写作。)

2. 写一份云南省昆明市×××汽车交易市场的经济活动分析报告。

3. 按照合同的标准格式，订立一份商品买卖合同或技术转让合同。

4. 写一份技术转让授权委托书。

5. 生活中人们常说的“霸王条款”是指什么?

6. 对生活中的一次成功退货经历进行描述。

7. 国际联通公司向环球物资公司购买钢材55.36吨，按照双方合同约定，应于今年5月底以前装船交货，但环球物资公司拖延至6月15日方予交货。由于货物延期，严重影响该公司生产和销售，造成很大的经济损失。现在国际联通公司为此提出索赔，要求对方按照合约规定，交付罚金242 127日元。请拟写这份索赔书。

8. 请根据上述内容，为环球物资公司拟写一份同意对方意见的理赔函。

9. 请为家乡的某种特产设计一段广告词。

10. 选择一种自己熟悉的商品写一份商品说明书。

11. 根据下列材料，以××市商品贸易大楼筹备处的名义，写一份工程设计招标书。有关内容可以虚拟、充实。

经上级批准，准备新建××商品贸易中心大厦。建筑面积27 000平方米，楼高18层，建筑地点在××区××路。要求由甲级设计单位并具有必要的设计条件和成功地设计过类似项目的设计单位投标设计。有欲设计者请于2005年10月20日前到××市商品贸易大厦筹备处面洽。联系人：××先生。联系电话：538888。

第五章　常用文书

第一节　求职信、应聘信

一、求职信、应聘信的概念

求职信与应聘信都是向用人单位自荐谋求职位的专用书信，不同的是，求职信是求职人根据自己的条件和意向，向可能聘用自己的单位所写的书信；应聘信是在已获知用人单位正在招聘人员的情况下所写的书信。

二、求职信、应聘信的写作

求职信和应聘信的结构一般包括称呼、问候语、正文、署名及附件几个部分。

1. 称呼

如果不知道用人单位主管者的姓名，可直接写上单位、部门的名称或主管领导的职务称呼，如“××公司人力资源部”、“××学校校长”等。

2. 问候语

应写得简单、得体，通常用“您好”开头。

3. 正文

这是求职信、应聘信的重点，篇幅不宜太长，切忌有错字、病句及文理欠通顺的现象发生。先介绍自己的基本情况（包括年龄、性别、籍贯、学历、所学专业等），写明所申请或应聘的职位，以及个人符合这一职位的条件，要写出自己的优势，如曾经的从业经验等，以引起对方的注意与兴趣。最后再次强调自己求职或应聘的目标和希望对方给予答复的企盼，并告知自己的联系方式。

4. 署名、日期

署名写在结尾的右下方，日期要把年、月、日写全。

5. 附件

附件一般包括个人简历、所学专业课程，各类获奖证书、发表的论文、论著，有关部门的推荐意见，以及专家教授的推荐信等个人材料。

【例文】

应聘信

尊敬的××公司经理：

您好！

本人，姓名××，男（女），××岁，硕士学位，本市人。我从报纸上看到贵公司的招聘信息，对网页兼职编辑一职很感兴趣。

我从 1999 年 5 月至今，一直在出版社担任编辑工作。经过出版社工作协会的正规培训，有两年的工作经验，我相信我有能力担当贵公司所要求的网页编辑工作。

我对计算机有着非常浓厚的兴趣。能熟练使用 FrontPage 和 DreamWeaver、PhoteShop 等网页制作工具。本人自己做了一个个人主页，日访问量已经达到了 100 人左右。由于编辑业务的性质，决定了我拥有灵活的工作时间安排和方便的办公条件，这一切也在客观上为我的兼职编辑的工作提供了必要的条件。基于对互联网和编辑事务的精通和喜好，以及我自身的客观条件和贵公司的要求，我相信贵公司能给我提供施展才能的另一片天空，而且我也相信我的努力能让贵公司的事业更上一层楼。

随信附上我的简历，如有机会与您面谈，我将十分感谢。即使贵公司认为我还不符合你们的条件，我也将一如既往地关注贵公司的发展，并在此致以最诚挚的祝愿。

此致

敬礼

×××

××年×月×日

【例文评析】

这封应聘信重点突出了应聘者的工作经历、工作能力，写出了自己的优势。文字简洁，重点突出。

第二节　感谢信、表扬信

一、感谢信、表扬信的概念

感谢信是对某个单位或个人的关怀、支援、帮助表示感谢的信。感谢信不仅有感谢的意思，而且有表扬的意思。这种信可以直接交给对方或对方所在单位，也可以张贴在对方单位所在地的公共场所，还可以交给报纸刊登、电台广播、电视台播映。

表扬信是对某些单位或个人的高尚风格和模范事迹表示颂扬的信件。这种信件可以是领导机关、群众团体表扬其所属的某一单位以及某一个人的，也可以是群众之间的互相表扬。表扬信一般用大红纸抄出，张贴在被表扬者的单位、个人所在地或者公共场所；也可以在报纸发表、在电台广播、在授奖大会上宣读。通过表扬好人好事，能够使受表扬者得到鼓舞，对其他人也起到教育作用。

二、感谢信的写作

感谢信结构一般包括标题、称谓、正文、结尾几个部分。

1. 标题

在第一行的正中用较大的字体写上“感谢信”三个字。

2. 称谓

第二行顶格写对方单位名称或个人姓名，姓名后面可以加适当的称呼，如“同志”、“师傅”、“先生”等，称呼后用冒号。如果感谢对象比较多，可以把感谢对象放在正文中间提出。

3. 正文

第三行空两格起写正文。这一部分要写清楚对方在什么时间、什么地点、由于什么原因，做了什么好事，对自己或单位有什么支持和帮助，事情有什么好的结果和影响。还要写清楚从中表现了对方哪些好思想、好品德、好风格。最后表示自己或所在单位向对方学习的态度和决心。

4. 结尾

正文写好了，另起一行空两格（也可以紧接正文）写上“此致”，换一行顶格写上“敬礼”。最后一行，在右半行署上单位名称或者个人姓名。在署名的下边写上日期。

三、写感谢信要注意的问题

第一，叙述对方对自己或本单位的帮助，一定要把人物、时间、地点、原因、结果以及事情经过叙述清楚，便于组织了解和群众学习。

第二，信中要洋溢着感激之情。在叙述事实的过程中，除了要突出对方的好思想和表示谢意外，行文要始终饱含着感情。感情要真挚、热烈，使所有看到信的人都受到感染。

第三，写表示谢意的话要得体，既要符合被感谢者的身份，也要符合感谢者的身份。

第四，感谢信以说明事实为主，切勿不着边际地大发议论。

表扬信的格式和写法与感谢信基本相同。不过，写表扬信还需要注意下面的几点：

一是感谢信一般由当事者或当事者所在单位以及亲属来写，而表扬信则了解情况的人都能写。

二是表扬信结尾的写法有两种，如果是写给本人的，就写“值得学习”、“深受感动”等方面的内容；如果是写给受表扬者的所在单位或领导的，就可以提出建议，请在一定范围内宣传、表扬受表扬者的好作风和模范事迹。

三是正文中要突出受表扬者事迹中最有教育意义的方面。

四是叙述受表扬者的模范事迹一定要实事求是，赞扬的文字要掌握分寸，切忌堆砌溢美之词，使人感到不可信，也会让受表扬者感到不快。

【例文一】

表 扬 信

编辑同志：

我是山西省的一个普通农民。三个月前，我身背久病不愈、生命垂危的儿子，带着最后一线希望来到了首都。在积水潭医院外科急诊室，大夫们给我儿子进行了全面的检查，诊断结果是："弥漫性腹膜炎和脓毒性败血症。""病情危急，应马上手术。"鬓发苍白的金大夫果断地做出了决定。

为抢救我儿子的生命，金大夫好几天没有回家，他全然忘记了连日来的疲劳，主动为我们联系住院，并亲自给我儿子做了手术。术后，金大夫每天几次来病房询问我儿子的病情，并仔细查看刀口包扎和排液管是否畅通。记得有一次，医生让我儿子喝酸奶，可我儿子自幼生长在农村，对喝酸奶不习惯，只喝了一口就不再下咽了，我几次劝说也无济于事。这时候金大夫来了，他语重心长地讲述了喝酸奶对配合药物治疗和防治毒菌感染的作用等一系列通俗易懂的医疗知识。在谈话中，金大夫以他的那特有风趣、幽默的语言不时地引起了我儿子的微笑，使他很顺利地喝下了酸奶。经过两个月的治疗，我儿子基本上恢复了健康。这对病人来说简直是个奇迹。

积水潭医院外科的大夫们不但医术高，而且医德好，我们全家深受感动。他们不愧是人民的好医生，他们这种救死扶伤、急病人之所急的高尚医德值得我们每一个人学习。在这里，我们除了想借贵报表达我们的敬意和感谢外，并请贵报对积水潭医院大夫们高尚的医德予以表扬。

此致

敬礼

山西 ×××

二〇〇五年×月×日

【例文评析】

这封表扬信首先感谢了积水潭医院大夫们对患者的精心治疗，再对大夫们高尚的医德进行了表扬，情感真挚。

【例文二】

中共中央致各民主党派中央、全国工商联的感谢信

中国国民党革命委员会

中央委员会中国民主同盟中央委员会

中国民主建国会中央委员会

中国民主促进会中央委员会

中国农工民主党中央委员会

中国致公党中央委员会
九三学社中央委员会
台湾民主自治同盟中央委员会
中华全国工商业联合会：

在中国共产党第十六次全国代表大会召开之际，收到你们热情洋溢的贺信。在此，向你们表示衷心的感谢！

中国共产党第十六次全国代表大会，是我们党在新世纪召开的第一次代表大会，也是我们党在开始实施社会主义现代化建设第三步战略部署的新形势下召开的一次十分重要的代表大会。大会圆满完成了各项议程，开得十分成功，这是一次团结的大会、胜利的大会、奋进的大会。大会高举邓小平理论伟大旗帜，全面贯彻“三个代表”重要思想，继往开来、与时俱进，科学总结了中共十三届四中全会以来我们党领导人民建设中国特色社会主义的基本经验，提出了全面建设小康社会的奋斗目标，对新世纪新阶段全面推进改革开放和社会主义现代化建设、加强和改进中国共产党的自身建设等一系列重大工作进行了战略部署，动员全党和全国各族人民为开创中国特色社会主义事业新局面而团结奋斗。这次大会，开启了中国共产党团结和带领全国各族人民继续奋勇前进的新起点，具有重大的现实意义和深远的历史意义。

新中国成立以来，各民主党派、全国工商联始终同中国共产党团结合作，是中国共产党久经考验的亲密朋友，是发展爱国统一战线、建设中国特色社会主义和维护社会政治稳定的重要力量。在新世纪新阶段，中国共产党将按照“十六大”精神，继续巩固和发展全体社会主义劳动者、一切拥护社会主义的爱国者和一切拥护祖国统一的爱国者的最广泛的联盟，坚定不移地贯彻“长期共存、互相监督、肝胆相照、荣辱与共”的方针，坚持和完善中国共产党领导的多党合作和政治协商制度，进一步巩固和发展最广泛的爱国统一战线。中国共产党热忱希望各民主党派、全国工商联充分发挥参政议政和民主监督的作用，在建设中国特色社会主义的进程中共同谱写团结合作的新篇章。

让我们紧密地团结在以胡锦涛同志为总书记的中共中央周围，高举邓小平理论伟大旗帜，全面贯彻“三个代表”重要思想，认真学习贯彻十六大精神，与时俱进，开拓创新，为继续推进现代化建设、完成祖国统一大业、维护世界和平与促进共同发展，为实现中华民族的伟大复兴而不懈奋斗！

此致
敬礼！

中国共产党中央委员会
二〇〇二年十一月十六日

【例文评析】

这封感谢信开门见山，对受文对象表示感谢，在接下来的叙述事实的过程中，突出了对对方所做出的努力表示的谢意，感情真挚、热烈，能使所有看到信的人都受到感染。

第三节　申请书、启事

一、申请书

（一）申请书的概念

申请书是个人或者单位、集体因某种需要，向领导或组织表达愿望，或提出有关请求事项的专用书信。

申请书的用途很广。向政党、团体或其他组织表示加入的愿望；向所在单位或上级领导提出关于工作、生活、学习等方面的要求；向国家司法或行政部门申办各种事务时，经常需要使用申请书。

（二）申请书的种类

申请书从内容上大概可以分为三类：

一是参加某种组织的申请书。这是要求参加某一社会团体、党派而写的申请书，如入党申请书、入团申请书等。

二是要求解决问题的申请书，如请求调动工作、申请住房、申请深造等。

三是要求某种权利的申请书，如专利申请书、商标注册申请书等。

（三）申请书的写作

申请书一般包括标题、称谓、正文、结尾、署名与日期几部分。

1. 标题

应在首页第一行正中写上标题，可以只写《申请书》三个字，也可以根据申请的事项和目的，标明具体的名称，如《入党申请书》、《住房申请书》、《专利申请书》等。

2. 称谓

称谓指申请书的受文者。可以是机关、团体、组织的名称，也可以是有关领导的姓名，如“××学校”、“××公司”“××经理”等。写在标题的下一行顶格处，后面加冒号。

3. 正文

正文是申请书的主体部分。主要包括愿望要求和理由（认识）两部分内容。如果是加入某个组织的申请，则应着重写自己对该组织的认识，自己所具备的条件等。如果是请求解决某一困难的申请，则应着重写清情况，摆出困难或提出要求的理由。愿望和要求是申请书的核心，应在申请书的开篇或在讲清理由或认识之后，用明确的语言加以表述。

4. 结尾

申请书的结尾可以写“此致”、“敬礼”，也可以写“请求组织批准我的要求”、“祈请领导核准”，或其他表示祈请、希望、祝颂的话。

5. 署名和日期

在结尾的右下方写申请人姓名，署名前可冠以“申请人”三字，必要时加盖公章，下一行再写提出申请的具体的年、月、日。

（四）申请书的写作要求

1. 实事求是，理由真实

写加入组织的申请要讲清自己的真实思想和认识，讲个人情况时也要真实，以便组织审查。如请求组织、领导解决某项困难，也应从客观实际出发，不要夸大事实。

2. 用语得体，态度诚恳

写作申请书，是对收文者有所请求，所以用语应谦和得体，不可使用要挟、命令式的语气。

【例文一】

入学申请书

××广播电视大学领导：

我是一名居住在新加坡的华人。最近从报纸上得知贵校将举办函授大学的消息，特向贵校提出申请，希望能成为函授中国语言文学专业的一名学员。

我对祖国传统文化怀有极为浓厚的兴趣，自幼便在长辈的辅导下读过唐诗、宋词、明清小说。时常为祖国诗歌的优美意境所陶醉；我酷爱祖国的语言文字，时常为它那铿锵和谐的音节、精致巧妙的造型而心醉神迷。在新加坡虽也能学到汉语言文学的课程，但汉语文化的根基在中国，在那九百六十万平方公里的土地上。我向往祖国，希望能回祖国去读书，但我目前尚不具备充足的条件，贵校的函授教学，恰恰能适合我的需要。

我知道一个远在南洋的学生入学，会给学校带来许多预想不到的麻烦，但我相信学校领导和老师们能够体谅我的心情，一定能够满足我的愿望。我热切地盼望着得到你们的答复。

此致

敬礼！

申请人王××

××年×月×日

【例文评析】

这份申请书第一段首先明确地提出申请的内容，第二段阐述申请的理由，最后用谦和、恳切的语气再次强调自己的愿望。

【例文二】

入党申请书

敬爱的党组织：

我志愿加入中国共产党，愿意为共产主义事业奋斗终生。中国共产党是中国工人阶级的先锋队，同时是中国人民和中华民族的先锋队，是中国特色社会主义事业的领导核心，代表中国先进生产力的发展要求，代表中国先进文化的前进方向，代表中国最广大人民的根本利益。党的最终目的是实现共产主义。中国共产党以马克思列宁主义、毛泽东思想、邓小平理论和“三个代表”重要思想作为自己的行动指南。

自1921年建党至今，我们的党已经走过了80多年光荣的道路。这几十年，中国共产党从小到大、从弱到强、从幼稚到成熟，不断发展壮大。从建党之初的几十名党员，逐步发展到今天这一个拥有六千多万党员的执政党。并在长期的革命过程中，先后形成了分别以毛泽东、邓小平、江泽民为核心的三代党中央领导集体。正如江泽民同志所说：“党领导全国各族人民为中国社会主义进步和发展做了三件大事：第一件是完成了反帝反封建的新民主主义革命任务，结束了中国半封建、半殖民地的历史；第二件是消灭了剥削制度和剥削阶级，确立了社会主义制度；第三件是开辟建设有中国特色的社会主义道路，逐步实现社会主义现代化，这件大事现在继续在做。”党的辉煌历史，是中国共产党为民族解放和人民幸福前赴后继、英勇奋斗的历史；是马克思主义普遍原理同中国革命和建设的具体实践相结合的历史；是坚持真理，修正错误，战胜一切困难，不断发展壮大的历史。中国共产党无愧是伟大、光荣、正确的党，是中国革命和建设事业的坚强领导核心。

人的一生或重于泰山，或轻如鸿毛，正如保尔·柯察金所说：“人最宝贵的是生命。生命于每个人只有一次。人的一生应当这样度过：回首往事，他不会因为虚度年华而悔恨，也不会因为卑鄙庸俗而羞愧；临终之际，他能够说：‘我的整个生命和全部精力，都献给了世界上最壮丽的事业——为解放全人类而斗争’。”我申请加入中国共产党的原因，是因为中国共产党党员是中国工人阶级的有共产主义觉悟的先锋战士，党的宗旨是全心全意为人民服务。突如其来的“非典”检验了我们的党和党员，从70多岁的老军医到年轻的护士，从为抗击“非典”献身的医生到身边坚守口岸抗非前线的战士，他们展现着新时代共产党员的风貌：全心全意为人民服务，不惜牺牲个人的一切，胸怀共产主义远大理想，带头执行党和国家现阶段的各项政策，勇于开拓，积极进取，不怕困难，不怕挫折；他们全心全意为人民谋利益，吃苦在前，享受在后，克己奉公，多作贡献；他们刻苦学习马列主义理论，增强辨别是非的能力，掌握做好本职工作的知识和本领，努力创造一流成绩；他们在危急时刻挺身而出，维护国家和人民的利益，坚决同危害人民、危害社会、危害国家的行为作斗争。他们感动着我、激励着我加入到党的队伍中。

作为一名人民教师，是中国共产党把我从一个不懂事的孩子培养成为一名具有大学文化程度的教育工作者，二十多年来我也见证了改革开放所带来的巨大变化。我对党的认识，是逐步加深的。少年时代，在父母亲的言传和老师的指导下，幼小的心灵萌发了对中国共产党的敬慕和向往；中学时代，是我人生观初步形成时期，开始接受了马列主义、毛泽东思想；上大学后，我向党组织递交了入党申请书，参加了党校的理论学习，并以优异的成绩结业，在党组织的培养教育下，我逐步树立共产主义的世界观、价值观和人生观；参加工作以来，我更是坚持在业余时间学习有关党的理论知识，认真学习和领会江泽民同志“三个代表”重要思想、党的十六届四中全会会议精神，通过学习，加深了对“三个代表”精神实质的理解，在理解中改造自己的人生观、价值观和世界观，思想上有了极大进步。在进入教师队伍后，我踏实肯干，认真完成本职工作。在工作中，我任劳任怨，起到了模范带头作用。同时，在生活中，我接触到了许多优秀的党员同志，他们时刻以党员的标准严格要求自己，吃苦在前，享受在后，勤勤恳恳工作，从不叫苦叫累，我从他们的身上看到了党的优良传统和作风，进一步激发了加入党组织的决心和信心。为此，我郑重地再次向党组织提交我的入党申请。

在自己有了一些优点的同时，我还经常作自我批评，发现自己在以下方面还有不足之处，如工作上缺乏开拓精神，思路不开阔，积极主动性不够，在工作中对政策文件的理解把握有待提高。我会尽快改正，同时还请组织给予指导和帮助。

今天，我虽然再次向党组织提出了入党申请，但我深知，在我身上还有缺点和不足，因此，我希望党组织从严要求我，以便使我更快进步。今后，我要用党员标准严格要求自己，自觉地接受党员和群众的帮助与监督，努力克服自己的缺点和不足，争取早日加入党组织，请党组织在实践中考验我。

如果党组织能批准我的请求，我一定拥护党的纲领，遵守党的章程，履行党员义务，执行党的决定，严守党的机密，对党忠诚，积极工作，为共产主义奋斗终生，随时准备为党和人民牺牲一切，永不叛党；如果党组织认为我还不完全具备党员条件，这次不能接纳我入党，我决不气馁，我会尽快克服自己的缺点和不足，继续以党员的标准严格要求自己，充实、提高自己，以更饱满的热情投入到以后的工作和学习中去，以实际行动争取早日加入党组织。

此致

敬礼

申请人×××

二○○六年××月××日

【例文评析】

入党申请书内容主要包括以下几个方面：

一是要写清为什么要入党。主要写自己对党的认识和入党动机。要明确表示："我志愿加入中国共产党，承认党的纲领和章程，履行党员义务，执行党的决议，严守党的纪律，保守党的机密，按时交纳党费，对党忠诚，愿意参加党的一个组织并在其中积极工作，为共产主义奋斗终生。"

二是要表明对党的性质、宗旨、指导思想、奋斗目标、组织原则、纪律和党的路线、方针、政策及党风方面的认识和态度。

三是要写自己的政治信念和思想、工作、学习、作风等方面的主要情况；要剖析自身存在的不足，表明对入党的态度和决心，以及今后如何以实际行动争取入党。并明确表示愿意接受党组织对自己的教育和考察。

二、启 事

（一）启事的概念

单位或个人将需要向大众公开说明并希望获得关心、理解、支持和协助的事情简写成文，通过传媒公开，这种应用文书就是启事。

（二）启事的特点

1. 公开性。通过传媒向社会发布。

2. 单一性。事项要单一，不掺杂无关内容。

3. 期望性。期望得到人们的了解、支持和协助，没有强制读者承担责任和义务。

（三）启事的类型

根据内容分，启事的种类大致可以分为10类：

找寻启事、招领启事、征集启事 、招聘启事、开业、庆典启事、迁址启事、遗失、作废启事、征婚启事、征订启事 、更正启事

（四）四启事的结构和写法

1. 标题。

由启事者、事由、文种构成，如《××大学校庆启事》；还可直接写出事由、文种，如《招聘启事》；有的“启事”前冠单位名称，如《××公司招聘技术员启事》；若事项重要或紧急，可加“重要”或“紧急”字样，如《××公司紧急启事》等，也可直接写启事二字。

2. 正文。

用明晰、简练的语言说清楚启事的目的、原因、具体事项、要求、通联方式和联系人等。根据启事的不同种类拟写不同的内容，如招工启事主要写明招工的范围、对应聘者的要求、以及待遇等；搬迁启事主要写明搬迁的原因、地点等。

3. 落款。在正文末右下方写明启事单位名称或个人姓名，并在其下一行写明日期。

【例文一】

××大学校庆启事

谨定于二〇〇五年×月×日（星期日）上午九时三十分，在本校（××市××路）隆重举行建校二十周年庆典。希望历届校友光临并互相转告。

××大学校庆办公室

二〇〇五年×月×日

【例文二】

教务处招聘启事

因工作需要，我处拟从2004届硕士毕业生中招聘管理人员一名，具体要求如下：

一、工作岗位

计算机与网络系统的维护与管理；

教务管理信息系统的开发与维护。

二、岗位要求

热爱教育事业，愿意从事教学管理工作，有良好的业务水平、工作能力、团队精神和

业务知识，工作认真、踏实，责任心强。

三、应聘条件

1. 专业要求：计算机专业
2. 学历要求：硕士毕业
3. 英语要求：CET-4以上
4. 工作要求：精通 Java、ASP、C++编程；掌握 Interbase、SQLSEVER 数据库的管理与开发；具备网络安全防护知识与能力；了解 Windows2000Sever 操作系统。

四、工资及有关待遇

被正式聘用者，其工资等有关待遇按照学院人事管理制度执行。

五、联系方式

××学院教务处
邮政编码：××××××
联系人：×××
电话：××××××××
E-Mail：×××××××××××

××××学院教务处
××年×月×日

第四节　演讲稿

一、演讲稿的概念

演讲稿是演说者在公共场所或集会上，就某一问题宣传自己的主张，表达自己的情感或阐述某种事理的讲话文稿。是演讲的依据、规范和提示，是演讲者所用的文字底稿，是应用文中一种独立的文种。

二、演讲稿的特点

1. 针对性

演讲是一种社会活动，是用于公众场合的宣传形式。首先它是以事例和理论来说服听众、打动听众、“征服”听众，必须具有现实的针对性。作者提出的问题是听众所关心的问题，评论和论辩要有雄辩的逻辑力量，要能为听众所接受并心悦诚服，这样，才能起到应有的社会效果。其次是要懂得听众有不同的对象和不同的层次，而“公众场合”也有不同的类型，如党团集会、专业性会议、服务性俱乐部、学校、社会团体、宗教团体、各类竞赛场合，写作时要根据不同场合和不同对象，为听众设计不同的演讲内容。

2. 鼓动性

演讲是一门艺术，好的演讲具有激发听众情绪、赢得听众认同的鼓动性。要做到这一点，首先演讲稿思想内容必须丰富、深刻，见解精辟，其次，要有独到之处，发人深省，引起听众感情的共鸣。

3. 表演性

演讲不仅要讲而且还要演，要借助手势、表情、眼神等肢体语言来表达自己的思想感情。

三、演讲稿的写作

演讲稿的结构包括标题、开头、主体、结尾几部分。

1. 标题

演讲稿的标题非常重要，好的标题不但能吸引听众，而且能传达、反映出整篇演讲稿的主题。因此标题必须新颖、生动、贴切、简洁、富有吸引力。

2. 开头

开头，又叫开场白，是演讲者给听众留下的第一印象，开场白是否新颖、精彩、吸引人是演讲能否成功的关键。写作时可以不拘一格、采用多样方式来吸引听众。可以开门见山，直抒胸臆；可以设问、反问，制造悬念；可以引用名人名言、成语故事；也可以用幽默、风趣、生动活泼的语言吸引听众，等等。

3. 主体

演讲稿的主体要围绕中心，层层深入，条理分明，推理严密，说清问题，说服听众，教育听众。写作时应带有强烈的感情色彩，要晓之以理，动之以情，富有鼓动性；可以大量使用排比、对偶、比喻、拟人、等各种修辞手法；语言应通俗易懂、简洁明快。

4. 结尾

演讲稿的结尾和开头一样重要，好的结尾同样能给人留下深刻的印象。结尾可以用简明扼要的语言总结全文，再次点明主题；可以充满激情地发出号召，提出希望；也可以用名言警句引起听众的思考和回味，等等。

【例文一】

连任就职演说

（1865 年 3 月 4 日）

林　肯

同胞们：

在这第二次宣誓就任总统时，我不必像第一次那样发表长篇演说。当时，对于将要执行的方针稍作详尽的说明似乎是恰当而适宜的。现在，4 年任期已满，对于这场仍然吸引着全国关注并占用了全国力量的重大斗争的每一重要关头和方面，这 4 年间已不断地发布公告，因此我没有什么新情况可以奉告。我们军队的进展是其他一切的主要依靠，公众和我一样都清楚地了解军队进展情况，我深信，大家对之都是感到满意和鼓舞的。我们对未来抱极大的希望，但却不敢作出任何预测。

4 年前我就任总统时，同胞们的思想都焦急地集中在日益迫近的内战上。大家都害怕内战，都想避免内战。当我在这个地方发表就职演说，竭尽全力想不经过战争来拯救联邦时，叛乱分子却在这个城市里图谋不经过战争来毁灭联邦——企图以谈判方式解散联邦并分割财产。双方都表示反对战争，但一方宁愿发动战争也不愿让国家生存，而一方则宁可接受战争也不肯让国家灭亡，于是战争就爆发了。

我国全部人口的八分之一是黑人奴隶，他们并不是遍布于联邦各地，而是集中在联邦南部，这些奴隶构成了一种特殊的、重大的利益。大家都知道，这种利益由于某种原因竟成了这次战争的根源。叛乱者的目的是加强、永保和扩大这种利益，为此他们不惜用战争来分裂联邦，而政府却只是宣布有权限制享有这种利益的地区的扩大。

双方都没有料到战争竟会达到如此规模，历时如此长久。双方也没有预期冲突的根源会随着冲突本身而消除，甚至会提前消除。各方都期望赢得轻松些，期望结局不至于那么涉及根本，那么惊人。

双方同读一本书——《圣经》，向同一个上帝祈祷，而且都乞求上帝的帮助来与对方为敌。看来十分奇怪，居然有人敢要求公正的上帝帮助他们从别人脸上的汗水中榨取面包，但是我们且勿评论别人，以免被人评论。

双方的祷告不可能都应验，也没有一方的祷告全部得到应验。全能的上帝有他自己的意旨。“这世界有祸了，因为将人绊倒，绊倒人的事是免不了的，但那绊倒人的有祸了。”如果我们设想美国的奴隶制是按照天意必然来到的罪恶之一，并且在上帝规定的时间内继续存在，而现在上帝要予以铲除，于是他就把这场可怕的战争作为犯罪者应受的灾难降临南北双方，那么，我们能看出其中有任何违背天意之处吗？相信上帝永存的人总是把天意归于上帝的。我们深情地期望，虔诚地祷告，这场巨大的战争灾祸能够很快地过去。但是如果上帝要它继续下去，直至奴隶们 250 年来无偿劳动所积聚的财富全部毁灭，或如人们在三千年前说过的，直至鞭子下流出的每滴血都要用剑下流出的每一滴血来偿还，那么今天我们还得说：“主的审判是完全正确和公正的。”

对任何人不怀恶意，对一切人心存宽厚，坚持正义，因为上帝使我们看到了正义，让我们继续努力完成正在从事的事业，包扎好国家的创伤，关心那些肩负战争重任的人，照顾他们的遗孀孤儿，去做能在我们自己中间和与一切国家之间缔造并保持公正持久和平的一切事情。

【例文评析】

林肯是美国享有盛名的演说家，《连任就职演说》是林肯总统生平最重要的演说之一，致力于讨论战后美国人民将面临的重大问题，希望避免更多的过错与惩罚。在演说中，他没有一丝胜利者的得意，也没有宣称“公理”终于战胜了“邪恶”。他的话虽然低调，却没有怯弱，而是反映出他内在的坚强。全篇以朴实无华的文辞和充满信心与决心的语调感染听众，被誉为最动人的就职演讲。

【例文二】

我有一个梦想

马丁·路德

今天，我高兴地同大家一起，参加这次将成为我国历史上为了争取自由而举行的最伟大的示威集会。

100年前，一位伟大的美国人——今天我们就站在他象征性的身影下——签署了《解放宣言》。这项重要法令的颁布，对于千百万灼烤于非正义残焰中的黑奴，犹如带来希望之光的硕大灯塔，恰似结束漫漫长夜禁锢的欢畅黎明。

然而，100年后，黑人依然没有获得自由。100年后，黑人依然悲惨地蹒跚于种族隔离和种族歧视的枷锁之下。100年后，黑人依然生活在物质繁荣瀚海的贫困孤岛上。100年后，黑人依然在美国社会中间向隅而泣，依然感到自己在国土家园中流离漂泊。所以，我们今天来到这里，要把这骇人听闻的情况公之于众。

从某种意义上说，我们来到国家的首都是为了兑现一张支票。我们共和国的缔造者在拟写宪法和独立宣言的辉煌篇章时，就签署了一张每一个美国人都能继承的期票。这张期票向所有人承诺——不论白人还是黑人——都享有不可剥夺的生存权、自由权和追求幸福权。

然而，今天美国显然对她的有色公民拖欠着这张期票。美国没有承兑这笔神圣的债务，而是开始给黑人一张空头支票——一张盖着“资金不足”的印戳被退回的支票。但是，我们决不相信正义的银行会破产。我们决不相信这个国家巨大的机会宝库会资金不足。因此，我们来兑现这张支票。这张支票将给我们以宝贵的自由和正义的保障。

我们来到这块圣地还为了提醒美国：现在正是万分紧急的时刻。现在不是从容不迫悠然行事或服用渐进主义镇静剂的时候。现在是实现民主诺言的时候。现在是走出幽暗荒凉的种族隔离深谷，踏上种族平等的阳关大道的时候。现在是使我们国家走出种族不平等的流沙，踏上充满手足之情的磐石的时候。现在是使上帝所有孩子真正享有公正的时候。

忽视这一时刻的紧迫性，对于国家将会是致命的。自由平等的朗朗秋日不到来，黑人顺情合理哀怨的酷暑就不会过去。1963年不是一个结束，而是一个开端。

如果国家依然我行我素，那些希望黑人只需出出气就会心满意足的人将大失所望。在黑人得到公民权之前，美国既不会安宁，也不会平静。反抗的旋风将继续震撼我们国家的基石，直至光辉灿烂的正义之日来临。

但是，对于站在通向正义之宫艰险门槛上的人们，有一些话我必须要说。在我们争取合法地位的过程中，切不要错误行事导致犯罪。我们切不要吞饮仇恨辛酸的苦酒，来解除对于自由的饮渴。

我们应该永远得体地、纪律严明地进行斗争。我们不能容许我们富有创造性的抗议沦为暴力行动。我们应该不断升华到用灵魂力量对付肉体力量的崇高境界。

席卷黑人社会的新的奇迹般的战斗精神，不应导致我们对所有白人的不信任——因为许多白人兄弟已经认识到：他们的命运同我们的命运紧密相连，他们的自由同我们的自由休戚相关。他们今天来到这里参加集会就是明证。

我们不能单独行动。当我们行动时，我们必须保证勇往直前。我们不能后退。有人问热心民权运动的人："你们什么时候会感到满意？"只要黑人依然是不堪形容的警察暴行恐怖的牺牲品，我们就决不会满意。只要我们在旅途劳顿后，却被公路旁汽车游客旅社和城市旅馆拒之门外，我们就决不会满意。只要黑人的基本活动范围只限于从狭小的黑人居住区到较大的黑人居住区，我们就决不会满意。只要我们的孩子被"仅供白人"的牌子剥夺个性，损毁尊严，我们就决不会满意。只要密西西比州的黑人不能参加选举，纽约州的黑人认为他们与选举毫不相干，我们就决不会满意。不，不，我们不会满意，直至公正似水奔流，正义如泉喷涌。

我并非没有注意到你们有些人历尽艰难困苦来到这里。你们有些人刚刚走出狭小的牢房。有些人来自因追求自由而遭受迫害风暴袭击和警察暴虐狂飙摧残的地区。你们饱经风霜，历尽苦难。继续努力吧，要相信：无辜受苦终得拯救。

回到密西西比去吧；回到亚拉巴马去吧；回到南卡罗来纳去吧；回到佐治亚去吧；回到路易斯安那去吧；回到我们北方城市中的贫民窟和黑人居住区去吧。要知道，这种情况能够而且将会改变。我们切不要在绝望的深渊里沉沦。

朋友们，今天我要对你们说，尽管眼下困难重重，但我依然怀有一个梦。这个梦深深植根于美国梦之中。

我梦想有一天，这个国家将会奋起，实现其立国信条的真谛："我们认为这些真理不言而喻：人人生而平等。"

我梦想有一天，在佐治亚州的红色山冈上，昔日奴隶的儿子能够同昔日奴隶主的儿子同席而坐，亲如手足。

我梦想有一天，甚至连密西西比州——一个非正义和压迫的热浪逼人的荒漠之州，也会改造成为自由和公正的青青绿洲。

我梦想有一天，我的四个小女儿将生活在一个不是以皮肤的颜色，而是以品格的优劣作为评判标准的国家里。

我今天怀有一个梦。

我梦想有一天，亚拉巴马州会有所改变——尽管该州州长现在仍滔滔不绝地说什么要对联邦法令提出异议和拒绝执行——在那里，黑人儿童能够和白人儿童兄弟姐妹般地携手并行。

我今天怀有一个梦。

我梦想有一天，深谷弥合，高山夷平，歧路化坦途，曲径成通衢，上帝的光华再现，普天下生灵共谒。

这是我们的希望。这是我将带回南方去的信念。有了这个信念，我们就能从绝望之山开采出希望之石。有了这个信念，我们就能把这个国家的嘈杂刺耳的争吵声，变为充满手足之情的悦耳交响曲。有了这个信念，我们就能一同工作，一同祈祷，一同斗争，一同入狱，一同维护自由，因为我们知道，我们终有一天会获得自由。到了这一天，上帝的所有孩子都能以新的含义高唱这首歌：

我的祖国，可爱的自由之邦，我为您歌唱。这是我祖先终老的地方，这是早期移民自豪的地方，让自由之声，响彻每一座山岗。

如果美国要成为伟大的国家，这一点必须实现。因此，让自由之声响彻新罕布什尔州的巍峨高峰！

让自由之声响彻纽约州的崇山峻岭！

让自由之声响彻宾夕法尼亚州的阿勒格尼高峰！

让自由之声响彻科罗拉多州冰雪皑皑的洛基山！

让自由之声响彻加利福尼亚州的婀娜群峰！

不，不仅如此；让自由之声响彻佐治亚州的石山！

让自由之声响彻田纳西州的望山！

让自由之声响彻密西西比州的一座座山峰，一个个土丘！

让自由之声响彻每一个山冈！

当我们让自由之声轰响，当我们让自由之声响彻每一个大村小庄，每一个州府城镇，我们就能加速这一天的到来。那时，上帝的所有孩子，黑人和白人，犹太教徒和非犹太教徒，耶稣教徒和天主教徒，将能携手同唱那首古老的黑人灵歌："终于自由了！终于自由了！感谢全能的上帝，我们终于自由了！"

【例文评析】

马丁·路德·金（1929—1968 年），美国黑人律师，著名黑人民权运动领袖。1964 年获诺贝尔和平奖。他被誉为近百年来八大最具有说服力的演说家之一。1963 年他领导 25 万人向华盛顿进军"大游行"，为黑人争取自由平等和就业。马丁·路德·金在游行集会上发表了这篇著名演说。全篇充满激情，极富鼓动性；大量使用短句、排比句、感叹句等，气势磅礴地表达出他一生坚持信仰，为社会公义、为人权而战的梦想！

第五节　常用条据

一、条据的概念

在日常生活中，人们经常会遇到收、借、领、欠钱、财、物品等事宜，在交接过程中需开具各式可作凭证的字条；此外，有时为阐述某种情况，交代某种事务，也需要留下一些书面便条。这些留作依据和说明的字条和便条，统称为条据。

二、条据的种类

条据的种类很多，形式各异，但总体上可分为凭证性条据和说明性条据两大类。凭证性条据有借条、领条、欠条等，主要功能是留作凭证和证明。说明性条据有请假条、留言条、意见条等，主要功能是传递信息、陈述理由和说明要求等。

三、条据的写作

条据的结构，包括标题、正文、署名、日期四个部分。

1. 标题

条据的标题写在第一行的正中。标题表示的是条据的具体类型。请假写《请假条》，借钱借物写《借条》。根据写作目的，办什么事就写什么条据。

2. 正文

条据的正文所反映的是条据的具体内容，是条据的主体。或说明情况、阐述理由；或陈述收、借、还、欠的关系、数量、期限等要素，做到明确完整。书写时还应注意以下几点：

（1）说明性条据应在正文前顶格写上称呼并加上冒号，结束部分应写上“此致敬礼”、“谢谢”等礼貌用语。

（2）凭证性条据中涉及的钱物数量，应使用汉字大写，并写明货币的种类及计量单位名称，最后写上“整”字。如“人民币壹佰元整”。

（3）写错或有遗漏时，应重写一张，有改动或添补，要在改动或添补处盖上印章。

3. 署名

在条据的右下方必须签上立据人的姓名，必要时还应按上手印，以示对正文所述内容的确认与负责。

4. 日期

立据的具体时间，写在署名的下方。要求年、月、日完整。

四、条据的写作要求

尽管条据的名目繁多，作用也各自不同，但其在主要特征和结构形式上有着许多共同或相似之处，因此，我们在条据的写作上应共同遵循以下几点：

1. 内容明确客观

条据的内容所反映的都是工作生活中严肃认真的事，牵扯到甲乙双方的关系和利益，因此要客观确凿，不无中生有，不弄虚作假，同时做到一条一事。

2. 语言简洁明了

条据的语言不追求精彩和华丽，以将内容表达得客观明确为原则，有的条据在用词造句方面还需有较为固定的格式。

3. 书写严谨无误

立据人必须对条据中所涉及的事情缘由、钱财名称与数量、立据时间等诸多要素做到交代无误，不能有丝毫的疏漏和差错。稍有不慎，就会引起不必要的矛盾和纠纷，把事情复杂化。

【例文一】

请假条

王老师：

昨天晚上，我突然感冒发烧，不能坚持到校上课。特请假一天。敬请批准。

此致

敬礼

刘××

年××月××日

【例文二】

留言条

肖×：

今天下午3点，我和小刘来你处有要事相商，恰你外出未归。请回来后立即打电话给我。谢谢。

李××

××年××月××日

【例文三】

借条

今借到财务处人民币叁仟元整，一个月内归还，利息为××‰。

借款人××

××年××月××日

【例文四】

领条

今领到备课用纸叁本，墨水壹瓶，钢笔贰支。

经手人 崔××

××年××月××日

【例文五】

收条

今收到××百货公司第四季度财务报表壹份。

××市商业局（公章）

经手人 崔××

××年××月××日

【例文六】

欠　条

原借学校电教室VCD光盘拾张，已归还叁张，尚欠柒张，一周内归还。

薛××

××年××月××日

第六节　海　报

一、海报的概念

海报是某些单位或团体向公众报道、介绍有关电影、电视、戏剧、杂技、体育或学术报告会、展览会等所使用的招贴式应用文。

海报一般贴于剧院、电影院、体育场、院校等门口和公众聚集的地方。随着报纸、电台、广播、电视事业的迅速发展，有的海报也登在报纸上，或在电台、电视台播放。

二、海报的特点

1. 醒目

选用红、黄、绿、蓝、白等色彩鲜艳的纸作为张贴用纸，标题要大而醒目。在布局上要力求新颖、生动、活泼、富有情趣。可以借助图案、图画、图片，以鲜艳的色彩来加强海报的宣传效果，使其图文并茂，以新颖的形式美与装饰美吸引读者的注意。

2. 语言简明扼要、具有鼓动性

运用简洁概括的文字说明其内容、性质、范围等，用具有鼓动性的语言来吸引观众，但不能夸张失实。

3. 信息传递快速

海报报道的活动，一般是需要广泛通知，鼓励尽量多的公众参与，又有一定的时间限制和一定的范围限制的，因此，通过张贴海报的形式，就能快速地传播这些消息。

4. 制作简易

海报多用于文体宣传活动，大多张贴在本单位的固定地点，一般由承办单位自己制作，因此制作简易，费用较低。

三、海报的写作

海报的种类很多，其写法也各有特点。基本内容通常包括标题、正文、落款三部分。

1. 标题

在张贴纸的上方正中央处用醒目的颜色、字体写出《海报》二字；也可直接书写活动内容，如《球讯》、《影片预告》、《××学术报告》等。总之标题应吸引公众的注意，使人一看就知道是什么内容，就有参与意识。

2. 正文

海报的正文部分一般采用分项列举式的写法，逐项列出活动的时间、地点、内容、参加方式、注意事项等。正文的语言、插图一定要形象、生动、活泼、有趣，富有鼓动性。

3. 落款

海报的落款在正文的右下方写明主办单位，如正文中已出现，可不再写。署名下一行写明日期。

【例文一】

海 报

××市杂技团出国演出后，经过我市，应广大观众的请求，特在我市剧场演出三场，欢迎广大观众速来观看。

××市杂技团将演出精彩杂技、大型魔术。技巧新颖，滑稽幽默、变幻莫测。

演出时间：×月×日—×月×日共三天，每晚7：30开演。

演出地点：××市大剧院

售票地点：××市大剧院售票大厅

售票时间：从今日起每天上午8点—下午7点，中午不休息。

票价：××元。

××市大剧院

××年×月×日

【例文二】

球 讯

×月×日×时，我校女子排球队与××大学女子排球队，在我校排球场举行友谊比赛。热烈欢迎广大师生员工到时前去观看、指导、助兴。

××大学体育教研室

××年×月×日

【例文三】

海 报

为了进一步推动大学生科技活动的开展，校团委特邀著名力学家××教授来校作《大学生如何从事科技活动》的报告，希望全体团员和学生踊跃出席。

时间：××年×月×日×时

地点：学院大礼堂

××学院团委

××年×月×日

第七节　日记、一般书信

一、日　记

（一）日记的概念

日记是有选择地、真实地记录自己每天的工作、学习和生活中的事情、感想和见闻的一种应用文。

坚持写日记，可以积累知识、积累生活经验和写作素材；有助于培养观察能力、理解能力和表达能力；有助于提高思想品德修养，激励自己不断进步；有助于锻炼意志，培养恒心。

（二）日记的种类

1. 生活日记

生活日记就是把自己每天的生活、学习、工作情况有选择地、真实地记录下来，要选择一天中最精彩的事件和感受最深的东西来记，主题集中，重点突出。一篇日记写一个主要问题，不要把一天中的所见所闻和所做的事情都记上，像流水账一样。

2. 观察日记，即观察记录

观察日记是把日常生活中的某一侧面，通过有目的、细致的观察，记录下来。可以写零碎的片断，不必讲究文章结构；也可以写得比较完整，类似一篇记叙文。经常写观察日记，可以提高观察能力，养成观察习惯，还可以积累写作素材，提高语言表达能力。

3. 随感日记

随感日记主要是就一篇文章、一本书、一部电影或生活中的某一件事情，抒发自己的感想。日记中以议论为主，叙述是为了议论，有时整篇日记都是写自己的感受。

（三）日记的写作

先在第一行中间写上某月某日，星期几，有的还要写上当天的天气情况。

第二行空两格开始写正文，如正文内容多，可以分成几段来写。正文上面可加标题，也可不加标题。正文一般用记叙文的形式写，也可以用议论文的形式来写。不管用什么形式来写，都要真实地反映当天遇到的事情，内容力求新颖，篇幅可长可短，长的可以写成千字，短的可以只写一两句话。这要根据自己所写的内容来决定。如果要详细地记下一件事，既要把事情的前因后果交代清楚，又要把事情的经过写得具体，那篇幅就要长些；反之篇幅就可以短些。日记的语言力求言简意赅、准确、鲜明和生动。

【例文一】

郁达夫日记

十二日，星期二，晴（三月十一日）

东方未明，就听见窗外枪声四起。起床来洗面更衣，寒冷不可耐。急出户外，向驻在近旁的兵队问讯，知道总工会纠察队总部在和军部前来缴械的军人开火，路上行人受伤者数人，死者一二人。我披上大衣，冒险夺围，想冲出去，上南站去乘车，不意路途为戒严兵所阻。天气很好，午前伏处在家里，心里很不舒服，窗外的枪声时断时续，大约此番缴械冲突，须持续至一昼夜以上。我颇悔昨晚不去南站，否则此刻已在杭沪道上。午后出去访友人，谈及此番蒋介石的高压政策，大家都只敢怒而不敢言。从友人处出来，又上南站去打听沪杭车。晚上天又下雨，至法科大学上了一小时课，冒雨回至英界，向鼎新旅馆内投宿。

上床后，回想映霞心切，不能入睡。同乡陆某邀我打牌，就入局打了十二圈牌，至午前三时就寝。

【例文评析】

这是著名作家郁达夫的一则日记，写得主题突出，真实自然，言简意赅。

【例文二】

雷锋日记

一九五八年六月七日

……如果你是一滴水，你是否滋润了一寸土地？如果你是一线阳光，你是否照亮了一分黑暗？如果你是一颗粮食，你是否哺育了有用的生命？如果你是一颗最小的螺丝钉，你是否永远守在你生活的岗位上？如果你要告诉我们什么思想，你是否在日夜宣扬那最美丽的理想？你既然活着，你又是否为了未来的人类生活付出你的劳动，使世界一天天变得更美丽？我想问你，为未来带来了什么？在生活的仓库里，我们不应该只是个无穷尽的支付者。

【例文评析】

此文选自雷锋日记。日记中用了反问、排比、议论、抒情等表达方式，充满激情与美丽的人生理想，曾感染与鼓舞了无数青年。

二、一般书信

（一）一般书信的概念

一般书信是指人们日常和亲友、同事之间来往的私人书信。是适用范围非常广泛，实用性很强的一种应用文。

（二）一般书信的写作

一般书信包括称呼、问候语、正文、结尾、署名、日期几部分。

1. 称呼

顶格写在信的左侧第一行，后面加上冒号。根据自己和收信人的关系，平时怎么称呼，在信中就怎么写。如给父母、老师、长辈写信，称呼时可加上“敬爱的”、“亲爱的”等表示或尊敬、或亲密的修饰语；写给同事、同学的信，可直呼其名；也可写其小名、昵称等，以表示亲切、友好。

2. 问候语

写在称呼的下一行，空两格，通常用“您好”，遇到节假日，可以致以节日的问候，还可对收信人的工作、学习、生活、身体等各方面的情况进行问候。

3. 正文

正文要先写明来信收到，并对来信中提及的问题或要求办理的事情作出回答。如果写的事情较多，可以分段写，一件事情写一段，做到条理清楚，一目了然。

正文部分的内容十分广泛，形式也非常自然。政治、经济、文学、艺术、风土人情、家庭琐事等内容都可以畅谈；描写、叙述、说明、议论、抒情等表达方式都可以运用。

4. 结尾

书信结尾可根据写信人跟收信人的关系和具体情况，写上表示祝愿、勉励或表示敬意的祝颂语。如“此致敬礼”、“祝你健康”等等。祝愿语一般分两行写。以“此致敬礼”为例，“此致”可以紧接正文空两格之后写，也可以另起一行空两格写，“敬礼”则一定要另起一行顶格写。

5. 署名

在结尾的下一行的后半行写自己的名字，署名的前面也可以写上跟随对方相应的称呼，如“儿”、“弟”、“学生××”等等。

6. 日期

日期写在署名下面。写上写信的具体年、月、日，以便查考。

此外，如果信已经写完，又发现内容有遗漏，或某件事叙述不够全面时，在信的后面还可以补写。但是在补写的话前面要加上“还有”、“另外”、“再”；或在后面加上“又及”等字样。

信写好了，要寄出去，还必须有信封。现在的标准信封是横写的。信封的左上角有6个小方格，写收信人的邮政编码，接着在第一行写收信人的地址；中间一行写收信人的姓名；下面写寄信人的地址、姓名及邮政编码。

（三）一般书信的写作要求

1. 感情要真挚

写信就是和收信人交谈，只是交谈时，收信人不在面前，而是通过书面语言把要说的话写出来。说话要有感情，写信同样要有感情。母子之间、师生之间、朋友之间……写信时都要表示出自己的一番真情。

2. 语言要得体

写信时要注意写信人和收信人的关系。关系不同，用语要有所不同。给长辈老师、领导等写信，语气要谦虚、多用敬语；给晚辈写信要体现慈爱、关心；给同辈写信，也要讲礼貌。

【例文一】

三三：

你好。

我的小船已把主要滩水全上完了，这时已到了一个如同一面镜子的潭里，山水秀丽如西湖，日头已出，两岸小山皆浅绿色。到辰州只差十里，故今天到地必很早。我照了个相，为一群拉纤人照的。现在太阳正照到我的小船舱中，光景明媚，正同你有些相似处。我因为在外边站久了一点，手已发了麻，故写字也不成了。我一定得戴那双手套的，可是这同写信恰好是鱼同熊掌，不能同时得到。我不要熊掌，还是做近于吃鱼的写信吧。这信再过三四点钟就可发出，我高兴得很。记得从前为你寄快信时，那时心情真有说不出的紧张，可怜的事，这已成为过去了。现在我不怕你从我这种信中挑眼儿了，我需要你从这些无头无绪的信上，找出些我不必说的话……我已快到地了，假若这时节是我们两个人，一同上岸去，一同进街且一同去找人，那多有趣味！我一到地见到了有点亲戚关系的人，他们第一句话，必问及你！我真想凡是有人问到你，就答复他们"在口袋里！"

三三，我因为天气太好了一点，故站在船后舱看了许久水，我心中忽然好像彻悟了一些，同时又好像从这条河中得到了许多智慧。三三，的的确确，得到了许多智慧，不是知识。我轻轻地叹息了好些次。山头夕阳极感动我，水底各色圆石也极感动我，我心中似乎毫无什么渣滓，透明烛照，对河水，对夕阳，对拉船人同船，皆那么爱着，十分温暖的爱着！我们平时不是读历史吗？一本历史书除了告诉我们些另一时代最笨的人相斫相杀以外有些什么？但真的历史却是一条河。从那日夜长流千古不变的水里石头和沙子，腐了的草木，破烂的船板，使我触着平时我们所疏忽了若干年代若干人类的哀乐！我看到小小渔船，载了它的黑色鸬鹚向下流缓缓划去，看到石滩上拉船的人的姿势，我皆异常感动且异常爱他们。我先前一时不还提到过这些人可怜的生，无谓的生吗？

不，三三，我错了。这些人不需我们来可怜，我们应当来尊敬来爱。他们那么庄严忠实的生，却在自然上各担负自己那份命运，为自己，为儿女而活下去。不管怎么样活，却从不逃避为了活而应有的一切努力。他们在他们那份习惯生活里、命运里，也依然是哭、笑、吃、喝，对于寒暑的来临，更感觉到这四时交替的严重。三三，我不知为什么，我感动得很！

我希望活得长一点，同时把生活完全发展到我自己这份工作上来。我会用我自己的力量，为所谓人生，解释得比任何人皆庄严些与透彻些！三三，我看久了水，从水里的石头得到一点平时好像不能得到的东西，对于人生，对于爱憎，仿佛全然与人不同了。我觉得惆怅得很，我总像想看得太深太远，对于我自己，便成为受难者了。这时节我软弱得很，因为我爱了世界，爱了人类。三三，倘若我们这时正是两人同在一处，你瞧我眼下湿到什么样子！

三三，船已到关上了，我半点钟就会上岸的。今晚上我恐怕无时间写信了，我们当说声再见！三三，请把这信用你那体温和眼睛多吻几次！我明天若上行，会把信留到浦市发出的。

二哥

一月十八下午四点半

【例文评析】

这封信选自著名作家沈从文的《湘行书简》，是他早年写给他爱人张兆和的（三三是对张兆和的昵称），信写得感情真挚、热烈，文字优美，记叙、议论、抒情运用得恰到好处。

【例文二】

广平兄：

今天收到来信，有些问题恐怕我答不出，姑且写下去看。

学风如何，我以为和政治状态及社会情形相关的，倘在山林中，该可以比城市好一点，伊只要办事人员好。但若政治昏暗，好的人也不能做办事人员，学生在学校中，只是少听到一些可厌的新闻，待到出校和社会接触，仍然要苦痛，仍然要堕落，无非略有迟早之分。所以我的意思，倒不如在都市中，要堕落的从速堕落罢，要苦痛的速速苦痛罢，否则从较为宁静的地方突到闹处，也须意外地吃惊受苦，其苦痛之总量，与本在都市者略同。

学校的情形，向来如此，但一二十年前，看去仿佛较好者，因为足够办学资格的人们不很多，因而竞争也不猛烈的缘故。现在可多了，竞争也猛烈了，于是坏脾气也就彻底显出。教育界的清高，本是粉饰之谈，其实和别的什么界都一样，人的气质不大容易改变，进几年大学是无甚效力的，况且又有这样的环境，正如人身的血液一坏，体中的一部分决不能独保健康一样，教育界也不会在这样的民国里特别清高的。

所以，学校之不甚高明，其实由来已久，加以金钱的魔力，本是非常之大，而中国又是向来善于运用金钱诱惑法术的地方，于是自然就成了这现象。听说现在是中学校也有这样的了，间有例外者，大概即因年龄太小，还未感到经济困难或花费的必要之故罢。至于传入女校，当是近来的事，大概其起因，当在女性已经自觉到经济独立的必要，所以获得这独立的方法，不外两途，一是力争，一是巧取，前一法很费力，于是就堕入后一手段去，就是略一清醒，又复昏睡了。可是这不独女界，男人也都如此，所不同者巧取之外，还有豪夺而已。

我其实哪里会"立地成佛"，许多烟卷，不过是麻醉药，烟雾中也没有见过极乐世界。假使我真有指导青年的本领——无论指导得错不错——我决不藏匿起来，但可惜我连自己也没有指南针，到现在还是乱闯，倘若闯入深坑，自己有自己负责，领着别人又怎么好呢，我之怕上讲台讲空话者就为此。记得有一种小说里攻击牧师，说有一个乡下女人，向牧师历诉困苦的半生，请他救助，牧师听毕答道，"忍着罢，上帝使你在生前受苦，死后定当赐福的。"其实古今的圣贤以及哲人学者所说，何尝能比这高明些，他们之所谓"将来"，不就是牧师之所谓"死后"么？我所知道的话就是这样，我不相信，但自己也并无更好解释。章锡琛的答话是一定要（糊）涂的，听说他自己在书铺子里做伙计，就时常叫苦连天。

我想，苦痛是总与人生连带的，但也有离开的时候，就是当睡熟之际。醒的时候要免去若干苦痛，中国的老法子是"骄傲"与"玩世不恭"，我自己觉得我就有这毛病，不大好。苦茶加"糖"，其苦之量如故，只是聊胜于无"糖"，但这糖就不容易找到，我不知道在哪里，只好交白卷了。

以上许多话，仍等于章锡琛，我再说我自己如何在世上混过去的方法，以供参考罢——

一、走"人生"的长途，最易遇到的有两大难关。其一是"歧〔岐〕路"，倘若墨翟先生，相传是恸哭而返的。但我不哭也不返，先在歧〔岐〕路头坐下，歇一会，或者睡一觉，于是选一条似乎可走的路再走，倘遇见老实人，也许夺他食物充饥，但是不问路，因为我知道他并不知道的。如果遇见老虎，我就爬上树去，等它饿得走去了再下来，倘它竟不走，我就自己饿死在树上，而且先用带子缚住，连死尸也决不给它吃。但倘若没有树呢？那么，没有法子，只好请它吃了，但也不妨也咬它一口。其二便是"穷途"了，听说阮籍先生也大哭而回，我却也像岐（歧）路上的办法一样，还是跨进去，在刺丛里姑且走走，但我也并未遇到全是荆棘毫无可走的地方过，不知道是否世上本无所谓穷途，还是我幸而没有遇着。

二、对于社会的战斗，我是并不挺身而出的，我不劝别人牺牲什么之类者就为此。欧战的时候，最重"壕堑战"，战士伏在壕中，有时吸烟，也唱歌，打纸牌，喝酒，也在壕内开美术展览会，但有时忽向敌人开他几枪。中国多暗箭，挺身而出的勇士容易丧命，这种战法是必要的罢。但恐怕也有时会迫到非短兵相接不可的，这时候，没有法子，就短兵相接。

总结起来，我自己对于苦闷的办法，是专与苦痛捣乱，将无赖手段当作胜利，硬唱凯歌，算是乐趣，这或者就是糖罢。但临末也还是归结到"没有法子"，这真是没有法子！

以上，我自己的办去（法）说完了，就是不过如此，而且近于游戏，不像步步走在人生的正轨上（人生或者有正轨罢，但我不知道），我相信写了出来，未必于你有用，但我也只能写出这些罢了。

鲁迅

三月十一日

【例文评析】

这封信选自鲁迅的《两地书》，是他写给爱人许广平的回信，信中首先回答了来信提出的问题，阐明自己的人生观，内涵丰富，见解深刻；信中大量运用了议论、说明、抒情等表达方法。

综合练习

一、填空题

1. 启事可以分为(　　　)、(　　　)、(　　　)三大类。
2. 演讲稿的特点有(　　　)、(　　　)、(　　　)三点。
3. 申请书大体上可分为(　　　)、(　　　)、(　　　)三类。
4. 条据通常可分为(　　　)、(　　　)两大类。

二、写作练习

1. ××公司因房屋拆建，从2006年×月×日起迁到××街××号照常营业。请代公司写一份搬迁启事。

2. 小王是某公司职员，结婚五年来一直与妻子分居两地，为了照顾家庭，小王向公司领导提出申请，希望能将妻子调到公司工作。请你代小王写一份申请书。

3. 选择与自己所学专业相关的单位，拟写一封求职信或应聘信。

4. 请选择自己感兴趣的、关注的话题写一篇演讲稿。

5. 写一张请假条，原因事由自拟。

6. 小李因有急事，需向财务处借款800元人民币，20天后归还，不付利息。请代小李写一张借条。

7. ××电影院将于×月×日上演美国大片《××××》，请代电影院写一宣传海报。

8. 请给自己的父母写一封饱含深情的家书。

第六章　毕业论文

一、毕业论文的基本概念及写作目的

毕业论文是大学毕业生综合运用所学的专业基础知识表述理论创造或表述分析应用的应用文。

毕业论文的目的是为进一步巩固和加强学生的基本知识和基本技能，加强对学生的多学科理论、知识与技能的综合运用能力的训练，加强学生创新意识、创新能力和获取新知识能力的培养，鼓励毕业生运用所学知识独立完成课题，培养其严谨、求实的治学方法和刻苦钻研、勇于探索的精神。

二、毕业论文的选题

正确而又合适的选题，对撰写毕业论文具有重要意义。通过选题，可以大体看出作者的研究方向和学术水平。所以应选取那些既有一定学术价值，又符合自己志趣，适合个人研究能力，较有成功把握的题目。一般来说，选择毕业论文题目可以从以下几个方面考虑。

（一）量力而行、难易适中

首先，选题的方向、大小、难易都应与自己的知识积累、分析问题和解决问题的能力，写作经验相适应，要做到量力而行，大学生的学识水平是有差距的。有的可能在面上广博些，有的可能在某一方面有较深的钻研，有的可能在这一方面高人一筹，而在另一方面则较为逊色。题目的难易要适中。选题既要有“知难而进”的勇气和信心，又要做到“量力而行”。许多人在选择毕业论文题目时跃跃欲试，想通过论文的写作，将自己几年来的学习所得充分地反映出来，因此着眼于一些学术价值较高、角度较新、内容较奇的题目，这种敢想敢做的精神是值得肯定的，但如果难度过大，超过了自己所能承担的范围，一旦盲目动笔，很可能陷入中途写不下去的被动境地，到头来迫使自己另起炉灶、更换题目，这样不仅造成了时间、精力的浪费，而且也容易使自己失去写作的自信心。反之，自己具备了一定的能力和条件，却将论文题目选得过于容易，这样也不能反映出自己真实的水平，而且也达不到通过撰写毕业论文锻炼自己、提高自己的目的。

其次，题目的大小要适度。一般来说宜小不宜大，宜窄不宜宽。题目太大把握不住，难以深入细致，容易泛泛而论。因为大题目需要掌握大量的材料，不仅要有局部的，还要有全局性的；不仅要有某一方面的，还要有综合性的。另外，大学的几年学习，对学生来讲还只是掌握了一些基本理论，而要独立地研究和分析一些大问题，还显得理论准备不足。再加上缺乏写作经验，对大量的材料的处理也往往驾驭不了，容易造成材料堆积或过于散乱，写得一般化。

（二）要充分考虑自己的特长和兴趣

要尽可能选择那些能发挥自己的专长，学有所得、学有所感的题材。兴趣深厚，研究的欲望就强烈，内在的动力和写作情绪就高，成功的可能性也就越大。

（三）勤于思索，刻意求新

毕业论文写得成功与否、质量高低、价值大小，很大程度上取决于文章是否有新意。有了较新颖的观点，文章就有了灵魂，就有了存在的价值。毕业论文的新意，可以从以下几个方面着眼：

一是所提出的问题在本专业学科领域内有一定的理论意义或实际意义，并通过独立研究，提出自己一定的认识和看法。

二是虽是别人已研究过的问题，但作者采取了新的论证角度或新的实验方法，所提出的结论在一定程度上能够给人以启发。

三是能够以自己有力而周密的分析，澄清在某一问题上的混乱看法。虽然没有更新的见解，但能够为别人再研究这一问题提供一些必要的条件和方法。

四是用较新的理论、较新的方法提出并在一定程度上解决了实际生产、生活中的问题，取得一定的效果。或为实际问题的解决提供新的思路和数据等。

五是用相关学科的理论较好地提出并在一定程度上解决本学科中的问题。

六是用新发现的材料（数据、事实、史实、观察所得等）来证明已证明过的观点。

三、资料的收集

资料是论文写作的基础，没有资料或资料不足就写不成论文，即使勉强写出来，也缺乏说服力。资料又可分为第一手资料和第二手资料，第一手资料是指作者亲自考查获得的。做实地调查研究，调查研究时要做到目的明确、对象明确、内容明确。调查的方法有：普遍调查、重点调查、典型调查、抽样调查。调查的方式有：开会、访问、问卷等。另外，实验与观察是搜集科学资料数据、获得感性知识的基本途径。对这些资料要公正，要反复核实，要去掉个人的好恶和想当然的推想，保留其客观的真实。如果文章论证的内容是作者自己亲身实践所得出的结果，那么文章的价值就会倍增。第二手资料的主要来源是图书馆和资料室的文献资料。已发表的论文或历史文献中具有大量的有用资料，应详细分析、研究这些资料，并究根问底，查明原始出处，要深领其意，而不能断章取义。引用别人的材料是为自己的论证服务，在引用他人材料时，需要下一番筛选、鉴别的功夫，做到准确无误，经得起推敲和验证。总之，搜集的资料越具体、越细致越好，占有丰富的资料是写好毕业论文的前提。

四、毕业论文主体的写作

毕业论文主要由提纲、标题、作者署名、摘要、关键词、正文、参考文献目录等部分构成。

1. 提纲

毕业论文提纲包括题目、基本论点、内容摘要。拟定提纲有助于安排好全文的逻辑结构，构建论文的基本框架。通过拟写作提纲，实现下列目的：

初步确定论文的标题；

确定论文的中心思想，写出主题句子；

确定论文的总体框架，安排有关论点的次序；

确定大的层次段落，确定每个段落的段旨句；

确定每段选用的材料，标示材料名称、页码、顺序。

拟写提纲一般可用标题法、句子法；

标题法——即以标题形式把内容概括出来；

句子法—— 一个句子概括一个部分的内容。

2. 标题

毕业论文标题又称题目，是文章的重要组成部分，通常是对论文研究过程或成果的直接阐述，是论文内容的高度概括，要求直接、具体、醒目、简明扼要。

3. 作者署名

毕业论文署名是作者对论文拥有著作权和具有责任感的体现，一般写在标题的正下方。

4. 摘要

毕业论文摘要用于提示论文的基本观点、研究成果及意义等，应简洁、概括。

5. 关键词

毕业论文关键词又称主题词，目的是为文献检索提供方便，反映论文观点或主要内容。

6. 正文

毕业论文正文是毕业论文的核心内容，包括绪论、本论、结论三大部分。

（1）绪论部分主要说明研究这一课题的理由、意义，要写得简洁。要明确、具体地提出所论述课题，有时要作历史回顾和现状分析，说明本人对这一课题的研究将有哪些补充、纠正或发展，还要简单介绍论文采用的主要论证方法。

（2）本论部分是论文的主体，即表达作者的研究成果，主要阐述自己的观点及其论据。这部分要以充分有力的材料阐述观点，将搜集到的材料进行分类、整理，选取那些最能证明论点、最具说服力的材料进行论证，同时要注意把握论文的内容、层次、段落间的内在联系。常用的结构形式有：

①并列式。是将总论点分为若干分论点，分论点之间为并列关系，内容紧密相连，但又分属不同的小问题，使得论证条理清楚。

②递进式。是将总论点分为若干分论点，分论点之间的关系是层层深入、层层推进，最后得出结论。

③综合式。将上述两种方法综合运用起来，适合于篇幅较长、题目较大的论文。

不管采用何种结构形式，都是为了展开论证过程，即运用论据以说明观点、证明观点，通俗地说，就是摆事实、讲道理。

毕业论文的论证方法通常有下列几种：

例证法—举例法

即运用归纳推理进行论证的一种方法，就是用典型的事例作论据来证明论点的方法。

引证法—引用法

即用一些权威性的理论作论据来证明论点的方法。

比较法

它是通过事物之间的比较来证明论点的方法。

比喻法

即用具体的事物、道理作比喻，来说明不易理解的深奥的抽象事物或道理的方法。

因果法

即通过分析，揭示论点和论据之间的因果关系以证明论点正确的方法。

归谬法

就是先假定对方的论点是正确的，接着就以此为前提，进行推理，却只能引出荒谬的结论，从而证明对方论点错误的方法

（3）结论部分是论文的归结收束部分，要写论证的结果，做到首尾一贯，同时写明对课题研究的展望，提出进一步探讨的问题或可能解决的途径等。

7. 参考文献目录

撰写论文过程中研读的一些文章或资料，选择主要的列在文后，表示对他人成果的尊重，便于读者了解该领域的情况，为读者研究或查找文献提供线索，反映作者对本课题、本领域的历史和现状的了解程度，使读者相信论文水平，增强资料的可信度。

五、毕业论文的语言要求

一是语言要准确、科学。语言要讲求科学性和逻辑性，能准确地表达论文的内容。

二是遣词、造句要合乎语法规则。用词不当，词序不妥，句子成分残缺，语言不合逻辑，如果不合乎语法规则，就会使意思含糊不清。

三是语言要简洁明快。以最简洁的语言表达尽可能丰富的内容，做到“文约而事丰，言简而意赅”。删繁就简，该长则长，该短则短，力求准确、全面、深刻地表达自己的观点和见解。

【例文一】

昆明市道路货运业现状与展望

摘　要：阐述昆明道路货运业现状；指出昆明市道路货运业存在的主要问题；提出昆明市道路货运业的发展对策；对昆明道路货运业的前景进行展望。

关键词：货运业　现代物流

道路运输业是国民经济的基础性行业，道路运输更是一起机动灵活，可以实现门到门运输等特点而成为国家综合运输体系的重要组成部分。云南地处西南边陲，山高谷深，地势险要，长期以来，道路运输便是省内、省外甚至国外运输的主力，承担了大部分的客货运输，为云南的经济、社会发展作出巨大的贡献。

昆明市包括各区市县在内总面积约5 000多平方公里，人口约600万，道路总长12 700公里，是云南省政治、经济、文化中心，是历史文化名城和优秀旅游城市，也是全省枢纽中心和客货运输集散地。党的十六大报告提出全面建设小康社会，加快西部大开发

战略和省委、省政府提出建设面向东盟国际大通道，建设现代新昆明的宏伟蓝图正在实施。道路货运企业如何抓住机遇，实现快速发展，以进一步促进昆明市经济、社会的发展，是昆明市城市发展及各项改革措施得以顺利进行的一个重要课题。

一、昆明市道路货运业现状

目前，昆明市办理过正规手续的托运部共有313家，信息配载部148家。每天进出昆明市的货运量，从道路运输货量来看，保守估计，每家托运部平均一天1.5车货，全市每天装货约500多车，1 000吨左右。但由于历史的原因，昆明市从事货运服务的经营户没有一个合理的物流市场，而且还存在着一些制约昆明市道路货运市场发展的因素。

1. 略

2. 运输市场主体多、小、散、弱，缺少主导市场法则的一批大规模企业……

3. 运输工具现状……

4. 管理人才匮乏，从业人员素质不高；管理体制不健全，管理水平落后，缺乏科学的决策和支持手段……

二、昆明市道路货运业的发展对策与展望

几年来，云南省各地、州、市的建设进行得热火朝天，一批通向国外、省外的高速公路正在加紧建设。然而相比之下，道路运输的发展整体上却落后于公路建设。要从根本上解决道路运输整体上落后于公路建设的现状的问题，只有以技术进步推进道路运输向集约化和规模化发展。

1. 要使道路运输依托技术进步向集约化、规模化发展，首先要转变行业管理观念……

2. 道路货运企业向现代物流业转换，组建大型企业集团，以运输技术和信息技术为基础，开展网络化、规模化经营……

3. 在经营形式上，道路运输企业，特别是大型运输企业，在经营方式上要向专业化运输调整，如形成专业的整车运输、零担运输、快件运输……

4. 在服务上，道路货运企业以运输便捷化、高效化为目标，并向以运输为本的多元化服务转变……

5. 现代物流是一种重要的经济活动，其作用和影响已经渗透到社会生活的方方面面。运输是物流的中心环节之一，可以说是物流最重要的一个功能。运输的发展，必然对现代物流业的发展起到非常重要的作用……

6. 加快先进技术的推广和应用，加快形成完善的公路运输技术创新机制。促进现代信息技术和适应物流需求的运输工具得以普及使用……

三、结束语

随着现代大生产的发展，社会分工越来越细，产品种类越来越多，无论是原材料的需求，还是产品输出量，都大幅度上升，区域之间的物资交换更加频繁，这就促进了运输业的发展和运输能力的提高，总之，运输手段的发达是产业发展的重要支柱。因此，昆明市要抓住中央提出加快西部大开发的战略和省委、省政府提出建设面向东盟国际大通道、建设现代新昆明宏伟蓝图这一历史机遇，建设科学、经济、合理的道路运输市场管理体制，促进昆明市道路货运企业健康发展，为昆明现代物流业的发展打下良好的基础，实现昆明的经济腾飞。

参考文献（略）

【例文评析】

这篇毕业论文选题大小、难易适当，具有现实意义。先总体介绍昆明市道路货运业现状，然后分项进行具体阐述，再重点论述昆明市道路货运业的发展对策与展望，论文重点突出、条理清晰。

【例文二】

知识创新的机制和创造性的本质

中国社会科学院哲学研究所　金吾伦

我们这里所谈的“知识创新”，可以涵盖技术创新、管理创新和制度创新等，也不对“发现”（discovery）、“发明”（invention）和习惯上所称的“创新”（innovation）作严格的区分，只注重它们的共性，即创意和创造性的思维活动。

自从科学哲学家、物理学家迈克尔·波兰尼提出了意会知识（tacitknowledge）的概念以后，人们日益认识到，以前的知识观应该扩大。我们通常所说的知识有两类，即可编码的知识和意会知识。知识创新意味着这两类知识的创新。由于构成这两类知识的知识单元不同，所以创新的含义也大不相同。

可编码的知识，人们称之为显知识，其知识单元是概念；创造了一个新的概念，我们就可以认为是创造了新知识。例如普朗克的“作用量子”概念、量子力学中的“波粒二象性”概念、管理学中的“经理”概念等。由两个或多个概念所组成的是理论，其中包含了新概念的，就可以认为创造了新理论。从这个意义上说，知识创新就是创造新概念，新概念是知识创新的核心。

但对于意会知识来说，它不能明确地用概念加以表述，这正是其被称为“只可意会，不可言传”的知识之原因。这些知识存在于人们“主观的见解、直觉、预感、理想、价值观、想象、象征、比喻和类比之中”，一旦被开发和利用，其意义不亚于可编码的知识。目前我们对其机制认识得还不清楚。

日本的野中育次郎强调，由于知识系统中存在着不稳定性和不确定性，要把知识作为创新的源泉，必须建立起一种机制能使这两类知识（可编码知识和意会知识）相互转换。由此我想到，意会知识的创新可以由两种途径表现出来：第一，意会知识经过整合集成，形成新概念，转化为显知识，这是一种创新；第二，由于意会知识通常表现为一种技巧（skill）或诀窍（know－how），因此它类似于一种技术知识。技术则是一种操作，一般不用概念表达，而是用操作程序来表述。于是这类知识的创新应表现为解决问题，出现新技术、新工艺和新产品。

这个问题很复杂，为了深入理解知识经济和知识创新，我希望能够深入地讨论。

第二个需要讨论的问题是创造性思维的本质特征是什么？人们差不多已经有了一种共识，即创新首先是观念创新，而观念创新需要确立新的思维方式。这里所说的思维方式是指适应时代的、有利于创新的、整体性的思维方式，抛弃传统的机械论和还原论的思维方式。而对于一个具体的创新活动来说，不可能有一个固定的、放之四海而皆准的思维模式。

我们通常把思维方式区分为逻辑思维、形象思维和灵感思维。贝弗里奇则从创造过程的角度将思维方式分为：①批判性思维；②想象性思维；③无控性思维。贝弗里奇指出，“每一类思维方式都有自己的优点及其局限性；它们只适用于特定的场合。科学研究的一般程序是按批判性思维展开的，只有当批判性思维无法解决问题时，想象性思维的大门才被打开，以期找到一条解决困难问题的途径。如果这样还是不能找到一条前进的途径，那么，人们就应该求助于无控性思维，用新的眼光去寻求解决问题的希望。”毫无疑问，贝弗里奇所提出的创造性思维的处方也不是处处适用的。

美国科学哲学家托马斯·库恩从科学发展历程的研究出发，从中得出两种思维方式及其间保持“必要的张力”的观点。这两种思维方式是发散式思维和收敛式思维。科学的发展要求思想活跃，思想开放，但科学同时也要求持久、牢固地扎根于当代科学传统之中。唯如此，“才能打破旧传统，建立新传统”。发散式思维的代表人物如爱因斯坦，不断有创造性的新思想；后一类思维方式的代表者，如密立根测电子电荷，迈克耳逊测光速，他们的工作同样具有伟大的创造性。所以，这两种思维方式都应划入创造性思维方式之列。而且库恩强调过，这两种思维方式并不只限于科学活动范围。因此我们可以推广到管理创新和制度创新等领域。

日本学者、东京大学社会学系教授、日本规划计划学会会长日比野省三于1990年提出了一种新的思维方式，称“打破现状的思维”。中国学者陈颖健和日比野省三合著的《跨世纪的思维方式：打破现状思维的七项原则》一书将发散式思维和收敛式思维作了整合，提出了第三种新的思维方式，称为“展开·整合（expantegration）式思维方式”。

展开·整合式思维方式的视野比发散式思维方式和收敛式思维方式要宽广得多，且更具时代特色，正如作者指出的：“展开·整合（式）思维方式能够大大地减少发现问题之‘正确’解决方案的可能性。应该将展开·整合贯穿于打破现状思维的全过程中，因为很多突破发生在整个思维过程的不同步骤上。”

我们说展开·整合式思维方式具有时代特色，因为它符合当代知识创新的要求，实现潜知识与显知识的展开、整合和转化，实现既要思想活跃又保持头脑冷静、既要处理人们的现实思想又顾及人们的愿望、既要发散又要收敛等等一系列的展开和整合过程，这是一种整体论的思维方式，也是适应新时代的创造性思维方式。

抛弃传统的机械论和还原论的思维方式，确立以展开·整合为特征的创造性思维方式，可以提高我们的智力水平，推动高效持续的知识创新。

【例文分析】

本文载《新华文摘》1999年第11期，是一篇讨论“思维科学”的哲学类学术论文。

1. 该文的选题

在面临21世纪之际，世界学术界认为“知识经济”的时代即将到来，认为人类社会的科学技术发展到一定阶段后，直接从事体力劳动的工人将越来越少，机器制造业将在现代化自动生产设施的发展下，大量裁减生产工人，而“白领”的人数将急剧上升，影响经济发展的主要因素，将是科学技术的发展程度。也就是说，谁掌握了最先进的科学技术，谁就能够获得发展。而科学的本质就是创新。因此在哲学领域掀起了研究“思维科学”和“创新思维”的风潮。

我国近年来为加快经济的发展，也非常重视思维科学的研究，重视“创新思维”的研究，以期提高民族的整体素质，提高教育质量。

该论文就是在这样的大背景下提出自己的看法的，因此，该论文的选题不但有理论意义，而且具有很强的现实意义。

2. 该文探讨问题的方法

全文的结构分为两大部分：一是有关知识和知识创新的机制问题，二是创造性思维的本质是什么。

这两个问题是有内在联系的，前者是后者研究的起点，也是创造性思维研究的对象。没有“知识创新”这个对象，就谈不上研究创造性思维这个问题。

因此，作者从事物的起点出发探讨问题，找出事物内在的逻辑关系，并采用递进和引申的形式，过渡到第二个问题。

在探讨“知识”和“知识创新”时，以介绍国外学者研究的形式，将知识划分为“可编码的知识”和“意会知识”，这不仅给人们带来全新的概念，而且恰到好处地借助“编码知识”这个概念解释了知识创新的核心是“创造概念”。接着对“意会知识”进行探讨，借助日本学者的看法，指出“意会知识”的不确定性和模糊性，同时又指出它对生产技术、工艺进步有着特定的作用。作者显然同意日本学者野中育次郎的见解：“可编码的知识”与“意会知识”之间需要建立“转换机制”。作者认为，这对于研究“知识经济”和“创新知识”非常重要。

这一部分研究是从探讨概念的内涵开始的，采用了分类的方式，从两个不同方面探讨“知识”和“知识创新”的关系。

第二部分探讨“创造性思维的本质”。作者介绍了人们对思维方式的研究的诸种看法，并举例说明。在诸种看法中，显然作者最为认同的是日本学者日比野省三和中国学者陈颖健提出的展开·整合式思维方式。作者认同这种思维方式，是因为这种思维方式“是一种整体论的思维方式，也是适应新时代的创造性思维方式”。这一结论是与发散式思维方式和收敛式思维方式相比较后而得出的。

在这部分，作者也是从分类开始研究思维方式的，也正由于做了分类，使作者能够对几种思维方式进行了比较、取舍，从而形成最终的见解。

这篇文章的价值不完全在于介绍了什么，而在于指出了研究知识创新要研究什么，为以后的研究方向的决策提供了参考。

全文不长，仅两千多字，但内容丰富，文字简约。在思想方法上，主要运用了概念内涵分析方和概念分类的方法与比较分析方法，行文自如，不呆板，这些思考问题的方法融合在阐述的过程之中，显得极其自然。这些都是值得我们学习的地方。

综合练习

一、填空题

1. 毕业论文主要由提纲、(　　)、(　　)、摘要、(　　)、(　　)、参考文献目录等部分构成。

2. 毕业论文正文常用的结构形式有并列式、(　　)、(　　)、(　　)三种。

3. 毕业论文的语言应做到(　　)、(　　)、(　　)。

二、简述题

1. 撰写毕业论文应如何选题?

2. 撰写毕业论文应如何收集、使用材料?

三、写作练习

1. 结合本专业学习内容，拟写一份毕业论文提纲。

2. 结合本专业方向拟写一篇小论文。

第七章　公务文书处理

第一节　公务文书处理概述

机关或企业事业单位的办公室日常工作，包括了公务文书的处理活动，诸如收到文件如何处理，平时工作后的文件怎样整理，最后又如何向档案部门移交，等等。很显然，不了解这些问题，就无法从事办公室工作。

不了解、不熟悉公务文书的处理活动，对公务文书的撰写也有影响。因为公务文书的撰写活动有特定的公务目的，公文撰写是机关或企事业单位日常工作之一，它与公务文书的处理工作有紧密的联系。因此，了解文书处理的系列过程，对正确撰写公务文书、做好日常工作，有着重要意义。

一、公务文书处理的概念

公务文书处理指国家机关或企事业单位收文、发文、立卷及归档等一系列活动。

收文，指公文的接收、办理等工作内容。具体地说，收文的接收，包括：签收、登记和分发等环节；收文的办理，包括：拟办、批办、承办、注办和催办等工作环节。

发文，指各类社会组织为履行其法定职责，表达自身意志和愿望，以推动实际工作有效进行而制发公务文书的过程。包括文稿的形成过程、制作过程和传递过程。具体地说，成文包括拟稿、会商、核稿和签发等环节；发文包括注发、缮印、校对、用印和签署等环节；传递过程包括分装、传递和公布等内容。

立卷，指将办理完毕、具有查考和保存价值的文件材料，按照它们在形成过程中的联系组成案卷。

归档，指将组成案卷定期向机关档案室移交的活动。

二、公务文书处理的特点

公务文书的处理具有程序性特点。它表现在文书处理活动的各个环节是有序的，体现公务文书生成、运转和社会组织管理实践活动的客观规律。

例如，要制发一份文件，并不是可以随意制发的，它必须经过拟稿、会商、核稿和签发等工作环节才能完成。

公务文书的处理还具有规范性的特点。这是由于为了保证文书工作正常进行，各单位必须制订相应的工作制度，文书的撰写和存档编目等具有严格的形式规范。

第二节　收文处理

收文的处理过程包括收文及收文处理两大部分。具体来说，包括签收、登记、分发、拟办、批办、承办、催办和注办等环节。

一、收　文

收文包括签收、登记和分发的环节。

（一）签收

签收，指外部公文经传递到达本机关或单位之后的接收的活动，包括外收发签收和内收签收。外收发签收即机关总收发室负责对文书封件（封口的公文）予以检查，进行第一次签收；内收发签收即机关办公厅（室）的文书部门（人员）和各业务部门的专（兼）职文书人员对文书封件进行第二次签收，侧重于检查包封内文件的有关情况。

（二）登记

登记，指文书管理人员对收进、运转、处理的公文的完整数据进行登录的活动。其主要作用一是便于管理，二是便于利用，三是便于催办，四是便于统计。

登记的范围参照本单位立卷归档范围。凡属于正式来往公文、组织内部文书、会议文书等都必须登记。外出开会、出差的“账外文书”也不应遗漏，同样需要登记。

不需要登记的文书，主要是与本单位业务无关并且不需要办理的文书、越级行文和非隶属关系机关抄送的不需要办理的文件，无查考价值的事务和临时性文件。

（三）分发

分发亦称分送，即文书部门（人员）对收文筛选分类后，根据规定和常规，将进人运转过程的文书分送至各有关部门或人员阅知办理的活动。分发的目的，一是确定文书运转的方向，二是具体规定每份文书在程序中的运行过程。准确分发对文书运转秩序的控制作用十分明显和重要。

分发应分清主次，分清急件与平件、阅件与办件，其原则是优先处理主要的、重要的、紧急的、需直接办理的公务文书。将待办收文按不同情况优先分给单位的主要领导人、主管负责人或主管部门，使公务文书主次分明、缓急有序，尽快得到实质性处理。

二、收文的处理

（一）拟办

收文的处理包括拟办、批办、承办、催办和注办等环节。

拟办，即由综合办公部门或业务部门负责人及有关工作人员，对部分收文的办理提出建议性意见，供有关领导者批办时参考的活动。

拟办工作的作用在于：通过拟办，能发挥文书部门、秘书部门、业务部门或具体的承办人的主观能动性，提高通观全局、处理问题的能力；同时，拟办意见如何切实可行，可为领导节省处理公文的时间和精力，起到辅助决策和参谋助手的作用。

拟办的工作要求包括：

（1）认真阅读来文，掌握文件的内容、性质和具体意图，以便有针对性地提出具体的拟办意见。

（2）研究有关的方针政策、法规和指示，使拟办工作具有明确的政策依据。围绕来文的内容进行调查研究，掌握本机关与下级的工作情况，提出切实可行的意见。

（3）拟办意见应当明确、具体，提出答复与办理来文的具体建议与根据，不要流于形式。

（4）拟办意见应清楚、端正地书写在《文件处理单》的“拟办意见”项目内。并附上需要呈请领导参阅的有关文件与资料。

（二）批办

批办，即由组织的领导人或部门负责人对公文办理提出意见的决策性活动。

其作用是通过对拟办意见的审阅、认可或修正，体现和实现组织的领导人或负责人对办文工作的具体指导和集中领导。负责批办的领导人需要签署姓名与日期。批办工作具有权威性。其必须遵循的原则是：

1. 统一负责，合理分工

批办是机关领导人必须履行的职责。因此，要明确规定机关各层次、各部门领导人批办文件的职责和范围。既要有统一负责，对重大问题的集体研究，又要有合理分工，授权副职与综合办理部门的负责人，在其职权范围内进行批办工作，以提高办文的效率。

2. 实行分层（纵向）负责的原则

领导者应向下一级领导者逐级授权，不包揽一切，不干扰下一层次的工作，充分调动各个层次领导者的积极性，使他们都能主动地各负其责，做好批办工作。

3. 努力提高批办的效率

提高批办的速度是提高办文效率的关键一环。为此，在批办时应做到：

（1）批办的意见明确、肯定、具体可行，责权清楚并且前后一致。

（2）领导人因公因病不能批办时，应及时委托或授权其他的领导人批办。

（3）减少层次、简化手续。机关领导者应职责明确，不要逐层请示，防止只传阅不办事，造成公文旅行的问题。

（4）对于例行文件，应在年初作一次性批办，以节省拟办与批办的时间。

（5）确定不需批办的文件范围，尽量减少领导人批办文件的数量。

4. 注意检查批办的效果，即调查了解批办意见的执行情况，加强催办工作。

（三）承办

承办，即通过对公务文书的阅读、贯彻执行与办复，具体办理和解决其内容所针对的事务和问题的活动。

承办是文书处理工作的中心环节和核心部分，直接关系发文的质量和文书处理的效率。承办环节与机关领导人、综合办公部门、各职能部门均有密切关系。

1. 承办的工作范围

（1）上级组织针对本单位的指示，有的需向下传达贯彻，有的在本单位内部执行。

（2）上级领导交代的事项或需要办复的公文。

（3）来自下级组织的请示及重要的报告。

（4）平行单位或其他不相隶属单位要求协作的函电、合同等。

（5）人大代表的建议、议案和政府委员的提案。

2. 承办的方式

（1）领导明确批示要本单位综合办公室（秘书部门）自办的公文，由办公室（秘书部门）直接承担办理。这类自办文件的承办，分为不需回复和需要回复两种。

不需回复的公文，其承办方式包括：发文贯彻、开会传达、当面协商、电话联系、实地调研、现场办公和督促检查等。

需回复的公文（如答复来文单位或批转、转发有关单位）可分别采用以下方式作复：①发文回复。凡涉及重大方针政策、干部任免、纪律检查、案件审理等重要内容的文书，一律用书面形式批转或批复（答复），以便有据可查。②电话答复。为减少文来文往，可用此方式。

（2）领导批示不再办理的公文，由秘书注明办结情况，作为办毕文书处置。

（3）需要转交有关部门办理的公文，要及时登记转出，即转办。转办的方式通常有三种：①原文转办。即将领导人的批示意见填入《领导批示事项转办单》，连同原文一起转给承办单位（有领导人批办手迹的《文件处理单》不应转出）。如承办单位已有原文抄送件，也可不附原文，但需注明原文的发文字号，以便承办单位查找。②面告转办。对特别机密的批办意见，一般不要原文转出，以免多环节运转造成泄密。如承办单位距离机关不远或交通方便，可请其负责人前来阅读原文，并面告领导的批示和要求，必要时应当允许摘抄、记录，以便回去按照批示办理。③电话转办。对于密级不高的一般文书和内部事项，可以利用电话、加密传真转告承办单位，通话双方都应做好记录以备查。

3. 承办工作的要求

（1）按承办原则办事。即对已经批办的公文按照批办意见办理；无需批办可直接承办的公文，应遵循有关法律、法规或有关政策的精神、有关惯例、一次性批办意见及领导人口头指示等酌情办理；凡需会商会签的公文，主办单位与协办单位应积极相互配合办理，不得推诿。

（2）科学合理地安排承办次序。紧急文件或呈请性文件均应规定具体办理时限；区别公文的主次缓急，坚持先主后次、先急后缓、急文急办、特事特办；随时对承办文书加以分类排列，分设“急要件待办”、“一般件待办”、“办结”等公文夹，来文随到随归并按时检查，以免承办文书被积压延误；其余公文抓紧办理，并从收文之日起尽快给予答复（对难以办结的文件，承办部门应在15天内向来文单位说明办理情况）。

（3）及时反馈承办结果。对于不属于本单位职权范围或不适合由本单位办理的，应当迅速退回交办的文秘部门并说明理由；承办单位以发文、电话等方式直接答复报文单位的，应抄送或告之交办单位的文秘部门。

（四）催办

催办，即根据承办时限和内容要求，对部分公文的承办情况进行督促检查，以防积压。催办是文书处理程序中具有监督、反馈功能的环节。

1. 催办的种类

根据催办工作范围，分为对内催办和对外催办：

（1）对内催办。指由本单位的文书部门或人员对各承办部门（人员）公文承办过程所实施的督促检查，即对收文的催办。

（2）对外催办。指由发文机关内承办公文的部门或人员，对于自身发文在有关收文机关具体办理情况所进行的了解、催询和检查督促，即对发文的催办。

2. 催办的方式

（1）电话催办。用电话提醒承办单位，加快办文速度，限期办结上报，催办结果应及时予以记录。

（2）文字催办。发催办单或催办函提出限期报送结果的要求。文字催办具有凭据作用，比电话催办更为郑重。

（3）登门催办。指催办人员登门口头催询。对于急办事项，“老大难”问题和涉及单位多、承办部门难以处理的问题，采取此法最为有效。

（4）会议催办。通过会议，当面或集中催促核查并及时协商解决具体问题，也是催办的一种有效方式。

3. 催办工作的要求

（1）及时、连续地分清主次缓急，追踪和了解在组织实施过程中的问题及经验，做到信息反馈灵敏。

（2）准确而真实地反馈信息。

（3）全面调查与反映文件实施的情况。

4. 催办检查的文件范围

（1）上级机关发来需要机关、本部门贯彻执行或办理的文件。

（2）同级、不相隶属机关要求答复与办理的事项。

（3）下级机关（部门）报送的请示。

（4）重要事故、事件、人物等专案的处理。

（5）人民群众来信来访要求答复与处理的重要事项。

（6）各种需要传阅的文件。

（7）会议决议中需要办理落实的重要事项。

（五）注办

注办，即承办人在公文办理完毕之后，简要签注承办经过和结果，以备查考的活动。注办的内容包括：发文承办的，注明其是否办复，复文号及复文日期；会议承办的，注明会议名称、与会范围、决议与结果；电话或当面解决的，注明时间、地点、有关人员与主要内容等，并标注承办人姓名；传阅承办的，注明主要阅件人姓名和日期；通过现场办公解决的，注明时间、地点、参加者，以及解决问题的方法、措施与结果。

注办的方法：通常由承办人在“收文处理单”和“文件办理情况登记表”中填写。

注办标志着收文办理过程结束。注办后，该收文应归入办毕文书。

第三节　发文处理

发文处理是公务文书形成的主要阶段，指各种社会组织为制发公务文书所进行的创制、处置和管理活动。具体环节包括发文文稿的生成、发文制作、发文传递、公布与监督实施等。

一、发文文稿的生成

发文文稿生成的主要环节包括拟稿、会商、核稿和签发。

（一）拟稿

拟稿，即撰写文稿的活动。拟稿是发文工作的第一个环节，公文质量主要取决于文稿的质量，所以，拟稿要做到：

1. 内容要准确无误

内容是公文的灵魂，起着决定性作用。其内容要符合党和国家的方针、政策和法令，符合发文机关的工作意图，符合客观实际。

2. 格式要正确

要按照公文统一格式要求和各文种的具体要求来撰写，不要有所疏漏。

3. 文字表达要确切

公文拟稿要注意文字的准确、简洁和得体。

（二）会商

会商，即当文书内容涉及其他不相隶属（含同级）组织或部门的职权范围时，发文机关应依法同其协商，只有在征得同意后，才能发文，若协商未果，则不能行文。为了避免政出多门、政策冲突，维护政令的一致性、合法性和有效性，需要在文书形成过程中搞好会商工作。

（三）核稿

核稿亦称审核，指公文草稿在签发之前由部门负责人或秘书人员进行全面核查与修正的活动。核稿既是控制公文数量、保证公文质量的关键环节，也是为各级领导人审阅批改公文做好准备、节省时间和精力的重要工作。

核稿范围具有全面性，包括文书的内容、形式和处理的程序。核稿应重点把好以下几关：

一是行文关，即确定是否需要行文，该由哪一级行文，行文关系是否正确。

二是内容关，即确定文稿是否符合现行方针、政策和法律、法规、规章的要求，是否与有关的规定相协调、衔接，反映的情况是否准确、真实，提出的要求是否明确、具体，提出的措施和办法是否符合实际、切实可行。

三是形式关，即确定文种使用是否正确，文字表达是否准确、简明扼要、条理清楚和合乎语法规范，结构是否严谨，人名、地名、时间、数字和引文是否准确无误。格式项目是否符合有关规定。

（四）签发

签发，即由对公务文书负有法定责任的领导人或被授予专门权限的部门负责人对经审核后的文稿进行终审、批注意见并签署姓名及日期的活动。

除按有关规定由会议批准的公文外，签发是绝大多数公文生效的法定程序，公文草稿一经签发即成定稿，具备正式公文的效用，成为缮印正式文本的标准稿本。签发是各级领导人履行自身职责的重要工作环节，必须依法、依职进行。

1. 签发的类型

根据签发人的身份、地位及文书处理程序、方式的不同，签发分为正签、代签、核签和会签几种类型。

（1）正签，指签发人在自身法定职权范围内签发公文。

（2）代签，指根据授权，代他人签发公文，如正职领导人因公外出，经授权由主持日常工作的副职领导人签发。

（3）核签，又称加签，指部门或下级单位的重要发文请上级领导人签发。

（4）会签，指联合行文时，由各机关的领导人共同签发；或指由一个部门起草，内容涉及其他单位或部门的文稿，送到有关部门去会商、签发。

2. 签发的权限

签发不能越权，各单位应根据各位领导人的职权范围规定其签发权限，建立分层签发制。即：

（1）单位名义的发文由单位领导人签发，其中内容重要或涉及面广的公文由正职或主持日常工作的副职签发，部分公文可授权综合办公部门负责人代签。

（2）内设机构名义的发文由该机构领导人签发，其中重要的公文可由单位有关领导人核签。

（3）会议通过的决议以及会议纪要等由会议主持人签发。

（4）联合行文时，签发人级别层次应具备足够的权威；原则上主办单位由哪一级领导签发，其他单位也应对等由同一级领导会签。

3. “先核后签”原则

为确保公务文书的有效性，避免不应有的反复签发，签发要履行正常秩序，一般应核稿后签发，签发后的定稿未经原签发人同意，一般不能再作改动。

4. 签发规范

签发时，签发人应在“发文稿纸”相应栏目内，批注同意发出的意见（如“发”、“急发”等），并署完整的职务、姓名和日期。代签时应标注“代”、“代签”字样。

二、发文制作

发文制作的环节包括注发、缮印、校对、用印和签署。

（一）注发

注发，即在签发之后由文书人员在定稿上批注缮印制发要求的活动。通过注发，使签发意见进一步具体化和技术化，为公文制作过程确立具体的程序与标准，以免出现技术性错误。注发的完整内容及相应的工作活动有：

（1）明确具体发送范围；明确阅读范围的级别限制；标注或审核发文的紧急程度与保密等级；确定印发份数、印制和发出的时间。

（2）明确缮印方式（缮写、打印、印刷）与发送方式。

（3）赋予发文字号。

（4）进行版式或缮写格式设计。

（5）向催办部门或人员销办。

(6) 注发过程中还可对文稿再作一次技术性审核，即复核。

(二) 缮印

缮印，即根据写稿缮写、印刷公文正本的活动。目前，由于计算机的普及，手工缮写使用范围越来越小。计算机综合了缮写、排版的工作。

根据国家质量技术监督局《国家行政机关公文格式》，有关公务文书排版字号与字体的要求如下：

(1) 发文机关标识。推荐使用小标宋字体，字号以美观醒目为原则酌定，但应小于22mm×15mm。

(2) 秘密等级、保密期限用3号黑体字。

(3) 发文字号用3号仿宋体字。

(4) 正文。一律用3号仿宋体字，一般每面22行，每行28个字。

(5) 文书的印刷。一般份数较少的文件，采用复印和轻印刷，多则采用胶印或铅印方式。

(6) 纸张一律使用国际标准A4型号。

(三) 校对

校对，即以定稿和格式设计要求为基准，对缮印的文书校样或印本进行全面核对检查，发现并纠正错漏的活动。通常对文稿至少校对三次。

(四) 用印与签署

用印即在公务文书上加盖发文机关印章证实其法定效力的活动。签署即由签发公文的正职领导人在正本落款处签署其职务、姓名以证实其法定效力的活动。二者均为公文法定的生效标志。其中，用印的要求是：

(1) 原则上印章应与发文名义相符。必要时可用下级单位或临时机构的公章代替，用印时应标明“代章”字样；除会议纪要外，正式公务文书均应用印方能生效。

(2) 用印前后应履行一定手续。用印前履行批准签发手续，未经签发的文书不予用印；用印后需作正式记录。

(3) 印章及供拼装在印版上使用的印模须保管在文书工作机构专人手中，使用时其监印，用毕退回。以照相、静电复印等制版方式制成的印模用毕应尽快退回文书工作机构或就地销毁。

(4) 印章应盖在成文日期上，上不压正文。

签署适用于命令等以领导人名义的发文。合同等文书则既应用印又需签署。签署权由正职负责人专有，副职领导不必联署；除特殊情况外，通常不能由副职代为签署，公布性文件尤其如此。

三、发文的传递、公布与督促

发文传递、公布与督促环节主要包括分类、传递和公布。部分发文需要督促实施。

(一) 分类

分类，即按照有关规定和要求拣配和分装文书，进行发文登记和装封，准备对外发出的活动。其工作步骤是：

首先，由内收发人员从文印部门接收文书，清点份数后，按照签发意见、注发要求或本机关的惯例拣配文书。

其次，按照拟定的发文范围，登记发文。

最后，登记完毕，即可装封，填写发送地址和收文机关、回执单；检查核对后将信封封口。密件、急件与平件要分别封装并加盖标记或封条。

（二）发出（传递）

发出，指将分装后的文件交给外收发人员，要求接收时清点数量，并检查封装质量、办理鉴收手续。

（三）公布

公布，指将文件公布于众，多用于有特殊意义的公文。公文公布的意义有：①有利于人民群众有效行使其在国家大事中广泛参政、议政的权利；②有利于机关改变工作作风，提高办事效率。③某些法律文书的发布，有利于社会主义市场经济体制的建设。

（四）查办

查办，即核查重要公文的实际执行情况，督促并协助承办单位全面落实文件精神，解决有关问题的控制性活动。其主要作用在于督促公文的办理，使其产生实际效用，解决实际问题。

查办与催办的区别是：查办同催办一样，带有监督控制性质，其具体活动方式具有共性，区别在于：从本质上看，催办是以具体公文的运转为对象，对其承办过程进行监督控制，侧重检查某一份具体公文是否按“时”办毕；查办则是以一些催办解决不了的文书处理中的重大问题为对象，以专项查办形式解决有关问题或办理有关事项。查办以一件件“事情”为单位进行，不仅要监控围绕某件事形成的公文的承办过程，还要负责了解、反馈公文产生实效的全部过程，使其全面、彻底地产生效果，即按时、保质、保量地将有关事情办毕。

第四节　立　卷

文书办理完毕，还需做好立卷工作。

一、文书立卷的概念

将办理完毕、具有查考和保存价值的文书材料，按照它们在形成过程中的联系组成案卷称为立卷。所谓案卷，是一组经过鉴定、分类，各文件形成有机联系的文件组合体。

文书立卷保持了文件之间的历史联系，保证了文件的完整性，便于保管和日后查找利用，同时为单位的档案工作奠定基础。

文书立卷的方法是文书分类和文书组合这两种方法的综合应用。

二、文书的分类方法

文书的分类，是组卷的前提。文书分类具体有分年度、分组织机构、分问题和分保管期限四种方法。

（一）按照年度分类

按照年度分类指根据文件形成和处理的年度将其划分成若干类别，以每年1月1日至12月31日为一自然年度。其具体处理方法是：

1. 本年度形成和办毕的文书在本年度立卷。

2. 跨年度文书可按以下方法处理：

（1）请示与批复，应放在复文年度立卷；没有的复文的，应放在请示年度立卷。

（2）规划，应放在规划内容所针对的第一年立卷。总结、决算、报表等，应放在它们所针对的最后一年立卷。本年度作下一年度的计划、预算、统计表等，应放在它们所针对的年度立卷。本年度作上一年度的总结、决算、报表等，应放入上年度立卷。

（3）会议文件，应放在会议开幕年立卷。

（4）基建等工程文件，应放在工程竣工的年度立卷。科研项目文件，应归入最后验收完毕的年度立卷。

（5）转发上级文件或批转下级文件，应放在本机关转发、批转的年度立卷。

（6）非诉讼案件应放入结案年度立卷。

（7）规范类文件应放入公布或批准生效的年度立卷。

（8）来往文书，以收文日期为准归入收文年度立卷。

（9）回顾、纪念性的文件应放在定稿或发表年度立卷。

此外，机关工作除了使用自然年度外，有时还使用专门年度。所谓专门年度，即根据工作和生产的特殊需要规定的一种专门起止日期，以此作为一个工作年度。例如学校的学年。

（二）按照组织机构分类

按照组织机构分类一般的具体做法是：

（1）经党委或党组起草或讨论决定，以政府（行政）名义发布的方针政策、规章制度等文件，划归机关行政办公厅（室）立卷。

（2）业务部门起草而以机关名义发文的，一般应归入机关的综合办公部门（如办公等）立卷。例如，人事处起草的有关青年职工下基层锻炼的文件，以机关的名义下发，就应将其归入机关办公室立卷。如确有必要，也可归入起草机构立卷。

（3）本机关两个或两个以上机构联合办理的文件，一般应归入主办单位，如难辨主次的，可归入最后承办部门立卷。联合发文的定稿归主办单位，协办单位如需要，可保存一份副本备查。

（4）以机关的名义召开的多个机构组织的综合性会议形成的文件，由综合办公室立卷；以机关名义召开的专业性会议，由与会议内容对口的专业部门立卷。如以财政局名义召开的外汇资金管理会议应由其外汇资金管理处（科）负责立卷。

（5）各部门参加上级机关召开的会议带回的文件，全局性的由综合办公室立卷，业务性的由业务部门立卷。

（6）机关领导人身兼本机关或外机关的两个或两个以上的不同职务形成的文件，应按其不同身份形成的不同业务内容分机关分部门立卷。如某税务局领导人既是党委书记、又是局长，其从事两个职务范围内的工作所形成的文件必须分开立卷。

（三）按照问题分类

按照问题分类，即按照文件内容所反映的问题来划分文件类别，习惯上也称“事由分类”。诸如按照是否反映同一事件、同一案件、同一人物或同一业务的标准进行分类。

（四）按照保管期限分类

按照保管期限分类，是根据各类文件客观存在的保存价值确定的。国家档案局《关于机关档案保管期限的规定》将应归档文件的保管期限定为三种：

一是永久，即凡是反映机关主要职能活动和基本历史面貌的，对本机关、国家建设和历史研究有长远利用价值的文件材料皆应永久保管。

二是长期，即反映本机关一般工作活动，在较长时间内对本机关工作有查考利用价值的文件材料应予以长期保管，年限一般为16～50年。

三是短期，在较短时间内对本机关有参考利用价值的文件材料应予短期保管，年限一般为15年以内。

三、文书组卷方法

在文书分类的基础上，按照文书的共同特征和主要联系就可以组成一个个案卷。文书组卷应把握文书的共同特征和主要联系。

（一）按作者特征组卷

按作者特征组卷，即将同一作者制发的文件组合成案卷。所谓作者，是指制发文件的社会组织及其内部机构和领导人。按此特征组卷是较常用的一种组卷方法。

（二）按问题特征组卷

按问题特征组卷，即将反映同一事件、案件、人物、问题、业务活动和同一工作性质的文件集中组卷。这里所指的“问题”是文件内容所反映的主题，包括事件、案件、人物的处理、具体问题的发生和解决，以及某项业务工作活动的开展等内容。按问题特征立卷，可以系统地反映出某一问题或某一方面工作的具体情况和全貌，便于人们按文件的主题特点进行检索。

（三）按时间特征组卷

按时间特征组卷，就是将属于同一年度或同一时期的文件组合成案卷。所谓时间特征，是指文件形成的时间或文件内容所针对的时间，即时间特征包含文件形成时间、文件内容针对时间两种特征。

（四）按名称特征组卷

按名称特征组卷，就是将名称相同或性质作用相同、相近的文件集中组卷。文件的名称，即文种，概括地揭示出文件的性质与制发目的和要求。

使用文件名称特征时，要注意避免“名”与“实”不相符的问题，即有的文件虽然名称相同，但其性质本质上是不同的。例如，同是“通知”，“任免通知”与“会议通知”性质不同，“任免通知”与“决定”的效用相近，“会议通知”只是一般事务性的通知。前者对发文和收文单位（或被任免人个人）来说都应永久保存，而后者作短期保存即可。所以，立卷时不能只根据文件上标明的文件名称判断文件的价值，还应注意“一名多用”的现象，具体分析文件的内容、性质和保存价值，更准确地表现出文件之间的类型特征，以满足人们从文件名称角度查找利用、文件的需求。

（五）按通讯者特征组卷

按通讯者特征立卷，就是将本机关与某一机关之间就一定问题进行工作联系而形成的来往文件集中整理立卷。所谓“通讯者”，是指因处理工作问题而产生往复文件的双方机关。

（六）按地区特征组卷

按地区特征组卷，就是将内容涉及同一个地区的文件组成案卷。地区特征，又称地理特征，是指文件内容所涉及的地区，如可以把一个省、一个市、一个县等的文件立成一卷。这种方法一般多用于上级机关针对下属机关的来文、调查统计材料和某些专门文件的立卷。

四、平时归卷

公文立卷工作不能等到一年终了再动手，而应该在工作中，随时为立卷做好必要的准备。这种准备包括：事先熟悉本单位的立卷类目，坚持做好平时归卷工作。

（一）立卷类目

立卷类目也称归卷类目，是指机关文书部门根据本单位工作活动的规律，按照立卷的原则要求和方法制订的归卷计划。

立卷类目可分两种，一种是综合立卷类目。它指供机关内部各个组织机构共同使用的立卷类目，适用于内部组织机构比较简单、形成文件数量不多的情况。另一种是分编立卷类目。它是指针对机关各个内部组织机构形成文件的不同特点而分别编制的立卷类目，适用于内部组织机构比较多、业务比较复杂，并且采取分散形式进行公文立卷工作的情况。

立卷类目的结构主要由类名和条款两部分组成。

1. 类名

类名即类别，是综合概括归卷文件材料的类属名称。文件材料的类别划分有两种方法：一是按工作性质分类，如组织类、宣传类、工交类、城建类、财贸类、文教类、综合类等；二是按组织机构分类，直接用各机构或部门的名称作为类名，如纪律检查委员会文件、宣传部文件、组织部文件等。文件材料较多的大机关类名之下，还可分小类。

2. 条款

条款即条目，是类名之下按照立卷要求和方法概括出来的一组文件的总标题。一个条款就是年终形成的一个案卷，条款名称就是预先拟出的案卷标题。条款是进行文件归卷工作的依据，是立卷类目结构中最主要部分。

立卷类目的类别和条款的排列呈表格式，故也叫立卷类目表，它是平时文件归卷的“索引表”，指导文件“对号入座”。

（二）平时归卷工作

平时归卷工作，是指机关的公文立卷人员根据已经编好的立卷类目，将已经处理完毕的文件，随时按类目上的有关条款归入卷内的工作。做好平时归卷工作对立卷工作很有意义，一是便于文书人员对办理完毕的文件材料根据其来龙去脉及时进行收集整理，保证其完整、齐全，使管理有条不紊，避免平时文件分散、零乱、长期堆积和失密、泄密现象的发生，以充分发挥文书部门立卷的优越性；二是便于机关、单位的办文部门随时利用，使承办人员能够将办完文件及时清退给立卷人员，为年终整理归档文件材料打下良好的基础。

文件的平时归卷，主要有以下几方面的工作：

第一，注意做好文件材料的收集工作。机关的发文可以在文件正本发出时，同时将定稿和存本归入卷夹。机关的收文可以在登记或批办后、分送前，用铅笔注明应归入的条款号，然后结合催办工作，在文件办完清退以后按号归入卷内，并在登记表上注明归入的条款号。对于承办人退回的文件，还应当及时检查是否齐全、完整，承办情况是否已经注明等。借出与归还的文件，应建立简便的登记手续，归还的文件也要及时归入卷内，力求将各种文件收集齐全，不要遗漏。

第二，对已经归卷的文件材料，要进行定期检查和调整。如某一条款下积累的文件已经很多，预计还会继续增加时，应结合其他特征适当分卷，或增加卷夹，原卷夹的编号加注“之一”字样，新增加的卷夹在抄录原卷夹编号后再注明“之二”、“之三”等。

第三，机关事先预编的立卷类目，不可能完全适合实际形成的文件，在平时归卷的过程中要注意调整修改。实际形成的文件在立卷类目中没有相应的位置时，要增补新的条款；个别条款下确认无文件可归时，可予以取消或更换条款的内容。

第四，对于已经闭幕的会议、已经办结的专案等，不可能再有联系密切的文件产生，可以确定组卷的，也可以进行平时立卷，即提前进行编目装订，以减轻年终集中整理装订的工作量。

第五，在实际工作中，常常有一些文件材料由于各种原因一时不便归卷，可单独设立一个卷夹，注明“待归文件”，用来暂存这些文件，待有了明确的办法以后，再进行处理。对于那些没有查考价值、无需立卷归档的文件，应另设卷夹存放，年终按规定集中销毁。

五、组卷工作

组卷工作是指机关文书部门或业务部门在年终或第二年上半年对平时归卷的文件材料进行调整定卷、对卷内文件进行排列和编号以及拟写案卷标题等一系列工作。

（一）调整定卷

调整定卷是指在平时归卷的基础上，详细检查每类文件的材料，进行适当的调整，并且最后确定组合案卷的一项工作。调整定卷的工作是十分必要的，这是因为公文立卷工作是按年度进行的，大多数文件材料，要到年终之后才能整理立卷。调整定卷时，应当注意检查以下问题：

1. 卷内文件的完整性

立卷人员可根据收文、收文登记和文件承办人员所经办的情况进行核对，检查已经归卷的文件材料是否齐全完整，不全的要查找收全。之外还要检查卷内有没有重份文件，有没有不属于立卷归档范围的文件材料，以保证卷内文件的质量。

2. 卷内文件的联系性

要检查立卷特征是否合适，卷内文件之间的联系是否紧密，注意纠正类目条款之间文件归卷不统一、互相混淆重复，以及拆散文件联系的错误。

（二）具体组卷

具体组卷工作包括卷内文件的整理、填写卷内文件目录、填写卷内备考表、填写案卷封面和装订案卷。

1. 排列卷内文件

按特征组卷后，还需要给卷内文件排序，使之前后具有联系。通常可按文书的时序排列。如往来文书，自然来文在前，复文在后。

2. 编页（件）号

卷内文件排序后，应按排定顺序依次编写页（或件）号。页号统一编写在每页文件的正面的右上角，凡有图文的页面均需编写页号（空白页不编页号）。编写页（件）号时要避免漏页或重页。

3. 填写卷内文件目录

文件目录主要包括以下项目：

（1）顺序号，即文件在卷内的顺序号。

（2）发文字号。

（3）作者。

（4）文件标题。

（5）日期，即文件的形成时间。

（6）页号，指卷内文件所在页的编号。

（7）备注，留待对卷内文件变化时作说明用。

4. 填写卷内备考表

卷内备考表置于卷内文件之后，用以注明卷内文件及其立卷的状况，以备档案人员和利用者日后查考。卷内备考表包括以下内容：

（1）本卷情况说明，用以填写卷内文件缺损、修改、补充、移出、销毁等情况。

（2）立卷人，立卷者签名。

（3）检查人，由案卷质量审核者签名。

（4）立卷时间。

5. 填写案卷封面

案卷封面包括以下项目：单位名称、部门名称、文书类别、案卷标题、时间、保管期限等。

（1）立档单位名称，必须使用全称或规范化简称。

（2）部门名称，单位二级组织机构名称，如“组织部”、“干部处”等。

（3）文书类别，如以“问题”来划分的，就写“问题”类名称：如“信息管理类”、“基础类”等。

（4）案卷标题，标题填写在案卷封面的中间位置，一般由立卷人拟制、填写。

（5）时间，指卷内文件的起止年月，用阿拉伯数字表示。

（6）保管期限，即立卷时划定的案卷的保管期限，一般由立卷人填写。分为永久、长期、短期三种。

案卷封面各项目应按各项规范要求写清楚、齐全，各项目应使用毛笔或钢笔书写，字迹要工整清晰，易于识读，便于查找、利用文件，亦可利用计算机排版、打印和输出。

6. 案卷标题的写作

(1) 案卷标题的结构

案卷标题用以概括揭示卷内文件的主要内容与成分，是检索文件的重要标记，也是案卷编目和编制各种检索工具的重要依据。案卷标题的基本结构是：

作者（责任者）—内容（问题）—名称（文种）

当文件内容涉及一定地区、特定的时间或一通讯者等立卷特征时也应予以标出，形成如下格式：

（地区）作者（或通讯者）—（时间）（地区）内容—名称

(2) 案卷标题的表达要求

①作者。必须用全称或规范化简称。

②内容，即事由。要全面概括卷内文件内容，做到确切、具体、简洁。

③名称，即文种。如："……关于抗洪救灾工作的命令、（或决定、通知）"。有些案卷题名的名称部分可以按规定使用"文件"、"材料"、"来往文书"、"案卷"等专用术语表达。

文件专指会议活动中形成的一系列文件。由于会议形成的文件名称较多，无法一一标示，可用"文件"概括。

材料指正式文件以外的辅助材料，主要是形成某一正式文件时的原始性、参考性材料。

来往文书只适用于机关之间商洽某项工作形成的问文和复文，这类案卷通常皆按通讯者特征立卷。

案卷只适用于围绕某一案件、事件或对某人的某方面问题的调查处理形成的文件材料。这些材料前后相承，紧密相关，构成了一个不可分割的整体，不需要一一标出文件的名称，而用"案卷"来概称。上述各专用名称只限用于特定的范围，不属于此列者不得滥用。

7. 装订案卷

装订案卷是为了避免卷内文件散失和被损坏，对文件起到固定和保护作用。文件装订有按卷装订的，也有按件装订的，同一机关内应规定文件装订的形式。

第五节　归档、清退和销毁

一、归档的概念

归档指将组成的案卷定期向机关档案移交的活动。

二、归档制度

归档制度的主要内容包括归档范围、归档时间和归档要求。

1. 归档范围

归档范围指需要转化为档案的文件范围，即能够转化为档案、作为长期和永久保存的文件范围。

2. 归档时间

归档时间指文书处理部门向档案部门移交应归档案卷的时间。根据《机关档案工作业务建设规范》的规定，文书部门或业务部门一般应在次年 6 月底以前向档案部门移交案卷。一些专门文件或个别业务单位、驻地分散的单位可另行规定切合实际的归档时间。

3. 归档要求

根据国家档案法的有关规定，文书处理部门或业务部门向档案部门移交案卷时必须遵循如下规定：

（1）归档的文件材料应齐全、完整。

（2）文件和电报按其内容的联系，应合并整理、立卷。

（3）必须保持归档的文件材料之间的历史联系，区分不同价值，以便于保管利用。

三、归档应注意的问题

1. 文件材料要经过系统化的科学整理

凡归档文件必须收集齐全完整，分类准确，排列系统，并根据作者、问题、时间、名称等文件特征，按照文件之间的历史联系进行立卷。立卷过程中要区分文件的不同价值，把具有不同保存价值的文件分开立卷；党委与行政文件应单独分开立卷；秘密文件与普通文件在不破坏其固有联系的基础上要分开立卷；立成的案卷要正确反映本机关主要工作情况，便于保管和利用。一般来说档案部门不接收未经整理的零散文件。

2. 立成的案卷必须加工编目

卷内文件应规范地填写卷内文件目录和备考表；案卷装订应整齐、美观；案卷封面各项目的填写要规范、清楚，特别是案卷题名要简明确切地反映出卷内文件的作者、内容和名称；根据保管期限表准确注明案卷的保管期限。

3. 归档案卷应编制完整的移交目录

有的单位还要求在移交目录编好后编制案卷情况说明，即将当年收集和整理文件的情况及本单位的主要工作、机构、人员变动情况作简要说明，从而为以后做好档案工作提供依据和基础。

四、清退和销毁

清退和销毁是对不需要立卷归档的文书进行处理的方式。

（一）清退

清退，指根据有关规定和要求，将部分办毕文书经过清理，定期或不定期地退还原发文机关或由其指定的专门部门的活动。清退工作的意义在于防止公务文书丢失，确保党和国家秘密的安全；防止无用信息的扩散，避免在工作中造成被动局面和不良影响；通过对文书清退分流，提高其运转速度。文书清退的范围有：

（1）上级组织下发的绝密文件（下级组织报送的绝密文件一般不予退还，由上级组织清理销毁或暂存备查）。

（2）在公文草拟、审批过程中形成的，仅供在一定时间、一定范围、一定级别的单位内使用并要求予以退还的未定稿、讨论稿、送审稿或征求意见稿。

（3）未经本人审阅的领导人的内部讲稿。

（4）有重大错误的文书。

（5）上级组织或本单位制发的供内部传阅并要求退还的文书资料，如重要情况通报、有关统计资料、重要简报和信息等。

（6）规定回收的会议文件。

（7）其他由发文机关明文规定限期清退的公文。

（二）销毁

销毁，指按照有关规定，对失去留存价值或留存条件的公文作销毁处置的活动。销毁工作的意义在于防止失密，避免过时无用信息的干扰，减少文书管理活动的工作量，提高工作效率。

1. 销毁范围

公文销毁范围包括所有办理完毕、业经清理鉴定确认不具备留存价值或留存条件的文件材料。如重份文件以及在特殊情况下销毁就会造成失密、泄密的文件、资料和内刊等。各有关部门均有具体规定。

2. 销毁方式

应根据待销文件的数量及机关工作条件，分别采用焚烧、粉碎、送指定造纸厂化成纸浆等方式。

公文的销毁按照有关规定，要在专人监督下进行。

附录一　国务院公文主题词表

（一九九七年十二月修订）

国务院办公厅秘书局

为适应办公现代化的要求，便于计算机检索和管理公文，特编制《国务院公文主题词表》（以下简称词表）。词表主要用于标引国务院、国务院办公厅印发的文件和各地区、各部门上报国务院及其办公厅的文件。

一、编制原则

（一）词表结构务求合乎逻辑，具有较宽的涵盖面，便于使用。

（二）词表体现文档管理一体化的原则，即词表中主题词的区域分类别词可分别作为档案分类中的大类和属类。

二、体系结构

（一）词表共由15类1049个主题，分为主表和附表两大部分，主表有13类751个主题词，附表有2类298个主题词。词表分为三个层次。第一层是对主题词区域的分类，如"综合经济"、"财政、金融"类等。第二层是类别词，即对主题词的具体分类，如"工交、能源、邮电"类中的"工业"、"交通"、"能源"和"邮电"等。第三层是类属词，如"体制"、"职能"、"编制"等。第二层和第三层统称为主题词，用于文件的标引。

（二）1988年12月和1994年4月修订的词表中曾列入本词表中而不再继续用作标引的主题词，用黑体单列在区域分类的最后部分。

三、标引方法

（一）一份文件的标引，除类别词外最多不超过5个主题词。主题词标在文件的抄送栏之上，顶格写。

（二）标引顺序是先标类别词，再标类属词。在标类属词时，先标反映文件内容的词，最后标反映文件形式的词，如《国务院关于加强水土保持工作的通知》，先标类别词"农业"，再标类属词"水土保持"，最后标上"通知"。

（三）一份文件如有两个以上的主题内容，先集中对一个主题内容进行标引；再对第二个主题内容进行标引。如《国务院关于在若干城市试行国有企业兼并 破产和职工再就业有关问题的通知》，先标反映第一个主题内容的类别词"经济管理"，再标类属词"企业"、"破产"；然后标反映第二个主题内容的类别词"劳动"，再标类属词"就业"；最后标"通知"。

（四）根据需要，可将不同类的主题词进行组配标引。如《国务院关于"九五"期间深化科学技术体制改革的决定》，可标"科技、体制、改革、决定"。

（五）当词表中找不出准确反映文件主题内容的类属词时，可以在类别中选择适当的词标引。同时将能够准确反映文件内容的词标在类属词的后面，并在该词的后面加"△"以便区别。

（六）列在区域分类最后，用黑体标出的主题词只供检索用，不再用作标引。

（七）附表中的主题词与主表中的主题词具有同等效力，标引方法相同，不同的是，如果附表中所列的国家、地区的实际名称发生了变化，使用本表的各单位可先按照变化后的标准名称进行修改和使用。国务院办公厅秘书局将定期修订附表。

四、词表管理

（一）本词表由国务院办公厅秘书局负责管理和解释，具体工作由档案数据处承办。

（二）本词表自1998年2月1日起执行，1994年4月修订的词表同时废止。

国务院公文主题词表

01. 综合经济（77个）

01A 计划

规划　统计　指标　分配　统配　调拨

01B 经济管理

经济　管理　调整　调控　控制　结构　制度所有制　股份制　责任制　流通
产业　行业　改革　改造　竞争　兼并　开放　开发　协作　资源　土地　资产
资料　产权　物价　价格　投资　招标　经营　生产　转产　项目　产品　质量
承包　租赁　合同　包干　国有　国营　私营　集体　个体　企业　公司　集团
合作社　普查　工商　商标　注册　广告　监督　增产　效益　节约　浪费　破产
亏损　特区　开发区　保税区　展销　展览　商品化　横向联系　第三产业
生产资料

02. 工交、能源、邮电（69个）

02A 工业

冶金　钢铁　地矿　机械　汽车　电子　电器　仪器　仪表　化工　航天　航空
核工　船舶　兵器　军区　轻工　有色金属　盐业　食品　印刷　包装　手工业
纺织　服装　丝绸　设备 原料　材料　加工

02B 交通

铁路　公路　桥梁　民航　机场　航线　航道　空中管制　飞机　港口　码头
口岸　车站　车辆　运输　旅客

02C 能源

石油　煤炭　电力　燃料　天然气　煤气　沼气

02D 邮电

通信　电信　邮政　网络　数据　民品　厂矿　空运　三线　通讯　水运　运费

03. 旅游、城乡建设、环保（42 个）

03A 旅游

03B 服务业

饮食业　宾馆

03C 城乡建设

城市　乡镇　基建　建设　建筑　建材　勘察　测绘　设计　市政　公用事业　监理　环卫　征地　工程　房地产　房屋　住宅　装修　设施　出让　转让　风景名胜　园林　岛屿

03D 环保

保护区　植物　动物　污染　生态　生物　风景　饭店　城乡　国土　沿海

04. 农业、林业、水利、气象（56 个）

04A 农业

农村　农民　农民负担　农场　农垦　粮食　棉花　油料　生猪　蔬菜　糖料　烟草　水产　渔业　水果　经济作物　农副产品　副业　畜牧业　乡镇企业　农膜　种子　化肥　农药　饲料　灾害　以工代赈　扶贫

04B 林业

绿化　木材　森林　草原　防沙治沙

04C 水利

河流　湖泊　滩涂　水库　水域　流域　水土保持　节水　防汛　抗旱　三峡

04D 气象

气候　预报　预测　烟酒　土特产　有机肥　多种经营　牧业

05. 财政、金融（57 个）

05A 财政

预算　决算　核算　收支　财务　会计　税务　税率　审计　债务　积累　经费　集资　收费　资金　基金　租金　拨款　利润　补贴　折旧费　附加费　固定资产

05B 金融

银行　货币　黄金　白银　存款　贷款　信贷　贴现　通货膨胀　交易　期货　利率　利息　贴息　外汇　外币　汇率　债券　证券　股票　彩票　信托　保险　赔偿　信用社　现金　留成　流动资金　储蓄　费用　侨汇　折旧率

06. 贸易（62 个）

06A 商业

商品　物资　收购　定购　购置　市场　集贸　酒类　副食品　日用品　销售　消费　批发　供应　零售　拍卖　专卖　订货　营业　仓库　储备　储运　货物

06B 外贸

对外援助　军贸　进口　出口　引进　海关　缉私　仲裁　商检　外商　外资　合资　合作　关贸　许可证　驻外企业　贸易　倒卖　外向型　议购　议售　垄断　经贸　贩运　票证　外经　交易会

07. 外事（42 个）

07A 外交

对外政策　对外关系　领土　领空　领海　外交人员　建交　公约　大使　领事
条约　协定　协议　议定书　备忘录　照会　国际　涉外事务　抗议
07B 外事
国际会议　国际组织　对外宣传　出访　出国　出入境　签证　护照　邀请　来访
谈判　会谈　会见　接见　招待会　宴会　外国人　外宾　对外友协　外国专家
涉外
08. 公安、司法、监察（46 个）
08A 公安
警察　武警　警衔　治安　非法组织　安全　保卫　禁毒　消防　防火　检查　扫黄
案件　处罚　户口　证件　事件　危险品　游行　海防　边防　边界　边境
08B 司法
政法　法制　法律　法院　律师　检察　程序　公证　劳改　劳教　监狱
08C 监察
廉政建设　审查　纪检　执法　行贿　受贿　贪污　处分　侦破
09. 民政、劳动人事（85 个）
09A 民政
基层政权　选举　行政区划　地名　人口　双拥工作　社会保障　社团　救灾
救济　募捐　婚姻　移民　抚恤　慰问　调解　老龄问题　烈士　纠纷　残疾人
基地　殡费　社区服务
09B 机构
驻外机构　体制　职能　编制　精简　更名
09C 人事
行政人员　干部　公务员　考核　录用　职工　家属　子女　知识分子　专家　参事
院士　文史馆员　履历　聘任　任免　辞退　退职　职称　待遇　离休　退休　交流
安置　调配　模范　表彰　奖励
09D 劳动
就业　失业　招聘　合同制　工人　保护　劳务　第二职业　事故
09E 工资
津贴　奖金　福利　收入　老年　简历　劳资　人才　招工　待业　补助　拥军优属
丧葬　奖惩
10. 科、教、文、卫、体（73 个）
10A 科技
科学　技术　科普　科研　鉴定　标准　计量　专利　发明　实验　情报　计算机
自动化
信息　卫星　地震　海洋
10B 教育
学校　教师　招生　学生　培训　毕业　学位　留学　教材　校办企业
10C 文化
文字　文史　文学　语言　艺术　古籍　图书　宣传　广播　电视　电影　出版

版权　报刊　新闻　音像　文物　古迹　纪念物　电子出版物

10D 卫生　医院

中医　医疗　医药　药材　防疫　疾病　计划生育　妇幼保健　检验　检疫

10E 体育

运动员　教练员　运动会　比赛　馆所　院校　校舍　地方志　软科学　社科

11. 国防（24 个）

11A 军事

军队　国防　空军　海军　征兵　服役　转业　民兵　预备役　军衔　复员　文职

后勤　装备　战备　作战　训练　防空　军需　武器　弹药　人武　退伍

12. 秘书、行政（74 个）

12A 文秘工作

机关　国旗　国徽　机要　印章　信访　督察　保密　公文　档案　会议　文件

秘书　电报　提案　议案　谈话　讲话　总结　批示　汇报　建议　意见　文章

题词　章程　条例　办法　细则　规定　方案　布告　决议　命令　决定　指示

公告　通告　通知　通报　报告　请示　批复　函　会议纪要

12B 行政事务

行政　工作制度　纪念活动　庆典活动　休假节假日　着装　参观　接待　措施

调查　视察　考察　礼品　馈赠　服务　出席　发言　转发　名单　批准　审批

信函　事务　活动　纪要　督察

13. 综合党团（54 个）

13A 党派团体

共产党　民主党派　共青团　团体　工会　协会 学会　民间组织　文联　学联

妇女　儿童　基金会

13B 统战

政协　民主人士　爱国人士

13C 民族

民族区域自治　民主事务

13D 宗教

寺庙

13E 侨务

外籍华人　归侨　侨乡

13F 港澳台

香港问题　澳门问题　台湾问题

13G 综合

整顿　形势　社会　精神文明　法人　发展　其他　试点　推广　青年　政治　范围

党派　组织　领导　方针　政策　党风　事业　咨询　中心　清除

附录二　文章修改符号及其办法

编号	符号名称	符号形态	符号说明	用法示例
1	改正号		表明需要改正错误，把错误之处圈起来，再用引线引到空白处改正	字 提高产品 质量
2	删除号		表明删除掉。文字少时圈，文字多时可加框打叉	提高产产品质量 表达流畅
3	增补号		表明增补。文字少时加圈，文字多时可用线画清增补的范围	要注意安工作 全 要抓住人要点 工作方面 生活方面
4	对调号		表明调整颠倒的字、句位置。三曲线的中间部分不调整	谦虚进步使人 谦虚进人使步
5	转移号		表明词语位置的转移。将要转移的部分圈起，并画出引线指向转移部位	培养学生动手 能力，提高学生 综合素质重视

续 表

编号	符号名称	符号形态	符号说明	用法示例
6	接排号		表明两行文字之间应接排，不需另起一行	本文语言通顺 流畅，但缺新意
7	另起号		表明要另起一段。需要另起一段的地方，用引线向左延伸到起段的位置	这项工作完成 地较圆满，但另……
8	移位号	或 或	表明移位的方向。用箭头或凸曲线表示。使用箭头，是表示移至箭头前直线位置；使用凸曲线是表示把符号内的文字移至开口处两短直线位置	一茶马古道文化研究所 茶马古道 文化研究所
9	排剂号		表明应排列整齐。在行列中不齐的字句上下或左右画出直线	培养学生动手 能力，提高学生 综合素质。
10	保留号	△	表明改错、删错后需保留原状。在改错、删错处的上方或下方画出三角符号，并在原删除符号上画两根短线	该文语言通畅

参考文献

［1］顾黄初、谢海泉主编：中等专业学校教材《语文》第三册，高等教育出版社 2002 年版。

［2］李广主编：《应用文写作实训教程》，科学出版社 2004 年版。

［3］张得实主编：《实用写作》，高等教育出版社 2001 年版。

［4］吴佩琨主编：《简明实用写作》，贵州人民出版社 1990 年版。

［5］汪祥云、蒋瑞松主编：《应用文写作》（第二版），上海交通大学出版社 2003 年版。

［6］艾明主编：《商务文书》，内蒙古人民出版社 2001 年版。

［7］方光罗主编：《市场营销学》，东北财经大学出版社 2005 年 1 月版。

［8］李艳芳主编：《以案说法 · 经济法篇》，中国人民大学出版社 1998 年 4 月版。

［9］黄勤勋主编：《全国律师资格考试案例精析》，知识产权出版社 2000 年 3 月版。

［10］胡锦光：《以案说法 · 行政法篇》，中国人民大学出版社 1998 年 4 月版。

［11］郑孝敏主编：《商务应用文》，东北财经大学出版社 2000 年 11 月版。

［12］中国写作学会司法行政文书研究会：《现代文秘写作》，中国大百科全书出版社 2005 年版。

［13］张德实主编：《实用写作》，高等教育出版社 2003 年版。

［14］汪祥云、蒋瑞松主编：《应用文写作》，上海交通大学出版社 2000 年版。

［15］苏平、钟萌主编：《应用文写作教程》，北京工业大学出版社 2003 年版。

［16］康多利主编：《实用写作》，中国商业出版社 2003 年版。

［17］郭冬主编：《秘书写作》，高等教育出版社 2003 年版。

［18］郭冬主编：《文秘写作实训教程》，高等教育出版社 2005 年版。

［19］赵映诚主编：《文书工作与档案管理》，高等教育出版社 2007 年版。

图书在版编目（CIP）数据

实用写作/林华主编．—2版．—昆明：云南大学出版社，2009（2011重印）

ISBN 978-7-81112-897-0

Ⅰ．实… Ⅱ．林… Ⅲ．汉语—应用文—写作—高等学校：技术学校—教材 Ⅳ．H152.3

中国版本图书馆CIP数据核字（2009）第133895号

实用写作

主编 林 华

策划编辑：徐 曼
责任编辑：徐 曼
封面设计：刘 雨
出版发行：云南大学出版社
印 装：昆明研汇印刷有限责任公司
开 本：787mm×1092mm 1/16
印 张：14
字 数：341千
版 次：2009年8月第2版
印 次：2011年11月第5次印刷
书 号：ISBN 978-7-81112-897-0
定 价：24.00元

社 址：云南省昆明市翠湖北路2号云南大学英华园内
邮 编：650091
电 话：0871-5033244 5031071
网 址：http：//www.ynup.com
E-mail：market@ynup.com